刘乃忠　崔学森 主编

中国近代法制史料

刘乃忠　许　乐 编

第三册

中华书局

目　　录

国法学

［日］筧克彦　讲述

吴兴让　翻译

整理者按：该讲义由日本法学博士笕克彦讲述，吴兴让翻译，载于《北洋法政学报》第 23 册至第 38 册（第 29、35、37 册除外）。笕克彦似乎未在日本出版以《国法学》为题或内容与之相近的著作。根据其内容，结合法政大学编辑发行的《法政速成科讲义》中所载笕克彦的部分讲义，整理者推测，该讲义的原本可能是笕克彦在法政大学法政速成科为清国留学生所做的讲义，因其公务繁忙，无暇校阅，而未作为《法政速成科讲义》完全刊印。该讲义后由就读于法政速成科的吴兴让翻译整理，发表在《北洋法政学报》之上。

笕克彦（1872－1961）生于筑摩县诹访郡上诹访（现长野县诹访市），1897 年作为法律学科首席、东大法科总代表毕业于东京帝国大学。1898 年后留学德国，长达 6 年，师从历史学派的基尔凯（Otto von Gierke）、历史神学者哈鲁那克（Karl Gustav Adolf Harnack）和精神史学家杜尔泰（Wilhelm Christian Ludwig Dilthey），为其法理学和国体学说打下了基础。另外，笕克彦曾以"竹见生"为笔名，在清韩问题研究会编撰的《大家论丛·清国立宪问题》上发表评论，认为"非改革清国之政治组织，形成一个联邦国，断乎不可"。（该评论全文收录于本资料集第一册内）

该讲义分绪论、总论国家、国家有形之要素、国家无形之要素、结论五部分。在这份讲义中，笕克彦特别提出统治权为国家的无形要素，而主权并非成立国家之要素。具体而言，统治权为国内的最高权力，其主体即为国家全部。同时，一国对外的最高主权因必受国际法限制，故而并非国家成立的要素。至于何为至善之国法，笕克彦认为，古今东西各国政体相异、利害不一，因此"至善"一词，纯属空论。制定何种国法，应当"视其国民之程度，合则善，不合则否"。在笕克彦看来，若根据中国国情，"开明专制为至善之国法"。

据整理者所见，吴迪在其论文《近代中国宪法教育中的日本要素》（载《法学政治学论究（庆应义塾大学）》2020 年第 127 号）中，就笕克彦在法政速成科所讲述的讲义，以及《北洋法政学报》上所载讲义的关联，进行了探究，并解析了笕克彦讲义在理论上所具有的特征。

绪论

第一章　国法学之意义

第一节　国法学者学也

何谓学问？连结种种相互关系之学问，而为精确智识之系统的全部也。无论何学，莫不皆然。国法学之所以得称为学者，亦不外此。

人为动物之灵，无论如何，必有智觉。然但知浅近、似是而非者，乃偶然之智识。自然之智识，非学问之智识也。学问之智识，必至精确之程度而后可。何以能成精确之智识？盖有二要素：

（甲）根据至正之意义；

（乙）乃下至正之判断。

有所根据，乃能下判断。根据既误者，判断必误。然误者不自知，反信以为真，其原因有二：

（甲）独断；

（乙）迷信。

公理者，天下之公理也。独断之人只觉我是而人非，无容研究、无容比较。据我所见，如是而已，天下安有不如是之理哉？譬诸戴青色镜者所见皆青。而谓天下万物无一非青者，此其意胎中，失其至正之根据者也。迷信之人有如梦境，恍恍迷离之际，信以为真，即有所疑，仍复不悟。所以然者，未及入非梦之境之时，则伪亦真也。天下滔滔，此类甚多，何怪其所下之判断，无一不误乎？今以论理学中三段论证明误断之式。如云凡人必死，我人也，是我必死也，此论断之公式不误也。如云凡人必死，我人也，则我是死，此论断之大误者也。此之谓不精，此之谓不确。学问之智识，必其根据至正，斯判断亦正，乃成为精确之智识。然精确之智识，非一知半解所能成学问也。故必于各种相互关系之学问，皆有精确之智识。然枝枝节节，若散钱无贯，举纲无纲，仍不得谓之学问。故必连结而为系统的全部，乃成一学问。此凡有学问之定义。

国学法既为一学,亦必连结与国法学相互关系之种种学问,而成精确智识之系统者也。

第二节　国学法者法学也

国法学之为学既如上述,然究属何种之学乎?兹先分学之大部分为二:

(甲)自然科学

凡宇宙间形形色色、事事物物,不藉人力而成之现象,皆为自然现象,如草木鸟兽、风云山川,皆无劳人力者。研究此种现象之学,名曰自然科学。

(乙)精神科学

凡经人类精神作用而成之现象,即为人类精神现象。研究此种现象之学,名曰精神科学。世间人事,无不由人类精神所成,然其中可别为二:

(一)心理学

此为个人精神现象关系之学。凡由心理作用者,皆属心理学。

(二)社会学

此为社会精神现象关系之学。凡由人类共同而成者,皆入社会学。但社会之组成,有由心理组成者,有由外部组成者。例如,家庭,社会,父母兄弟妻子之组织,爱情所发,出于天性;宗教道德之社会,心悦诚服,感于无形,此所谓心理自然组成者也。惟法律属于外部组织之社会现象。盖宗教道德能感动人心,使人为善,然无禁人不善之权力;法律能禁人之不善,而无使人自然感化之作用。是法律之所以能行者,全在有权力。权力何自而来?从国家来也。故先代之法律不足制后世,他国之法律不足制本国也。但国家二字属之何处?非指宫殿、衙署也,非指君主、大臣也,非指土地、人民也,乃意思也。

何以谓之意思?盖权力由国家而出,无国家则无权力;而国家又因权力而成,无权力则亦不成国家。然则欲知国家之由来,不可不知权力之由来。权力者,从人类之意思来也,故曰国家乃意思也。

权力何以从人类之意思来?盖人类之所以不侵害他人者,曰修身,曰克己。儒者取人类修身克己之意而成教化,是为宗教道德;国家取人类修身克己之意而制定法律,乃生权力。是法律本于人类之意思,而权力又人类意思合成之力,非国家所自生之力也,故曰意力。一国之法律不从一国之意思,则法无力矣。

由此言之,则国家虽同一人类社会,实为意思结合之社会,而非感情所结之社会。法律由国家权力而成,实由意力而成。国法者,一国人类之意思也,一国人类之意力也。国法学者,研究此人类之意思与意力者也。故曰国法学者,法学也。

第三节　国法学者研究国家统治组织及统治作用关系之法学也

法学有种种,而国法学所讲者,惟统治组织及统治作用关系之法律而已。其余与此二点不甚关系者,不之及焉。盖国法者,乃国家与其分子所组织之法也。详言之,则人民与国家及国家与机关、机关与人民,其间相互关系之活动范围之规定也。

第二章　国法学之范围

以广义言之,则对内公法皆可谓之国法。如上章第三节所言,国法学乃研究关于国家统治组织及统治作用关系之法学,则宪法、行政法、刑法、诉讼法、裁判所构成法,皆可属之。惟此种皆独立一科而专讲之。故讲国法学者,只从狭义。宪法与行政法相为表里,宪法规定国家根本之大纲,行政法规定国家行为之细目。是编专论宪法之性质及宪法作用,余不详焉。

第三章　国法学之编别

有国家而后有国法,故第一编总论国家。国家由三要素而成,依次分编,即以第二编论有形之要素,以第三编论无形之要素,而国法学之大体备矣。

第一编 总论国家

第一章 国家

第一节 国家之意义

第一款 总论

国家之意义,非可以理想显也,亦非可以数理显也。盖从实在历史之现象而来,而其现象又有进化发达之程度者也。

国家何物耶? 人类社会而已。苟无人类,即无国家。惟其人类为社交的动物,决不能孤立于世界,是以有精神上之交通与物质上交通,互相团结,而国家之基础即在于此。所谓从实在历史之现象来者也,使其徒凭理想以推测国家,则莽莽寰球,立国者不知其若干也,何为而治乱兴衰,绝不一例? 苟进化之说可据,则大同之世、乌托之邦或非梦幻。此皆哲理之妙旨,而求诸实际,邈焉难凭者也,故曰非可以理想显也。夫国家一发达物,自古迄今,由部落而成国家,由草昧而进文明,皆由人类之能力而成,非若草本之质,春生夏长,悉听天然,而毫无自主之权者也。惟其国家之发达,由人类所自为,故发达变迁之迹万变参差,不可方物,断不能以比例推算者,故曰非可以数理显也。

由上所言,则国家必为实际现象,而其要义有二:

(一)国家有自然存在之义

草昧以前,本无国家,人何为而相交相聚,渐成部落、渐成国家? 曰以人类为社交的动物,不能孤立独存故。然则人类之天性若此,即国家所由成,并非别有一戕贼杞柳之手段,违其天性,而使成国家也,故曰有自然存在之义。

(二)国家有人为发达之义

国家虽有自然存在之义,而既经成立以后,其发达之原因则由于人类之自为,非若草木无知,其生长赖雨露之栽培,其萎败任风霜之摧折也。夫是以同一国家而进化与退化,相悬天壤,故曰有人为发达之义。

第二款　国家成立之要素

国家之所以成立,有三要素:曰土地,曰人民,曰统治权。土地、人民为有形之要素,统治权为无形之要素,三者缺一不成其为国家矣。

（甲）人民

国家为人类社会之一,无人民则无以为国,惟是人民之数不以多寡论,而以足以组织统治关系为主。摩洛哥人口只有一万数千,而亦不失其为国家也。

（乙）土地

国家必以土地为根本,而土地不在大小,而在有一定之领土为主。盖游牧时代,因利乘便,徙逐水草,无一定之土地,只成部落,不成国家也。国家者必有一定之领土,为人民之根据,为国权所及之界限,至于大小之数,本无一定。摩洛哥国仅八英里,而亦不害其为国家。是以万里之国为一国家,十万里之国亦只一国家也。

（丙）统治权

有人民、土地而无统治权,则土地、人民亦非其国家之土地、人民矣。甲国之土地,乙国得以无端干涉之、自由取用之,是统治权不全也,亦不能自保其土地矣;甲国之人民,乙国得以侮辱之、贩卖之,则统治权不能自保其人民矣,国尚可以国乎？是以统治权之性质有三:一曰支配权,足以配其全国之土地、人民者也;二曰自主权,非他国之所干得干预者也;三曰外部的组织,其权力足以组织外部而使之不至解散者也。苟不完全此数者,即为不完全之国家。故统治权为无形之要素。

第三款　国家非人类之集合体

第一目　自然状态非国家

国家为人类社会之一,而不能以人类之集合体即指为国家。故以为有人类即有国家之基础可也,而不得谓自有生人即有国家。盖由渐而成,匪伊朝夕。特以有史以前,邈焉难考,兹据传说,约可分为三期:

第一期　原始人类

在昔古初,榛榛狉狉,人类皆安于不识不知,西人所谓黄金时代,老子所谓无为而化者,皆以为古代人情朴质、无所争竞,故亦无所用其国家,所谓帝力何有之意也。信耶？抑传之非其真耶？抑有激之辞耶？此派之说,皆主退化说,皆主性恶说者。然其未成国家之原因果不论,而未有国家最初之时,即人类之初期也,无以名之,名之曰原始人类。

第二期 社会成立时代

未有国家以前,互相竞争,弱不胜强,寡不敌众,乃合为群,以为御外自保之计。于是有社会,各亲其所亲者,即由争斗之目的而来。主此说者,则以人类天性,本有争心,惟恐不胜而结社会。然既有社会,则人类已渐合团体,而非各不相谋,老死不相往来之时代矣。

第三期 国家成立时代

由争斗社会之结果乃成国家,其成立时之状态,盖有四说:

(甲)部落互争,优胜劣败,胜者兼并人,败者被兼并于人,从此一强压制于上,群弱屈服于下,乃成国家。

(乙)人类知互相争斗,伤害生存,乃互相契约,公认酋长,传诸子孙,乃永守祖宗之契约而不敢背,故成国家。

以上二说,皆以国家由人类竞争而成之结果也。以下二说,则谓人类欲自保其生存,不能独立于世界,于是求交通,因此交通而成社会,社会之推广而成国家,则不主人类有争夺之天性,而以人类有交通之天性,所以成国家也。试述其二说:

(丙)人之性质,互有短长,耕者不必能织,织者不必能种。人欲自求其生活,需求于他人者多,人人有此互相需求之心,乃互相交通而成国家。

(丁)人类欲自保其生存,而惟恐他人之害我也,惟恐他社会之害我社会也,互相疑惧,互相防卫,遂成国家。

之四说者,皆述国家未成立时之状态者也。虽说各异同,而谓人类欲自保生存之理则一。其说之是非姑勿论,而当未成国家组织,不过一自然状态而已,故此三期者,皆不成为国家。

第二目 社会非国家

由人类集合而成之团体名曰社会。欧洲学者论社会与国家之关系,则有三说:

(甲)未有国家,先有社会。国家者,依社会之契约而成者也。十九世纪之初,此说最为盛行。

(乙)国家与社会,立于对等之地位,国家若干涉社会之自由,则社会不得遂其进步,故起而与国家争。是直以社会与国家离而二者也。

(丙)国家者,由社会组织而成。社会与国家不可分离,有社会则国家之根本立,故有社会即有国家。

如甲说,则先由社会缔结契约而成国家。证诸历史,果谁为此契约乎? 无可据也。如乙说,则国家与社会始终相离,而国家于社会上,不成无用之赘疣乎? 古来人类何为而使有此国家乎? 如丙说,则国家因社会组织而成,国家与社会之关系可谓密切矣。然未成国家组织之社会,不得即谓之国家;既成国家组织之社会,即不得复名社会,故社会究非国家。

第三目　国际团体非国家

国际团体者,国与国相结之团体也。古代国家,莫不怀侵灭人国之主义,故国际之间,动以干戈相见。既无公法之可守,何所为国际团体哉! 近数百年,侵略主义减而共同主义起,于是有结合国际团体之事。然国与国相结合,只就结合之一事为主,例如电信同盟、邮政同盟之类。入某事之同盟者,即于某事上为某团体之一国,非若结成国家者之事事共同也。且也国与国为平等,既无统治与被统治之关系,而条约之守由于合意行为,与国家之法律不同。由此种种,可知国际团体亦非国家。

第四目　无统治权之团体非国家

家庭之间,亲对于子,主对于奴,虽亦有服从关系,只有教养支配之权而无统治之权。至若学问技艺之结社、宗教道德之集会,因共同之目的而团结甚坚,既非有统治关系,即不得谓之国家。

第五目　有权力组织之社会团体非国家

社会团体亦有得以权力维持其组织者。例如社团法人、财团法人,对于团体之分子亦得行强制之权力,然此权力皆由国家法律所付与,而非其自有之权力,且以无土地故,不得为国家。至若地方团体,则与国家颇相似,有土地、人民,有自治权,然其权亦皆授自国家,而非团体所自有,团体之上有监督之者,故仍不得谓之国家。

第四款　国家之性质

国家非人类之集合体既如上款所言,然亦不得谓国家非人类所结合而成,不过国家自有国家之性质耳。是国家果有何种性质? 不可不研究者也。先举古来学说,可分为二派:

(一)分子说之一派

分子说者,以国家为由分子所合成,而分子皆实在可指者也。然其说亦微有不同。

甲说曰,国家如一囊沙,自外观观之,则见囊不见沙,而不知无沙则囊空；自内容言之，全赖沙而不赖囊，而不知无此囊则沙散，囊与沙缺一不可。人民者，沙也；君主者，囊也。无人民则君主不能独立而成国家，无君主则人民不能自结而成国家。此可为分子总中之二元说，以为国家者，合君主、人民而成。则国家权力亦只有二：一为君主之权力，二为人民之权力。舍此以外，别无所谓国家矣。

乙说曰，国家如一铁链。链由何成？即由环与环联合而成。环之未联，只名为环，不名为链。环之既联，亦即环与环之自相联合，别无用他物以联缀之、结束之也。国家者由人民与人民联合即成，亦无待于外界。此可为分子中之一元说，以为除人民以外，无所为国家也。

（二）有机说之一派

主张有机说者，谓国家由人类而成。既成国家，则不得复以国家为即人类，亦不得复以人类为即国家。譬诸一树，具多数之枝干根叶，然不得指其一枝一干曰，此即树也。得称为树者，必举树之全部分而言也。譬诸一人，具五官百骸，然不能指其一官一骸曰，此一人也。称为人者，必举人之全部而言也。且植物不但具有形之枝干根叶已也，必有生机，而后可成为植物。玩具之盆景、植物之标本，形质虽具，生机已绝，不得为植物。动物不但具五官百骸已也，必有精神，而后可以为人。古代之尸，蜡造之品，形体虽具，精神不属，不得谓动物。国家亦然，有物质之要素，有精神之要素，与动植物相类似。主此说者，希腊之柏拉图、亚里士多德为最著。其言曰，国家犹诸个人，个人有心理与精神，国家亦有之。人之心理有三部：一曰情欲，二曰意力，三曰道理。情欲发于中而成意思，由意思而见诸行为，则有力，故曰意力。然吾人行为之意力，不可专为情欲所役，必更折衷于道理心。合乎道理者，情欲之善者，可为者也；反乎道理心者，情欲之不善者，不可为也。国家之心理亦然。人民之一般之欲望，即国家之情欲也。欲达此欲望之目的，必借强力行之，即国家之意力也；然亦必折衷于共同之道理心而后可行，全国之是非，即国家之道理心也。此三者谓之国家心理。人有精神，与其四肢百体互相感动，牵一发则全身俱痛，伤一体则神经不安。国家之精神，亦能感动人民之精神，是以休戚相共、痛痒相关也。

综而论之，二派皆有缺点。分子说但指其一二有形之要素，以为国家，是泥于物质而忘精神；有机说虽较近理，然亦过于附会，其缺点有二：

（一）物质上

有机说不以分子为国家，是矣，而以国家为完全独立之一物，与动植物全然相类，吾不知国家之形质果可实指之耶？离分子则安得别有一国家之形质乎？且动植物者，有统一之物质，一定而不可易；国家则无所谓统一之物质者，有个人之资格之时，亦即有国家分子资格之时，不能以物理学论者也。

（二）精神上

有机说谓国家不但有形质而有精神，似矣。然精神不能空无所附丽，国家既不以分子为形质，则其精神果含蓄于何体耶？其谓国家有精神而后感动人民之精神，则国家之精神非即人民之精神矣，吾不知离去分子而言，何者为国家精神也。

分子说、有机说，皆不完全。兹于二派之外，历述国家之性质。

（一）国家者，成于自然必至之关系，而又因人力以发达者也

国家虽非自然现象，然其成立之原因，乃人性之自然。由人类而结社会，由社会而成国家，非先有国家之标本，而后起经营之手段者也。是以未有国家以前，若何创造，无一定之痕迹；孰主宰之，孰组织之，盖有不期然而然者。然既成国家以后，其发达变迁，必由人力经营，无坐待其发达之理也。

（二）国家者，人类之共同团体也

世界人类，不能无交通。有物质上之交通，斯有事业；有精神上之交通，斯有感情。于是有内部、外部之组织而成社会，由社会而成国家。是国家之特征虽与普通人类社会异，而国家之性质则同为人类之共同团体而已。

（三）国家者，统一的全部也

今人矢口曰国家，此二字者，实统一的全部之名称，而非指其一部分之意也。将士战死，为君死乎？为民死乎？皆非也，为全体死也。国民纳税，供君用乎？供官用乎？皆非也，供国家之用也。是以人民有对于国家之义务，即对于统一的全体之义务，故不容不尽也。

（四）国家者，具有人格者也

国家为无形之物，而人类对之有义务、有权利。而国家又自有权利、义务，而得为主体，所为人格者也。然国家人格亦各有一说。

甲说曰，君主人格，即国家之人格也。然君主有疾病死亡之日，不

闻其国家有疾病死亡也;君主有新陈代谢之日,不闻其因此而变易国家也。

乙说曰,人民人格,即国家之人格也。然人民者,都词也。人民各自有一人格,则有无数之人格,将人人一国家人格,则成无数之国家矣。于是又有以代表人民之地位为国家人格者二说。

(一)议会有国家人格。此说以议会执国权,而遂以议会当国家也。

(二)贵族有国家人格。此说以贵族专掌国权,而遂以贵族为国家也。

之二说者,皆误以执国权之人为国家,故即以其人格为国家人格。然国体不同,则执国权之人亦各异,国家人格将因之而各异乎? 不知国家人格只有一种,而无分于国体者也。凡有国家,同此人格,何则? 国家有国家之意思,既不以人民之意思为意思,亦不以君主、大臣之意思为意思。国家既自有独立之意思,即自有独立之人格,而后可以为意思之主体,所谓法理上之人格也。

(五)国家者,有特别之目的者也

国家之目的,非君主之目的,亦非人民之目的也。在昔古代,国家之目的即君主目的,故惟有顺从君主,而不必顾人民者也。中世耶稣教时,重个人主义,则以人民之目的为国家之目的。然人民之目的不同,良民以安居乐业为目的,盗贼以劫夺自养为目的,果能尽人如愿乎? 迨至近世潮流,则因人类之目的而国家自有一特别之目的,详下节第二款。

第二节 国家之目的

第一款 国家目的各学说

(一)道德说

此说谓国家目的重在道德,故国家之目的无限。东洋古代,重道德而薄功利,所谓使民日迁善者,即其意也。欧洲中世宗教盛行,国家亦本宗教之意,以使人为善为目的。此说之缺点,在道德以外别无他目的耳。夫国家由人民所成,人民无道德,则国家不进于高尚。然人民之道德可教化、奖励、诱掖之,而不能以国家命令强迫之者也。况乎专言道德,则生齿日繁之日,谋食不遑,其反动之力,将全置道德于不顾。故近代国家之目的,不废道德,即不以此为唯一之目的者也。

(二)幸福说

此说谓国家目的专在增进人民之幸福,而国家之目的无限。夫人生斯世,莫不欲生活快乐而畏痛苦,国家自当以此为目的。十七世纪此说盛行,欧洲工商业之发达,皆此说之功也。然专重幸福而不重道德,人类将各恤其私而不顾公德,故近世则又不专以幸福为目的矣。

(三)法律说

此说谓国家当以保持法律为目的,此外无国家之目的,则国家目的为有限矣。盖法律所以保护人民之自由,维持国内之安宁秩序者也,国家之目的达,则人民之目的亦达,而国家之责任尽矣。

道德说之弊,将干涉人民之信仰。夫人类心理上之作用,或下强制克己之功夫,或为修身遏欲之义理,皆属内部自由之能力。惟个人可为此目的,而国家以个人目的为目的,终不能达者也。

幸福说之流弊有二:一则失诸干涉,一则失诸放纵。夫人民之利益,国家不能尽人而悦之也,亦不能损上以益下也。在听其自谋,或除其进步之障害,斯已足矣。若国家为人民之生计,欲为揠苗助长而干涉之,反因束缚而不能发达,是则误以个人目的为国家目的也。此则失诸干涉之流弊也。又或专尚个人主义而不顾公德,则必有自私自利以侵犯他人者,则失诸放纵之流弊也。

法律说则谓道德、幸福皆人民所不可缺,但当听诸人民之自为,而国家只任保护之责,故国家以法律保护人之性命、财产、自由为目的,除此之外,无国家目的也。虽然,保护生命、财产、自由者,人民之目的也,国家只有此目的,则是国家专为人民之佣役矣。夫法律为国家达其目的之手段,必先有目的而后有手段,不得即以其手段为目的。夫国家固自有特殊之目的者,此则法律说之未完也。

第二款　解决

上述三说,皆不足当国家之目的,然则国家果有何目的乎?此不可不解决者也。夫国家目的,谓其出乎道德、幸福、法律之外,固属不可;而谓其即以三者之一为目的,则更不可。盖国家固包括三者,而成其特别之目的者也,则亦曰国家之目的,在维持国家之权力,以保护国家之生存发达及人民之生存发达为目的而已矣。

然国家目的之实质有二方面:一为保护国家生存发达之目的,一为保护人民生存发达之目的。二者又有相互之关系,而非可专指其一者也。是以论国家目的之性质,乃关系的、非绝对的,与个人目的之性质大异，故称之曰特别之目的。

国家何以有保护人民生存发达之目的？盖国家以人民为要素，而人民之生存发达，道德、幸福、法律，三者缺一不可。如幸福主义盛行，故农工商业日益进步，经济现象日益称盛。然此皆非有勤勉心与责任心不可，是即幸福主义之有赖道德也。然又必有法律，而后可以为道德幸福之保障。三者具备，而后人民得遂其生存发达。必人民生存发达，而后国家可以生存发达。故此为国家目的之一。

国家何以又有保护国家生存发达之目的？如曰人民生存发达而国家亦随之生存发达，似不必别有一国家生存发达之目的矣，而实不然。人民非即国家，谓国家因人民之发达而亦发达，可也；谓人民发达即为国家之发达，不可也。国家虽由人民而成立，而既成国家，即有国家之机关、国家之官吏、国家之人民（国家之人民者，人民为国家分子之资格也）。此三者乃直接与国家之关系，非仅以普通人格各图自由而已，必三者之自由伴责任心发达，而后国家乃发达也。

何以谓三者之自由必伴责任心发达，而后国家乃发达也？因国家必赖三者以成立，使各顾其私而不负责任，则议会只任自由而不顾国家之利害，官吏只求自由而不顾国家之利害，人民但求自由而不顾国家之利害。若是者，国家将有破坏之虑，非国家之福，亦即非人民之福也。是以人民欲享自由之福，须自负国家之责任；人民既负其责任，国家即当与人民以自由。盖自由必与责任之程度相当者。由此言之，故国家于人民之生存发达外，又别有国家之生存发达之目的也。

然此非分之为两事也。人民不发达，则国家亦萎败；国家不发达，则人民亦安能独立。试就人民言之，工商业不盛者，国必贫；爱国心不热者，国必脆。是以提倡技术、保护经济，此谋民之幸福也；整顿教育，注重信义，此靳民于道德也，实即所以发达其国家。更从国家言之，国权日替，国力日衰，则内忧外患，自顾不暇，而保护人民之力亦日薄弱，故国家必维持国权，充足国力，然后对外有抵抗力，对内有保护力、弹压力。其所以为发达国家计者，仍即为发达其人民计也。然为国家计之时，必同时即为国民计之时，并非可今日为国家计，明日为国民计，彼事为国家计，此事为国民计者也。例如，欲增长权力必养兵，养兵必筹饷，而饷从民出，民贫则饷绌，于是又不得不兼顾民力，是国家之发达与人民之发达，互相因果者也。欲使二者之发达，不可不赖国家之权力；欲发达其权力,愈不可不求二者之发达,此又目的之事实与达其目的之手段,互相因果者也。譬诸人之生活,目的在衣食,而所以谋衣食者,仍在求生活,此所为目的之性质,关系的非绝对的也。

第三节　国家成立存在之理由

第一款　诸家学说

当夫人类初期,未有国家,何为而成立国家? 何为而国家至今存在? 此所为事实上问题也,古来传说各有所据,兹略述之。

第一、神意说

在昔古代,文字未兴,人安愚拙,国家由来,久不可考。于是宗教家创为神造之说,谓世间万物皆上帝所造,国家亦然,君主之权力,为神所授。当罗马时代,有直接神权说与间接神权说。直接神权说者,谓君主之权力从神所拜受者也;间接神权说者,谓神以权力畀教皇,由教皇转授君主也。欧洲古时,教皇之权驾乎君主之上,君主即位,必由教皇加冕,此即间接神权说也。至十五六世纪宗教改革,改而势力衰,君权渐盛,乃主直接神权说,谓君主奉神意以治其国,故为一般人类所当服从。至法国革命,乃谓人民受神意,而君权乃从人民付与,是为天赋人权说。以学理言之,此种惝恍迷信之谈,毫无足据。然神意说之用意,不过欲使上有寅畏之心,不致罔肆其权力;下有安命之心,不致动辄嚣张。所谓神道设教者欤,不料欲借天命神意以自文其过、自张其焰者纷纷迭起也。中国先儒所说、经传所记圣帝哲王与奸雄豪杰,往往同以天字为作用。此则神意说之缺点也。

第二、权力说

此说谓人类通性,每欲以己之权力压服他人,以竞争之结果而权力归于最强之一人,其不胜者不得不服从之。小群服从于大群,大群服从于国家,皆其权力强弱之关系耳。故国家者,由权力而成,此希腊之学说也。庄子谓:"窃钩者诛,窃国者侯。"侯之门,仁义存者,即以其权力所在也。欧洲中世,僧侣之说亦谓国家以争夺而建,故恶;寺院依神道而设,故善。人性本善,不信宗教而信国家,遂生恶孽。此皆误以一种国家概论凡有国家者,犹诸论人性者,主性善者谓人皆善,主性恶者谓人性皆恶,实则皆非完全之说也。

第三、道德说

康德谓人类不但有自由利己心，必有相互之责任心，而后国家乃成立。黑格尔谓国家之历史，不必问其果为契约与否，必人人有克己心而后国家成立。夫人民无道德心，则国家之团结不坚，是道德为国家所不可少。然此乃保存国家之要素，而非国家由此以成立存在者也。自有生人以来，渐有国家，果无一不道德之人乎？国家之至今犹存者，果尽人皆有道德乎？说虽纯正，其误以一点概括全体则一也。

第四、家族说

此说谓国家由家族发达、子孙繁衍而成。一家之中，奉嫡长以为家长，遂以嫡长之子孙世传之，此世袭君主国之所由来也。一家之中，既同为一人之子孙，同一血统，即当尽人平等，故家长权由一族公推一人以主之，此共和国之所由来也。

家族说多重血统主义，即人种问题之所由起。然渔猎畜牧时代，迁徙无常，彼此混合而成一团体者亦时有之，例如家族中之养子，久之亦成为一姓。况国家之大，年代之远，人种之说，岂足为凭，不过借此说以为作用耳。

第五、采邑说

此说谓农业时代，以大地主领有土地发达而成国家，则人民皆属地主之领有，与中国封土食邑之义相类。此即食毛践土之说所由来也。然由土地所有权受为国家领土权，在蕞尔小国间或有之，若大国之土地广大，决非一地主之所能成立。此非国家普通成立之理由也。

第六、契约说

契约说在近代法学史上最有势力，其派别宗旨亦各不同，兹分二项言之。

第一项　契约说之历史

契约之说，原始于希腊末叶，成立于十七八世纪，盖宗教之反动力也。在十五世纪以前，人民对于宗教一味盲从。十六世纪，人民之辨别心与道理心相偕发达。十七八世纪，一泻千里，无论政治、学术、技艺，皆必推究原理。国家学、法律学亦竞事研究，而契约之说遂成。巨子如霍布士、康德、斯宾塞、卢骚，皆主张此派者也。兹将各说大旨分述如左：

——霍布士谓国家成立由于人类强弱之不齐。弱者依附强者以图保护，于是以己之势力输送于强者，而强者吸收众弱者之势力，益以增大其势力，互相依赖而成契约。惟是弱者之势力，既为强者所吸收，而

弱者遂毫无所留,故为一次契约以后则永远服从之矣。此君权立宪国
之义也。

　　——斯宾塞谓人有情欲而后有希望,有希望而后有权利。人皆欲
保其权利,乃互相契约而成国家。是国家之成,成于人类情欲。国家虽
得以权力对人民,然良心自由、信教自由,皆良知良能之作用,国家决不
能干涉之,干涉过甚,则反乎契约之本旨矣,故人民必至反抗。此为互
相契约说,即民主立宪国之义也。斯氏之说从情欲上立论,与宗教、道
德之遏欲主义相反。遏欲主义概以情欲为恶,故以遏欲为善,不知善恶
者,发见于事实而后可得其标准。情欲者天倪也,生机也,根乎生理之
自然,藏乎未始有之先,安从而预定其善恶乎? 爱者,情欲也。然爱家
心、爱国心,皆爱情之善者也。至溺其所爱而忘家国,则恶矣。是故孔
孟爱家国,耶稣爱同胞,皆善用其爱者也。贪生,情欲也。然因谋生而
勤勉于职业,发奋于学问,皆营生之善者也。至害人以自养,贼人以自
肥,则恶矣。然则情欲既有可善可恶之两用,与其强制之,何如利用之。
因人情之不能无私,则导之使为公以遂其私;因人情之不能忘利,则引
之使正谊以图利,而情欲乃大有可用矣。古人创遏欲之说者,无利用情
欲之智识也,无利用情欲之能力也。犹诸大海之风波,古人视为可畏之
境,今且国赖以富强;电气之猛烈,古人视为害人之品,今且人藉以日
用,是在善用之耳。

　　——洛克亦谓人民为保全其安宁幸福,故契约而成国家。惟以上
诸说,皆主精神,洛氏则主国家组织之方法,本英国之组织以为契约之
标准,分立法、司法、行政为三大部分,以立法权与人民,以司法权与裁
判所,以行政权与政府,此立宪国之根本也。

　　——卢骚之契约说以平等自由为体,以博爱为用,以众人之意思合
为总意,乃契约而成。国家以总意之所成,非相加的,乃相乘的。相乘
者,乃不可分辨孰为主体,各有担任之义务,各有应享之权利,不可抛弃
者也。观于此说,则卢氏所谓古代人心浑朴可以无为而化,后世人各自
私必须有为而治,人人各有应尽之义务者,非独君主有国家之责任也,
殆亦即匹夫有责之义欤。

第二项　契约说之评论

　　康德之契约说,谓不必有其事实,不可无此假设。其宗旨以维持
法律为保护人民之安宁幸福为主,以为国家之成立,全在人之有道理

心与责任心。其说虽不若卢骚之引人入胜，而不知卢氏无数之言，皆可以责任心一语该之。然专言责任而不言权力，恐亦未能见诸实际也。斯宾塞谓国家成立，赖有情欲。欧洲之信仰自由、学问发达、国以富强者，斯氏之功也。然其说偏重个人，易失诸放任，恐于全体之安宁幸福不顾，不若卢骚总意之说之善。总意者，合全体之社会心理而成之意也。然既重总意，则当持国家主义，而卢骚偏持民主主义者，则有激之说，流弊实多。霍氏实主权力，洛克则主方法，皆有至理存乎其间，至孰良于行？孰病于行？则因时代地位而异，不可以一二语概论者也。

第七、自然说

此说谓国家之成立，由于自然必至之理，无待人力造作也。其理即国家有机体，然以国家为真，与动植物相类，亦不免有缺点。

第二款　解决

第一项　国家成立存在之根据

欲解决国家成立存在之问题，不可不知国家有二要素：一曰有形之要素，一曰无形之要素。譬诸一物，有形质而无精神，与有精神而无形质，皆不成物。国家亦然，二者皆不可缺。惟国家非自然现象可比，其成立也，必先有所根据，而复有媒介。如是，则国家之组织以成。今以图说明之。

甲　自然物（即人）（表）
　子　自由活动（表）契约说
　丑　责任主体（里）道德说
乙　外的组织（即国家）（里）自然说

国家以人民而成，人为自然物，而所以由人类而成为国家者，不由于自然，是有赖于外的组织。然国家本无形，以其组织虽有形而仍无形也。例如国会之组织，不在开会之时始有国会；裁判所之组织，不在构成之时始有裁判所，故国家之组织，实不可得而见。可见者，惟人而已，故人为表而组织为里。有表而无里，则纷集之人而已，故表与里必相辅。更就人类言之，何以忽焉而成国家？盖有二理由：

一曰人类为自由活动之主体，故能有意思、有作为。若如木偶之具体、幼孩之无知，何能成国家？一曰自由活动之主体即为责任之主体。盖自由活动为人情所乐，使其活动而无责任，必至放纵一己之自由而侵犯他人之自由,秩序扰、世界乱矣。何能成国家？惟其一面为自由活动之主体,一面即为责任之主体。其自由活动可得而见,其责任心则不可得而见,故自由活动为表,而责任为其里。国家以人类为根据,人类以自由活动为根据,自由活动又必以责任为根据,是故契约说不可无道德说。人类有此二心理,而国家成立存在之根据得矣。

第二项　国家成立存在之媒介

上所言之根据者,简言之,人而已矣,人之组织而已矣。然人何为而乐于组织？人何为而不破坏此组织？不但因人之自由活动与责任心已也,盖必有媒介,而后其根据乃联合,虽欲不成国家而不能。今以图说明之。

$$\left\{\begin{array}{l}(甲)爱\\(乙)权力\\(丙)土地\end{array}\right.$$

人与人无爱情,则偏于为我主义,而国家不成立。故必有爱情,而后由家族而社会而国家,此即家族说所主也。然爱非姑息之谓,必先维持其秩序,而爱始普。欲为维持秩序计,则权力不可少,此权力说之所主也。然爱与权力,非可空悬无薄也。故必有土地,而后爱与权力有所施,此采邑说所主也。

第三项　根据与媒介之关系

心理两主体与心理之媒介,如衡物然,必两端之重力平均,而后无颠蹶。是故心理两主体以我为代名词,使世界只有我而无媒介物,则世界皆散沙之我,而非贯钱之我。然使但有媒介物,而忘我为媒介物之根本,则国家亦安能存在？印度哲学家曰,两个物质之间必有一隙,惟爱足以弥之。是说之缺点,在无主客之区,不但无亲疏等杀之别,推其极,必至夷人类与草木、鸟兽等视。若吾所谓爱者,以我为主体,人为客体,不惟人与物有别,即同是人也,而亲疏等杀,亦各有别,故必如孔子言,恕乃为盛水不漏之义。

第四项　主观的自由与客观的自由

责任心与自由活动相对峙、相关系,而自由活动又不能无主观、客观之分。我自由活动,而使人不能自由活动,是我侵犯人之自由活动,为主观的自由。我自由活动,更使人自由活动,以助我之自由活动,为客观的自由活动。当先客观而后主观,是故减我之自由活动,而客观之范围大。今日只一分之自由活动,明日而十分,又明日而百分,而客观之力量强、范围大。力量强,而客观之性质益以美善、高尚。由是而反验主观之自由,乃各随客观之范围、力量、性质而大且强,而高尚,而美善。然则客观不自由,主观亦必不自由;客观自由,主观未有不自由者。譬之刑罚,制限人之自由,然因此而自由杀人、自由盗物之事赖以消灭,是干涉主观自由,而后人人有客观之自由。主观之自由,各个人之自由也。各减其主观之自由而为客观之自由,则吸为总体之自由。既吸为总体之自由,则其势力愈大,而享自由之幸福者,仍在各个人。推而言之,则今之国际团体,苟各国遽减其主观自由,而成一世界国总体活动之自由,则康德永世太平之理想,可见之实验矣乎。

第五项　国家成立存在直接之原因

国家之成立与消灭,无不基于自身之意思。意思有内部、外部之分,则其成立与消灭,亦有此二者之分。今分论如下:

(甲)成立之基于外部意思者

凡成立必有成立之意思。然有时本部之人无成立国家之意思,为他人种所征服而成立国家者,是为由于外部意思也。

(乙)成立之基于内部意思者

有以全部自己之意思而成立国家者,北美合众国是也;有以国家之一部与本国分开而成立国家者,比利时是也;有以多数国家结合而成者,德意志、伊大利、瑞士是也。

(丙)消灭之基于外部意思者

或为归化,或为他国以力征、以德服,统谓之消灭。东西历史,数千年相望于册,不必枚举也。

(丁)消灭之基于内部意思者

意大利统一而各小国自灭,日耳曼解散而盟主国自亡。千八百七十年,日耳曼诸小国又去奥大利而就普鲁士,则又消灭于此而成立于彼者。

第四节　国家之种别

第一款　国权之分配

第一项　国权分配之理由

国权者,为国家全部所有之权。夫人之身体,其生活之力,自身可以觉之,国家则不能自觉。故国之有权,即由各人所集合。然由各人所集合而既有国权之后,当归之何人?此最重要之问题也。前言个人自由活动力之大小,即国家自由活动力之大小。反而言之,则国家自由活动力之大小,亦即个人自由活动力之大小。今欲以总体之力分配于各个人,此又最复杂之问题也。将贯彻此二问题,其必以法学、政治学、社会学解之。

国权为自由活动之主体,而个人为其客体,故国权之分配必当平等。然而孰为主治?孰为被治?势不能一出于平等,此又事之无可如何者,于是不得不以其能力、目的之大小为比例。故国权当归之有智、有德之人,为古今不可破之公例。虽然,有难言者,则国家应需何种智德及何人有此智德,又非可悬定也。然舍此标准,更无他法,则审慎以辨之,庶乎可耳。

且夫国权之分配,非数学的而心理的也。苟为数学的,则设总体之力为千分,配之十人,乃各得百焉,是反因分配而缩小矣。而国权之分配,则非特不因之缩小,且从而扩张,至于无可纪极,故曰心理的。盖欲求国家之自由活动,必各减少其主观之自由活动,集为国家总体之自由活动。夫既集为总体之自由活动,则由总体分出之客观自由活动必多,犹之干之伟者,枝叶亦必伟也。是故国家欲加增主观自由活动,必先加增客观自由活动。欲加增客观自由活动,非教育不可。然客观之教育时间长,则主观之自由时间必短。欲使两全,势必求仙以延年,否则塞智以愚民耳。不知教育既久,则主观之自由时间虽短,而范围则宽。德国人年三十以后尚在学校,故出而任事,无事不举,其国因之日强。是缩短主观自由之时间,所以易客观自由,而亦即所以易主观自由也。由以上理论推之,则知欲解决国权分配问题,有二元素:一曰第一事实,一曰爱情。

何谓第一事实?世间万事皆有因果,然进化论者谓,人之始为猿,猿之始为虫,而虫之始则不可知矣。物理学者谓,地之始为热汁,热汁之始为星云,而星云之始则不可知矣。名此不可知者,曰第一事实。国家之第一事实,则历史是也。各国有各国之历史,因历史而改良之则可;举历史而抛弃之,则不可。此国权分配之当视历史者。

爱情之厚薄,为国家强弱之正比例。大率国民之爱情厚者,国必强;爱情薄,则国必弱。欲使国民之爱情厚,在于制度之美善。制度何以美善？在协于本国之人情、境遇，俾之平等、自由。此国权分配之当视爱情者。

是故无论自由活动之当主张客观或主观，总以增长总体自由为一定之理，而其标准则在第一事实及爱情。因第一事实与爱情之不同，遂生种种之国体。其第一事实与爱情苟在民间者，则为民权国。民权不公，则为愚民国；贵族国不公，则为寡人政体；君权国不公，则为暴横国。又君权下移，则变为贵族国；贵族倾覆，则变为民主国；民主统一，则复变为君主国。其相为消长、相为循环者，仍各视其第一事实与爱情而已矣。

第二项 民权国

（一）民权国之意义

民权国者，由国民平等或全体直接而总揽国权，或一部分选举组织议会机关而总揽国权也。

变民主为民权者，以法律学发明，知国民不得为国家主体，惟能掌握国权而已。必言国民平等者，以国民相爱，非专为一二人，必使各各平等而已。

（二）直接民权国

全国人民集会而掌握国权，或投票选举而掌握国权，是为直接民权国。

此等国多系小国，如古时希腊之独立市及中世纪之独逸、今之瑞士，皆独立自治是也。

（三）间接民权国

于通国人民中选出代表人，由代表人结合而掌握国权，是为间接民权国。

此等国，如今之法兰西及北美合众国。

（四）直接、间接相混之民权国

既由代表行政，然有时全体国民亦集会而议国是，是为直接、间接相混之民权国。

此等国，法兰西历史上尝行之。现在瑞士又采法兰西制，平时以代表人掌握国权，若宪法之变更、废止及立法关系，则多数人民皆有投票解决之权利。此制适用于小国。

（五）专制民权国

人民集会公议而外，别无代表之制度与制限之机关，其投票不能取决时，以抽签定之，是为专制民权国。此种国，古时雅典行之，今也则无。

（六）立宪民权国

人民依宪法所定集会而外，其国虽有各种独立机关，皆范围于宪法之中。

此种国有三最要机关：一、立法机关，如国会议员，由人民选举。二、最高行政机关，如大统领，或于普通人民中选举，或于普通人民中先选出代议士，复于代议士中公选举之。三、司法机关，如司法大臣，其裁判官或在最高行政机关界内，或在掌握国权界内，皆由宪法定之。

第三项　贵族国

（一）贵族国之意义

贵族国者，一国之中，或以门阀、或以财力、或以智力之少数人掌握国权之国也。

贵族国亦共和国之一类耳，与民权国颇难分别。其大概则民权国多数认可者有权力，而多数不认可者无权力；贵族国不问认可与否，惟占优等地位者独有权力耳。此种国皆由上古民权国而来，盖上古国权散于人民，及有力者握之，即为贵族国。及教育发达、文明进步，则自然陵夷渐灭以至于尽。故贵族国至今日，已成历史上之名词矣。

（二）政治上之贵族国

其类有四：一门阀，二财力，三职业，四能力。此四者皆占优等，则可以掌握国权。

门阀之占势力，古今世界皆不能免。盖自优等人种征服劣等人种，则其所得之勋爵，子孙相续不绝，则势力久。

至于财力有二：一、土地之富，如古时大地主，多揽国权；一、其他之富，如古时以资本握利权，渐次成国者是。

职业即工商是。欧洲历史以工商业而掌握国权者，其例甚多。现今各国以保护工业为名词者，犹其流派。

能力谓智、德占优等者，不以门阀、财力、职业而以能力，则贵族国中之姣姣者。

（三）法理上之贵族国

其类有二：一、直接与间接；二、专制与立宪。何谓直接贵族国？即优等人直接议会是。总之无论直接间接,皆少数之优等人。其政治专为利己,此其所以绝迹于今之世界乎。何谓专制贵族国? 即一国机关皆少数之贵族握之,人民无独立机关是。何谓立宪贵族国? 即由少数之人民,集会而组合行政机关是。此二国古时有之,今亦无矣。

第四项 君权国

(一)君权国之意义

君权国者,其国权掌于一人,而有数人以干涉之、辅助之。惟法律上之名词,则惟国君一人而已。君权国与共和国之别,即别于掌国权者之人数。且共和国之君主有二人格,其为国君时为一人格,期满则复为人民,而又一人格。君权国之君主只一人格,非有灭亡,终其身为国君。又共和国之国君,于法律上有负责任者,有不负责任者;君权国之国君,于法律上全不负责任,惟于道德上负责任耳。

(二)世袭君权国

世袭君权国,其得位之由来,自出生而即有。古时欧洲各国,君权相续法与一般人民之相续同。法律进步,则君位继承亦定于公法。此种国占君权国之大多数。

(三)选举君权国

选举君权国者,或由全体选举,或于特定机关、王子中选举。而既被选后,亦不过公认为当选之一人,以立于最高机关之地。此最高机关定于国法上者。

此种国似乎选举人有国权,然因定于宪法,何人被选,法有明文。故与选举人无涉,而不得为共和国。如德之为选举侯,及罗马之选举法皇,而《柏林条约》所载之布尔加里亚,皆其例也。

(四)绝对专制君权国

绝对专制君权国者,谓国君一人独握国权,别无独立机关以限制之也,又曰无限君权国。

此种国君主之外,有官吏而无机关。其官吏不过为君主之机械,无论何政,皆由君主之意而施行,如历史所谓东洋诸国是也(即小亚细亚诸国)。

(五)普通专制君权国

普通专制君权国者,其国之历史经制,国君可以任意更变、废止,然于行政上稍有机关,于立法上稍有形式,介乎有限、无限之间。

欧洲中世以前,英吉利外,大率类是。今之中国、俄国尚属此种。盖绝对专制与立宪之过渡时代也。

(六)立宪君权国

立宪君权国者,君主总揽外,有行政、立法、司法种种机关以限制之,一切政事皆遵依宪法而行。

此种国,其最发达之机关为议会,发达而成贵族议院,由人民集会发达而成平民议院。此组织议会之原质也。观日耳曼历史,可想见其沿革。日本、独逸、奥大利注重君主,白耳义、英吉利、意大利注重议会,其为立宪君权国,未尝不同。

第五项　复杂组织可能不可能之问题

一国之中,外的组织无论如何复杂,皆有宪法为根据。故文明各国皆有复杂组织,亦皆有宪法。所谓复杂组织者,即君主之旁有议会,议会之旁有君主。此种制度,其善否问题颇难解决。说者谓国家由于统一,若分出无数机关,于统一不无矛盾。其说虽非无见,实有大误。何则?宪法与组织当相并而观,虽有复杂组织而只有一宪法,则不统一之组织即以宪法统一之矣。且君主非统一之主体,统一之主体盖在国家,君主不过掌握其权而已。主体既在国家,则虽有无数机关,于国家之统一两不相妨。又况所谓国权者,悉本乎社会之理而行,合各个人之心理为社会之现象,夫而后有国权。然社会心理,种种不同,则国家组织亦自种种不同,其分立无数机关,正以调查社会种种不同之心理,而欲使之统一,故无数机关,虽一一对峙,而仍有相互之关系。国法学乃研究此关系之法者也,若本无复杂组织,则国法学亦可不设,有是理乎?

第二款　国家结合之种类
第一项　国家之普通种类

国体种类之不同,视其人民之爱情而异,即内部致密之状态,外部扩张之状态;亦视其爱情之如何程度而生种种等差。故国家之普通种类有二:一曰单独国,一曰复杂国。单独国如中国、日本,不难一望而知。复杂国则细别甚多,自格老秀斯氏始创国家结合之名,其所分大纲有二:一曰合同,一曰连合。合同中有人的合同、物的合同;连合中有国家连合及连合国家。此种分类,由政治一方面观之,颇合历史发达之顺序;以法律一方面观之,则尚未尽善。余之分类则有二:一曰国际法上之国家结合,一曰国法上之国家结合。于下二项详之。

第二项　国际法上之国家结合

国际法上之国家结合，虽与国法无涉，亦当略举其例，以为研究之料。盖此种结合但有结合之形式，而双方之人格及权利各不减少，亦各不增加，不过如私人间之契约，以为约束之具而已。其细目有五：

一曰人的结合

此种结合偶然而非永久，或两国君主因结婚而合，或两国君主因戚谊而合。既合之后，虽以一君兼王二国，而形式上仍存两国之名，故国际上认为一国，而国法上则否。

二曰国际法上之保护国

以甲国之自卫权，收之乙国之下，则乙为保护国，而甲为被保护国。此种结合全以条约为凭，故亦与国法无涉。

三曰同盟

此种结合有一时的，有永久的。然皆以条约为凭，非以国法为凭。

四曰国家连合

此种结合为同盟中之继续者。

五曰国际的共同组合

此种结合不过行政之一部分，以条约定之而已，如邮便、河川、关税之组合是也。

第三项　国法上之国家结合

国法上之国家结合，与国际法之但定于条约者不同，盖既以国法结合，则两国之组织虽未必全然合一，而其中数要件则已混合无间，故两国之人格及权利亦因而变更。然分类之法，随人而异。欲指定某国为某类，殊属不易。何则？国内法所谓人格者，以法律所许为准。故社团、财团虽非自然人，亦可由国内法任意起灭。若国家则其人格悉由自定，故其程度自无一定。又如国家必有自治权，故政治上之变化亦往往今昔不同，或昔结合而今分离，或昔分离而今结合，或由独立国而为人的合同，进而为物的合同，再进而为单独国，此其一也；或由单独国而为同盟，进而为国家连合，再进而连合国家，此又其一也；设此二者又相结合，是结合两单独国为一大单独国，纵横变化，莫可穷诘。试翻欧洲历史，其在罗马，为不完全之一大国，后分裂为诸小国，则较罗马稍稍完全矣。近世以来，又由此诸小国互相结合而成数大国。由今以往，或更结合此数大国而为一大帝国。此种理想，若德意志，若俄罗斯，皆有以自国人种统一全世界之欲望。然其计画以力不以爱，则如古之成吉思汗、拿破仑，非不扩张版图，一旦殂落，则不转瞬间，四分五裂矣。故今日尚在国家结合幼稚时代。

第四项　物的合同

国法上之国家结合，物的合同其一也。此名称对于人的合同而言，其初本各独立，后则有数大事为共同之作用。其作用方法明定于国法之中，故在合同范围内观之，则不见两国之形迹。犹之夫之与妻，虽系二人，而事业一切，以二人合为一人格。若欲分离，必更改国法而后可。若欧洲之奥、匈及瑞、挪，皆以一君主兼王两国，且定于国法，为永久之连合。又有君主二人而议会合一者，若德意志联邦中之梅哥与普尔古是也。

第五项　主国、从国

国法上之国家结合，主国、从国又其一也。此主从关系，虽略同于国际法上之保护国，然在平时，其从国之名称未全然消灭，而共同事件，则主国权力可施之从国，两国国法上皆明定之。若英与印度，印虽并于英，而未尝另成一国者是。

第六项　连合国家亦曰国家

国法上之国家结合，连合国家又其一也。其与主从异者，主从虽并，而仍为二国，此则别成一新国；其与国家连合异者，国家连合不过条约上之同盟，此则国法中明定为一国；其与单独国异者，单独国之分子属之人民，而此则其分子属之各国。如普鲁士联二十五国为一国，遂统合为德意志。此种国家，为近世新发生之国家，其性质最为复杂，兹特详论之。

一、成立

有意思自内而外者，如德之联邦是；有意思自外而内者，如南美之ブラジル①合众国是。

二、终了

如德意志欲取消其联邦，必出自德意志意思。若为普鲁士或他一部分国之意思，则德意志可不认之。故连合国之终了，必出于全部之意思。

三、组织

---

① 巴西。——整理者注

连合国可以自立宪法,而各部分亦可自立宪法,不过有互相组织之机关,以活动其作用。

四、国权

合各部分国为总体国,则总体国有国权,而各部分国亦各有国权。总体国之权力,不但能及各部分国之国家,并能及各部分国之人民。于是大之如外交、军事,小之如民、刑诉讼,应就总体国乎?抑各从其部分国乎?解此问题,谓此种国权分配,如经济学之分业。然关于全部,如外交、军事,则总体国掌之;若部分之事,则部分国自掌之。故部分国有在上之制限,无在下之制限。如关于全国之事,必经总体国制裁是。而总体国有在下之制限,无在上之制限。如各部分国未经公认,事亦不行是。普鲁士为德意志之部分国,德意志有德意志之国权,普鲁士亦有普鲁士之国权,而彼此互相制限。此近世新发生之国,种种疑问,因之而起,兹别列一项以明之。

第七项　连合国家之主权问题

解此问题,有学说二:

甲、消极说

谓最高主权国家所必要,苟或无之,犹人具肢体而无脑筋,不成为人。故一国之初,其权散在各部落,久之而各部落之权消灭,以趋于一最高主权,此共同生活之进步。今改为连合国,是退而与未进步时相等。按,此说实误。盖使最高主权在各部分国,则是各各独立,适成国家连合而非连合国家;又使最高主权在总体国,则各部分直地方团体耳,奚谓国乎?

乙、积极说

谓未连合时,最高主权固不可少,既已连合,则不必有最高主权。以事实观之,德、美、瑞三国既非地方团体,又非有主权,而不碍其发达。按,此说较甲说为正,然最高主权不能与自主权相混,国不可无自主权,而可以无最高主权。

以余所见,则连合国家与各部分国,各有制限。故各部分之一国欲变更宪法,必得各部分国之同意;而连合国欲变更宪法,亦须得各部分国之同意;苟连合有特别之规定,则即按规定者行之。德意志连合所规定,谓将来欲变更活动之范围,犹之变更宪法。瑞美连合所规定,谓将来欲变更活动之范围,必先变更宪法。此皆特定者。总之,连合国为近今世界最善之国,以其自治制度为自治团体之最大者。故自治制度不兴,则连合国必不成。

第二章　国法

第一节　国法之意义

第一款　国法之定义
第一项　定义之说明

国法者,于社会各个人规律的互相行为,即社会心理合成之意力而制定之法也。

所谓社会者,谓人类集合,有精神上、物质上之交通,以此交通而生组织者是也。

祭事据场,亦人类集合之一。然不谓得社会者,以其精神上、物质上无交通也。

所谓各个人规律的相互行为者,谓人类组织社会,有互相关系之法则也。

个人行动,颇极自由。一有社会,遂有善恶之分。某事为善,某事为恶,众意佥同,酿成习惯。如借物则群以为必还,窃物则群以为必罚。人心虽未必尽同,而此落落大端,则不甚相远。是谓社会心理合成之意力。

所谓制定之法者,谓国家由社会心理所发表者,载之明文,使人人相安于范围之中也。

以习惯而定事实者,个人也;以社会心理而定法律者,国家也。虽然国家之定法律,固基于社会心理之发表,而维持此法律,则国家不能自为之,仍必赖乎社会心理之保证。譬之多人聚于一堂,忽有一人出号令以指挥众人,使各人心中反抗不服。虽有圣人,无如之何。然以其所出之号令即本于众人之心理,故借其恐怖、爱敬等种种因缘,而号令遂以成立。一面成立,一面即生权力。权力既生,于是有外的组织。故国家亦以成立之后发生权力,乃有强者、弱者、治者、被治者之分。至于近今完全之国法,则非一蹴几也。

第二项　国法之问题

解此问题,有消极说,有积极说。

（甲）消极说

其言曰，国法既由国家制定，则亦可由国家破坏。故国法者，非法也。

（乙）积极说

其言曰，国家作用，人民在所必知，因其法律与社会心理相合，若可破坏，即不合于社会心理。故国法者，法也。

按，消极说颇中专制国之病，故专制国直可谓之无法。积极说，则立宪国之真相也，盖国家固可自定法律而与人民共服从于法，以故有种种机关以限制其自由。由此可知，专制国骤欲立宪，有二大困难：一、人民未臻发达，懵然不知国事，虽有宪法，其何能行？二、议会及裁判所未设立，虽有宪法，其何能久？总之，国法者既非理论，又非名目，必合乎社会之程度、国家之经制，而后宪法定，而后国法立。

第二款　公法、私法之区别

第一项　关于公法、私法之诸说

公法、私法之范围，较国法为大。其差异之关于根本者，有三学说。

第一、以公益、私益为公法、私法之标准

谓国家与个人，其活动之基本，在乎利益，故以利益之及于公众者为公法，利益之及于私人者为私法。此说之误，盖不知利益不能以公私为其界限。例如盗物有罚，为其侵私人之所有也。然侵私人之所有，即以侵公众之利益。杀人有刑，为其保公众之安宁也。然其保公众之安宁，亦即以保私人之利益。其他一切，靡不类是。

第二、以国家、个人为公法、私法之标准

谓国家与个人行为之关系为公法，而个人与个人平等行为之关系为私法。此说之误，盖不知国家与个人行为之关系亦有属私法者，民法、商法中不少其例。

第三、以平等、不平等为公法、私法之标准

谓国家与个人不平等之关系为公法，而个人与个人平等之关系为私法。此说之误，盖不知个人与个人亦有不平等者，亲族法其最著也。

第一项　解决

余所下公法、私法之定义，则规定全部与全部之关系者为私法，而规定全部与全部中一部之关系者为公法。例如个人与个人，国家与国家，皆为全部，故民法、商法以及国际法皆私法也（今称国际法为公法者全系习惯）。若个人与国家,则一系全部,一系全部中之一部,故宪法、行政法、刑法以及市、町、村团体之法,皆公法也（国家若以个人资格与个人交涉,则亦私法）。

虽然,于此有一问题,即全部与全部中之一部,以何标准而分别之。小而一家族、一会社、一运动会,大而公共团体、地方团体、国家团体,何一非全部之资格,将皆属公法乎？欲解决此问题,则不得不以法律为标准。法律认为全部,或不认为全部,则即全部也,即非全体也。而法律之认与否,又有二标准:一则永续者认之,暂时者则否;一则有权力者认之,无权力者则否。例如家族、会社、运动会,时聚时散而无权力,故不认为全体;若地方团体、国家团体,则能聚不能散,而又有权力以拘束其分子,故认为全体。

以上为根本上之解决,今更举其他差异各点,列证于下:

（甲）公法为一方的,私法为双方的

如个人与个人,则两方俱当事者,而必待第三者之判断;个人与国家,则判断者即当事之一之国家,犹之人与物,亦只犹由人判断。

（乙）公法以配分为正义,私法以均平为正义

如个人与个人,甲与若干,乙亦报以若干。若国家与个人,则个人所与、国家所报不必相等,犹之手足终日劳动,而报酬殊不之及。

（丙）公法与事实相连,私法不与事实相连

如个人与个人,裁判所监督之,不出乎法之范围;个人与国家,则只有宪法,宪法之上并无他法,而只有事实。

（丁）公法为强行的,而私法非强行的

如个人与个人,自愿放弃其债权,亦所不禁。若国家与个人,则杀王必死,俸给必受,皆有令出必行之强力。

第三款　法与事实

以广义言之,则法与事实同时存在。何以言之？盖法之为物,当其空于条文,虽为一纸空言,及以法执行,则若者为善,若者为恶,莫不有实在之可见,而推其所谓善恶,并非法所创造,乃因人之心中本有此善恶之分别,法特利用之耳。试观人之行也,必有两个意思:其一则欲向前,其一则又不欲向前。结合二意思而呈一力焉,谓之意思之规律力。此规律力为人人所同具,则聚而定之条文,而法成矣。故法与事实,二而一者也。

意思之规律力,即社会心理合成之意力,而其变为法也,亦非全恃自然。当其始,必有一英雄出,其智力在众人之上,彼乃总揽此意力,而定为法。故法之为物,非如物向地心,火为烧点,为不可破之定例。人之意力,可左可右,故法亦因时与地而不同。如犯罪必罚,同合于社会之心理,而或则拘禁三年,或则拘禁三月焉,皆有多少伸缩之余地。此则法之可随意者。

法既有可以随意之处,则或以君主为最高机关,或以议院或以人民,皆随其自己之意思而为特定之国法,非如脑为人身最高机关,其权不能移之于手或足者。盖身之有脑,乃纯出于自然;而国之有法,则人为与自然兼而有之者也。

今更设一喻,以明法与事实之区别。譬之量物之尺度,或长或短,皆由人意而定,及其既量得之度,则事实矣。譬之造屋之雏形,或大或小,随人意而绘,及其既造成之屋,则事实矣。法之于事实何独不然,法非事实,而事实则即由法而生。人以犯罪而受刑,则受刑为事实,然苟本无法,即无受刑之事实。是故法从事实而生,而法又生事实者也。

第二节　权利义务

第一款　人格
第一项　事实上人格

事实上人格有二方面:一客观的,一主观的。

(甲)客观的事实上人格

其定义以意力之存在或意思之主体为人格。盖人格以动作而见,然动作必有意思。风之吹,花之落,非不动作也,然风非能自吹,花非能自落,非动作者也。惟人格之动作,则或行或止,或速或迟,悉出其所自然,是为意力之存在,亦为意思之主体。

(乙)主观的事实上人格

其定义以智、情、意之存在,或是我知觉之存在为人格。盖人格之动作,自外观之(即主〔客〕观),但有意思;自内观之(即主观),意思之外,复有智情。畏寒而向火,此意思也。然当其觉寒则为情,当其觉寒向火则为智,合智、情、意三者而后知有我,而后有人格。

今就二方面以证诸人世间,则惟人类,合之客观、主观而皆有人格。至于人以外之物,则有如高等动物,若猿也,羊也,亦有动作、亦有知觉也；有如高等植物，若蝇栖草也，似有动作、似有知觉也；有如动植不分之罢古推利亚，虽无知觉，却有动作也。独至共同团体，是客观上固有动作，而主观上之有无动作，则不得而知。欲强分之曰某某有人格，某某无人格，夫乌从而定之，于是乎不得不委其权于法律。

第二项　法律上人格

法律上之人格以人为本位，而人以外之物亦随而推定，所谓法定行为是也。惟法定之人格犹之尺度，尺度随地而异，法亦随国而异。既定于法，则其主观上、客观上之观念，不必斤斤计较也。自古迄今，其原则之可据者约有四端：

（甲）事实上明明有人格者，法亦从而定为有人格，如自然人；

（乙）事实上明明无人格者，法亦从而定为有人格，如财产；

（丙）事实上不明其有无者，法亦从而定为有人格，如各种团体；

（丁）事实上明明有人格，法反定为无人格，如奴隶。

就大纲言之，则自然人皆有人格（奴隶制已废），物则有人格者甚少，团体则有伸缩（如一时的或继续而不完全的，大率无人格，但各国无一定）。

第三项　人格之价值

人格之价值，由法理言之，则其相互间皆平等；由事实言之，则相续者对于亲族权不平等，妻对于夫权不平等，弱者对于强者、愚者对于智者亦不平等。法律以法理为根据，而仍不能全离乎事实，故全部与其分子不平等，而分子苟立于全部之地位，则亦平等。此所以法律进步，而贵族、官吏种种阶级赖以少衰。

说者谓人格即利益之主体，此于社会心理全未研究者。何则？社会人类并非全为利益。盖利益不能独立，必与意思相连，而意思之发动有二大要素：一曰力，一曰目的。以力向其目的而行，是谓意思。然人之目的，或以实利，或以名誉，或以道理、信仰，万有不同，断难以利益括之。然则未有意思之前，本无所谓利益，故人格之价值必归于意思。虽财产并无意思，亦有人格。然法之定为人格，非指财产之自体，乃指认为财产意思，则其说固非剌谬也。

第二款　权利义务

第一项　总说

第一、权利义务之意义

社会心理合成之意力，出其总体的人格，言则为法；出其分子的人格，言则为权利义务。是法立于客观的一方面，乃有规律合成之意力；权利义务立于主观的一方面，而逐个人格之意力也。是故法与权利义务相依而不可离，公法有公法之权利义务，私法有私之权利义务。

第二、权利之意义

权利之意义可分三端：

（甲）法定保护者

谓人格既为法所定，则法必任保护之责，设债权者不能保其权利，则法必代之索还。夫法之代为索还者，为保护也，而人之受其保护者，则权利也。

（乙）法定行为者

谓人格必以意思发动而后有行为，此行为又必为法律所特定。例如刑法窃盗者罪，人虽因此无失物之害，然此非权利，必如民法债权者有请求权，然后谓之权利。

（丙）法定人格者

上二者之权利，苟非法定有人格之人，不能享有。因法为意力合成，苟非人格，必无意力，既非成法之要素，乌能受法之权利？由是乃得下权利之定义曰：权利者，以法定人格为法定行为而受法定保护者也。

第三、义务之意义

义务之意义可分二端：

（甲）法定人格者

古时一国中，人民与人民互相间固皆有义务，独至人民对于君主，则更有无限之义务。此非法定，乃君主有一种权力强制之耳。故今之义务，以法定人格为断。

（乙）法定不可不发动之意力者

不可不发动之意力，必由法定，亦以防无限义务之流弊。

由是而得下义务之定义曰：义务者，以法定人格为法定不可不〈发〉动之意力者也。

第二项　公法上之权利义务

第一、公法上之权利义务之意义

公法为团体与分子间之规定，因此规定以对于全部发动之意力，即公法上之权利。故可下定义曰：国家及国家认定之意力团体对其分子行权力时,而法定有人格者,因法而得保护其意力之权利也。

公法上之权利既由公法而生,则公法上之义务亦由公法而生。故其定义曰:国家及国家之权力团体对其分子行权力时,而法定有人格者,因法而不得不发动其意力之义务也。

公法上之权利义务,虽若无异于私法,但其所行之方向不同。私法上两个人格皆平等,故权利义务亦平等;公法上两个人格不平等,故权利义务不平等。其所谓不平等者,则身份、资格之差异也。

第二、个人于公法上之权利义务

国家由个人而成,既成之后,即自认为人格,并能定各个人之人格,以限制其意力范围。故人民对于国家之义务,乃基本上之义务;对于国家之权利,亦基本上之权利。古时国家之待人民,如牛马然,驱之使不得不服从。今立宪国,则法所定者服从之,法所未定者,无论如何不能服从。故今之所谓服从,乃服从于法律,非服从于事实。此所以人民对于公法亦有权利义务欤。

就立宪而论,人民之义务虽如几何之点微渺无几,然于其范围内续之为线,尚有长短之可度。若未立宪,则人民之义务如几何之由点而线,由线而面,由面而体,而乘至无穷。盖古时人民仅有义务,今则割其一部分以为权利。故欲知个人在公法上之权利义务,但知权利,则除去权利皆义务矣,兹列举其权利有三:

(甲)请求国家不行为之权利

如法定个人身份之范围,在此范围内,苟无理由,国家不能有所行为,普通所谓自由权是。

(乙)请求国家行为之权利

古时人民对于国家而有所请求,则为大逆不道,今则皆可发布意见,普通所谓请求裁判权、营业免许权、铁道乘坐权是。

(丙)参与政务之权利

国家由个人而成,故国家之政务,除智识不完全者、女子及未成年者,无论何人,皆可参与,普通所谓官吏权、公吏权、选举权、兵役权是。

第三、国家于公法上之权利义务

古时国家无所不能,故有权利而无义务,今则割其一部分以为国家之义务,是国家之权利义务与人民正相反,即权利无限而义务有限,义务可列举,而权利不可列举焉。今分其义务为二:

（甲）必遵国法而行动之义务有三：

（一）制定法律之义务；

（二）裁判民、刑、商事之义务；

（三）其他国法之活动范围之义务。

（乙）应人民请求权利之义务有三（参照前项）：

（一）不侵犯人民自由之义务；

（二）应人民请求行为之义务；

（三）使人民参预政务之义务。

第三章　国家于国法上之发达变迁（附录）

英	十七世终专制王国立宪君主	十八世立宪君主	十九世立宪君主	同	自然之发达
美			立宪民主	同	人民
法	不统一王权不确立	模范的专制君权立宪	现今立宪	同	人民
普	无国王不统一	专制君主开明专制王国	开明专制	立宪君主	君主
德	君权旧帝国	同上	旧帝国亡	立宪君主	君主
日	专制	专制	开明专制	立宪君主	君主

观上表，现今著名立宪国有六，兹将一一述其概要。

（甲）英吉利

宪法推英为鼻祖，当千二百十五年，已有《大宪章》之发布，且是年之前，人民之自治成习，久已不乐于专制，特至是始昭布耳。其后迭有变迁，至十七世纪末，王权又复扩张，《大宪章》几灭，民不堪命，弑王变政，权利十三条定于宪法，遂成为开山之立宪国。盖英之宪法为自然发生，每专制一步，立宪亦进一步，虽有革命而国家不蒙其祸。其为世界各国模范之宪法，良有以也。

（乙）美利坚合众国

欧洲国法之进步，有二观念：大陆诸国为旧观念，海洋英国为新观念。米本坎拿大民族,始属佛,终移英。十五六世纪间,各国人民挈其新旧观念而殖民于其地,及千七百七十四年,不堪英之压制,遂开纯粹共和国之新纪元。盖采英之制,而无君主贵族之历史,故其发达专在人民。

（丙）法兰西

英发布《大宪章》时,法尚未统一,至千七百八十年间,王权稍张,遂统一诸侯而为确定王国。是为模范的专制,所谓朕即国家也。然盛于一时,民心骤变,惟其变也,不以英为法而以美为法。千七百九十二年,立宪成立,然以其仓猝成立,故屡有变动,今之宪法,则千八百七十五年所改定者。法之改革,始于君主与贵族争,终于君主与人民争,故此时政体尚不巩固,将来再有改革,亦未可知。

（丁）普鲁西

普当十七世纪末,尚为侯国。千七百一年,为确定王国。千七百四十年,又为君主专制国。千八百四十八年,又为开明专制国,是年因人民请求,而政府亦遂制定宪法。英出于自然,美、法出于人民,独普则出于政府。故千八百四十八年后之宪法,至今无所变更。

（戊）独逸联邦国

千八百六年,独逸旧帝国解散。千八百六十七年,北独逸弃奥归普。翌三年,以普佛战争之结果,南独逸亦合,奉普帝为独帝,是为独逸联邦帝国。其宪法从普发生,故欲知独之宪法,须知普之宪法,犹欲知美之宪法,当知英之宪法也。（普佛之役,普因而合独佛,亦因而共和。说者谓,今俄以战败结果或将改革,然俄之人民程度远不逮佛,故未可必。）

（己）日本

日本自开国迄今,皆君权国也。自千八百八十九年,立宪始成立。宪法由政府制定,略与普鲁西同。统观世界立宪国,日本最后。盖自英为祖国,美、法效之而有革命之祸,普独引以为戒,先由政府发布,不待人民请求,故其宪法悉由人为而斟酌于自国情形,斯为有利无弊,日本仿之。且各国之有宪法,多由君主、贵族、人民三者血战而来,独日本君民合一,绝无上下交断之惨剧,此日本独一无二之特色也。

总之,所谓立宪者,非漫然发布宪法。谓即足以致治也,其必以文明之组织为前导,而后以完美之宪法为后援。然文明组织事不一端,而人民之发达居第一位置,故各国未立宪之先,必经过一时代焉,曰开明专制,此则由专制而立宪之大关键也。今仍以前列诸国证之。英发达于自然,美组织于自治,其开明专制固难指定。佛当拿破仑登帝位,如地方制度、行政制度,莫非为立宪之预备,故千八百三年迄千八百十四年,此十二年中,则佛之开明专制时代也。普当甫利德四世在位,英武善断,提倡人民,阅时甚久,故千七百四十年迄千八百四十八年,此百余年中,则普国之开明专制时代也。独为诸国联合,普亦其一部分,普之开明时,各小国起而效之,故普之开明专制时代,即独之开明专制时代也。日本人民程度本不甚高,后欲立宪,知必先发达其人民,故明治元年迄明治二十三年,此二十二年中,则日本之开明专制时代也。使此诸国者不经此开明专制之阶级,则谓至今无立宪可也,谓立宪而徒有空名可也。

盖开明专制之性质,乃以专制之形式,为开明之精神,君主虽若神圣,而实则为其公仆。此等思想不独西洋为然,东洋所谓民为邦本,实已滥觞。中国唐宋时代,现象颇相似,特一瞬即灭,故结果殊少。西洋则愈进愈厉,绝无退步,奔驰绝尘,乃发见至完至备之立宪制。是则东西洋潮流之所以反向也。中国之立宪问题,余不敢置议,惟余欲一言也者,则未经开明专制,虽有宪法,人民无遵行之思想能力,将奚以久?然则为今日计,莫如兴教育改制度。

第二编　国家有形之要素
（土地人民）

第一章　元首

第一节　元首之地位

元首为机关之一,特既为元首,则其地位不得不异于人民。日本之元首为天皇,故既为元首,不复为人民;他国之元首,或大统领,或选举君主(如荷兰、比利士),则亦为元首,亦为人民。至其地位,则大同小

异。今举日本元首之特例,有二要件:

(甲)天皇无责任

如民法、刑法上,天皇皆不负责任。天皇之外,无论何人皆负责任。此就法理言之,至道德上、事实上,仍有责任。

(乙)天皇组织最高机关

如总揽者、元首、皇位等,皆最高机关,天皇得以其意思组织之。

第二节　皇位继承

第一款　法理

继承之关系,虽与民法之相续同,然非私法上的,乃公法上的。何则?以自然人资格继承元首之资格,而元首之关系则公法而非私法也。大凡第一自然人死,第二自然人接任,第二自然人死,第三自然人接任。合此各个人连续为一元首,故不得以某元首即位之形式,别为某元首之始。盖其地位为机关,人虽变而机关未变故也。古时以皇位继承为私法者,未知机关之法理者也。

第二款　日本之皇位继承权

日本关于皇位继承之事,规定于《皇室典范》,其要件有三:

(甲)皇统

《皇室典范》第一条曰:"大日本帝国皇位,以祖宗之皇统而男系之男子继承之。"又第二条曰:"皇位者传于皇长子。"

(乙)顺序

《皇室典范》第三条曰:"皇长子不在时,传于皇长孙;皇长子及其皇子孙皆不在时,传于皇次子及其子孙,以下例推。"

(丙)例外

《皇室典范》第九条曰:"皇嗣精神或身体有不治之重患及有重大之事故时,咨询于皇族会议及枢密顾问,得变更前数条所定之顺序。"

第三节　摄政

第一款　摄政之理由

摄政之理由有二:

(甲)天皇未成年者

《皇室典范》第十九条第一项曰:"天皇未达成年时,置摄政。"按,天皇成年早于人民二年(人民二十岁,天皇仅十八岁),其故即恐摄位太久,流弊滋多耳。

(乙)天皇有故障者

《皇室典范》第十九条第二项曰:"天皇由亘久之故障不能亲大政时,经皇族会议、枢密顾问之议,置摄政。"

第二款　摄政之资格

摄政者之资格,可分二类:

(甲)男子

达成年之皇太子、皇太孙,若无之或未达成年时,则亲王及王。

(乙)女子

第一皇后、第二皇太后、第三太皇太后、第四内亲王及女王。按,女子行政终有缺点,故皇位不及女子,至摄政,则列于亲王及王之后,不得已也。若内亲王及女王,则必未出嫁者。

第二章　国土

国土之境界,属于政治问题,然所以认定境界之界线,则法律为之也。游牧时代,人民逐水草而居,固无所谓国土。迨文明进化,而后有一定之土地,然犹视为私法上之所有权,欲分欲合,欲割让欲保守,一惟国家所欲为。近世法律大昌,则名国土为领土权。所谓领土权者,谓国家之有土地,非支配土地也,不过支配人民之界线而已。人民有意思,故国家得而支配之。然人民无界线,则国家又有不能支配之势,于是借土地之界线为人民之界线。在此界线内,内部权力皆所能及,外部势力皆不能侵,是故主国之对从国,主权虽及其土地,而不能谓之国土,即不得谓之领土权。

以法理言之,治者与被治者必皆有意思,而为法定之人格者苟无人格,则无权利、义务之关系,亦遂无治者与被治者之名分。或谓土地亦被治者,此说盖误。古时土地人民在私法上皆无人格,皆为事实上之目的物。今则人民有人格,而土地仍无人格,人民非事实上之目的物,而土地仍为事实上之目的物,故对于土地不曰统治权而曰领土权。

第三章　国民

第一节　国民之意义

第一款　事实上之国民

第一项　事实上之国民之意义

法律以事实为基本,故前所述之人格、国土及权利、义务等,莫不研究其法律、事实二方面,而国民亦从事实而来。其定义则国民者,人种相同,风俗人情相同,联合共同生活之集合体也。析言之,则人种、风俗人情不相同者,非国民;相同而非为共同生活者,亦非国民;共同生活而非集合体,亦非国民。

第二项　国民主义之运动

国民主义之运动,可分三类:

(甲)人种、风俗人情皆同,而分为多部,复由多部联合为一。如德意志、伊大利是。

(乙)一人种为人吞并或征服后,又独立为一国。如土之希腊是。

(丙)大国民并小国民而使之同化,或数不同之国民自成一大国。如瑞士、美利坚合众国是,中国征服外部亦然。

国民运动亘古今未有一日绝也,其最剧者,莫如大国民欲小国民之同化,而小国民必欲自立。波兰、芬兰之入俄,至今犹思独立,其一例也。由历史观之,则国民而欲求独立,其始必先与大国同化或受其保护。何则?能力有限,非同化不能吸收文明,非保护不能潜蓄势力。盖人无智,则求其智者而学焉;人无力,则求其强者而附焉;不学不附,将终于愚弱而已矣。

国民以人种相同为第一义,然古时极盛,而今则种界渐衰,务求文明开化之同一。其文明开化不同一者,虽人种相同,不得为国民;其文明开化之同一者,虽人种不相同,而亦为国民。是故古之国小而多,以其必为一人种;今之国大而少,以其不必为一人种。古今国民盛衰消长之机,其以此夫。

第二款　法理上之国民

第一项　法理上之国民之意义

法理上之国民即事实上之国民,特必有同一之国籍而为共同生活之全部也。所谓国籍者,或出生于本国者,或归化于今国者。既定国籍,则苟无特别原因,法律必一律保护之,不使丧失。见国际私法中,惟此所当同意者,非有国籍者之各个,乃有国籍之全部也。盖国家成立之要素,不在各个而在全部耳。

第二项　法理上国民之义务

国民为国家之一分子,苟无义务,何能成国?譬之人身,四肢百体以至微小细胞,莫不为一身效力。特忠实之义务则事实的,必非法所能强。故法所定之义务,特就其感情之发于不得不然者,其大纲有二:

(甲)服从之义务(他动的)

国民对于国家有绝对的服从。

(乙)供给之义务

有细目二(自动的):

(一)活动供给

如充当兵役、名誉职(地方官吏)及非常大变各出劳力等。

(二)财产供给

如租税等。

第三项　法理国民之权利

法理上,国民之权利可变言之曰资格,因有享受权利之资格发生时,而后可行使其权利,其大纲有三:

(甲)请求国家行为之权利

《宪法》第二十四条曰:"日本臣民有受法律所定裁判官之裁判,不可夺。"

(乙)请求国家不行为之权利。

其细目有二:

(一)住居国土之安全

《宪法》第二十五条曰:"日本臣民住所除法律所定外,无其许诺,不受搜索及侵入。"

(二)自由活动之安全

其细目有六:

(水)身体自由

《宪法》第二十三条曰:"日本臣民非依法律,不受逮捕、监禁、审问、处罚。"

（火）信书秘密自由

《宪法》第二十六条曰："日本臣民除法律所定外，不侵其信书之秘密。"

（金）所有权自由

《宪法》第二十七条曰："日本臣民，不得侵其所有权。"

（木）信教自由

《宪法》第二十八条曰："日本臣民但不妨安宁秩序、不背臣民义务，有信教之自由。"

（土）言论、著作、印行、集会、结社自由

《宪法》第二十九条曰："日本臣民在法律范围内，有言论、著作、印行、集会、结社之自由。"

（谷）纳税、兵役之保护

前五项言自由，此独言保护者，因纳税即所有权，兵役即身体权，纳税之外保护其所有权，兵役之外保护其身体权。是纳税、兵役为权利义务所共，则所有与纳税、身体与当兵，二者必明定其界限。界限何在？则法律是也。身体权固自由矣，然警察得而拘之，曰惟法律故；所有权固自由矣，然修整官路将使民房折毁，曰惟法律故。犹之言论自由，而别有新闻条例；信教自由，而一夫多妻教法所必禁。凡此皆一面保护，一面制限之意也。

以上种种自由权，为宪法成立之根本，若不认定，则虽有宪法，徒有虚名而已。然谓国法定而自由始定，则又不可。何则？未有国法之先，未尝无自由，特国家机关不完全，则为野蛮自由，而宪法不成立。然国家机关完全，而不发达其人民，则为无限专制，而宪法亦不能成立。故必二者并行，然后于自由之中明定制限之界，此则宪法之精神也。推人民之与政府冲突者，东西各国以言论、集会之自由为最甚，故古时绝不许其自由。然此而不认定，则一切权利皆有名无实。盖言论、集会自由，而后人民思想互相交换，日有进步。此事既定，一切自由迎刃而解矣。

（丙）就国家官职及公务之权利

《宪法》第十九条曰："日本臣民依法律、命令之资格，均得任文武官及就其他之公务。"按，关于此条者，细目有四：

（一）选举投票权

谓选举构成国家机关之人。

（二）被选举权

谓被选举为构成国家机关之人。

（三）官吏权

谓受禄者。

（四）名誉职权

谓不受禄者。

此四种不分阶级，全国人民皆得而有之。

第二节　团体

团体亦有事实上、法律上之分。多人为一人行为，此事实上之团体也；多人为一人行为，而法律认其行为，则法律上之团体也。其类有三：

（甲）人民团体

详民法、商法中。兹从省略。

（乙）土地团体

以土地为自治区域，而国家与以权力，以行使于其区城中，如市、町、村团体是。详行政法中，亦从省略。

（丙）目的团体

不以土地为区城，而以目的为区城，如水利团体是。亦详行政法中。

第三节　阶级

第一款　阶级之法理
第一项　原则

立宪国之精神，在权利义务之平等，宜无阶级矣。虽然，宪法悉本于事实，事实即社会中之心理，社会心理本有阶级，则法律亦安可得而去之。惟法律上之阶级成于认定，故有条理；社会上之阶级生于惯习，故无条理。今别就法律上之阶级，其原则有二：

（甲）官职公务

军人及官吏犯罪，不以普通刑法治之；议员及官吏，皆别定保护之法。此非人格上之阶级，乃资格上之阶级，故一般人民既有为官吏公务之资格，即皆有此特权也。

（乙）能力

其差等可分五类：

（一）关于教育者

教育有无，为智识高下之别。故有阶级，然人人皆得受教育，则仍为平等。

（二）关于身体者

健康与缺陷，为天然能力之阶级。

（三）关于男女者

男子治外，女子治内，亦天然之阶级。

（四）关于年龄者

未成年者，能力必逊于成年者。

（五）关于财产者

此阶级非绝对的，不过因程度而有差异。

第二项　例外

日本阶级之例外，可分为三：

（甲）皇族

天皇非臣民，则天皇之亲族不得不加区别，其不同于臣民者有五：

（一）成年

早于臣民二年，但限于皇太子、皇太孙。

（二）诉讼

其方法于臣民异。

（三）刑法

亦与臣民异。

（四）租税

无纳税义务。

（五）兵役

无兵役义务。

（乙）华族

日本华族，前此极有势力，其不同于臣民者有四：

（一）与皇族结婚

《皇室典范》三十九条曰："皇族之婚嫁，限于本族及敕令特许之华族。"

（二）充贵族院议员

《宪法》三十四条所指定。

（三）裁判

禁锢以上之罪，特别审问之。

（四）世袭财产

（丙）士族

此族在古时为武士道，有特别阶级，自国民兵兴而自废。

华族可降为平民，平民亦可升为华族，唯皇族永无升降。华族于维新前有种种特权，今则范围缩小矣，然自法理言之，则不惟缩小，将来必有消灭之一日也。

第三项　阶级问题

法律上之阶级既根据于社会，则天皇在社会本有居高临下之势，官吏由天皇命令而占特别之地位，此皆社会心理所公认者。大凡国家由社会而进化，必有二现象：一则同一之现象，如智力有高下，感情有厚薄，目的有深浅，必其不同一，乃能有国而永久。故法为组织国家之要素，而法之实力大小不同，则掌握实力者必其本有实力者，此所以有阶级也。社会之阶级有变迁，故法律之阶级亦有变迁。今可分其变迁为五期：

（甲）人种的阶级为第一期

欧洲上古一人种胜，则奴隶其他人种而服从之，是为人种的阶级。

（乙）信仰的阶级为第二期

僧侣处最高地位，人民俯伏于下。东洋虽无宗教，然古之帝王，恒自托于天命。欧洲自十六世纪宗教改革，而信仰的阶级，扫地无余矣。

（丙）武力的阶级为第三期

信仰阶级去，而人民之有武力者乘势而占最高位置，一般人民力不能敌，是为武力阶级。

（丁）财力的阶级为第四期

武力阶级在军事上有特权（日本之武士同），及人人皆兵，则武力无权，而群以财之多寡分尊卑，然其弊与前三者同。

（戊）教育的阶级为第五期

立宪国之方针皆向此方面而行，阶级之精神为之一新，谓社会之有力者以智识能力为断,智识能力无不由于教育。惟此期与财力期,不能划然分界,教育阶级之可取,因非如前数者之固定不移也。

国家异于社会者,在乎外的组织,然外的组织,仍本乎社会各个人之意力。意力无形,故国家亦无形。然而有略可指示者二:一则法,一则实力。阶级问题,换言之,即何人能有实力之问题也。欲解此问题,当视其人民发达之程度。野蛮之世,必以外力服之;稍近,则以道德服之。譬之人幼年时,见有力者,则望而生畏;及生长则无论何人,以力欺之,心必不甘。野蛮犹少年,稍进则成长,外力之后,继以道德,故人种阶级衰,而宗教阶级起。宗教者,道德之变形也。然宗教虽不尚外力,而其作用非机械的,能束缚人之思想,故武力继之。武力无机械的形式而仍有其精神,故财力得而继之。财力在世界上占大势,而于举国皆兵之日,尤必恃之以为饷源。君主责租税于下,下亦责权利于上,地方自治、选举官吏等,凡立宪之原料,已制造于是时。故武力不破,财力的阶级不兴。财力阶级非立宪之过渡乎?

财力阶级比之前三者,已迥乎不同。盖财力非永远存在,则其阶级亦非永远存在。然其为专制的、贵族的、机械的,则前后如出一辙。使财力阶级而永存于世,以之掌握国权,彼知权力之来因乎财力,苟一丧失,权力随之,益将务为增殖,以求自固其位,而人民权利必至弃如弁髦,且使一国之人群起而效尤,是尽天下之人类而为财力之奴隶,呜呼可哉。

自立宪制盛行,则举种种阶级摧陷而廓清之,其所注意者,人格之高下而已。如有智者、有德者,是今日社会之中心点也。其智德俱等者,则又视其目的所在。此实力问题,至当不易之解决也。何则?既有智德,而有目的则其为人,必不斤斤于私益而谋公益也。以谋公益之人与以国权之实力,虽甚神圣,何以易此?

夫无智德者之心服有智德者,又自然之现象也。譬之行舟,舟中之人皆不能操舟者也,其舵工能操舟矣,而不知舟中之人之欲何往也。使中有一人能操舟,而又能知众人所欲至之地,则必公推为一舟之长,而性命财产悉赖以保全。教育阶级之于国家,何以异是?立宪制之所以尽善尽美者,其在斯乎?其在斯乎!

第三编　国家无形的要素

第一章　统治权

第一节　统治权之意义

第一款　总论

国家成立于社会合成之意思,故非自然发生,亦非由于制造,乃以意思加之组织,于不知不觉之间而公认其存在。至国家之有权力,靡不由于事实。以日本例之,则自开国时,统治者即为一家之长,久之而为一国之长。当其为家长也,非有外力命之,不过事实如是而已,然犹同此,日本也。若夫征服之国,似乎战由胜者命之矣,然所以战胜者,亦事实也;新立之国,似乎创造者命之矣,然所以创造者,以事实也。国家与事实,如是其密切,则自国家最初时直推之于今日,其中必有种种之沿革,足以资吾人研究者。

原国家之始,以事实化为法律,组织不甚完全,故事实与法律殆不可分。君主之言即为法律,其幼稚之情形,颇似今之国际团体。再进一步,则君主权力愈以确定,惟事实与法律仍不能分,是为专制。再进一步,则自由活动之范围日益扩张,于是事实与法律显然两分,是为立宪。但立宪国凡事皆由法律,而统治权则未必尽合乎法,非统治权之不合乎法也,乃统治权之所由成立本不由于法也。盖专制之统治权,其事实与法律固无可分,立宪则虽较可分,而事实仍不容尽废。故研究法学者,必兼法律、事实而始完。

研究法律者,曰法学;研究事实者,曰政治学。古者两学不分,今则画若鸿沟,不相侵犯。然以法律必根据事实,故与政治学亦有关系,犹之登楼上者必经楼下,制点灯者必审电路也。

第二款　事实上之统治权

一、统治权者,人世的权力也

统治权亦由社会意力所认定,故其权利不出人世以外。盖人世以外,必无意力,如军舰,如牛马,虽亦为国家所有,而统治权实不之及,以其无意力也。

一、统治权者,国内的最高权也

统治权既由各分子合成,则其权必出乎各分子之上,故曰最高权。最高权不受人限制,而国家不能不受国际法之限制,故此最高权只行于国内,惟外国人不能侵犯之。然国法上若已明认受某国支配,则不在此限。

一、统治权者,永久的也

既有国家,即不能无统治权。苟统治权一旦消灭,则国家亦从而消灭。

一、统治权者,统一的也

统治既为各分子合成之一个,则必统一而不可分。虽甲处之权与乙处之权似乎分析,然无彼此之别,不过行此权之人有多少而已。又国家虽割去一部之土地、人民,苟统治权仍在,则国家仍在,因其不可分,故无大小多少之可量。

第三款　法理上之统治权

一、统治权者,自定者也

国家一切组织,不论有形无形,无非法所认定,独至统治权,则非有定之之人,乃即其本身所自定。

一、统治权者,基于事实者也

统治权虽属自定,然仍以事实为根本,故既定之后,一部之事实仍在。

一、统治权者,行动于范围以内者也

既定为法,则法之内即其范围,故其本身苟越乎法之范围,则法以破坏,而统治权亦无所依着。

第二节　统治权之主体

未有宪法以前,凡掌握统治权者,即为统治权之主体。是故君主掌握之,则君主为其主体;贵族掌握之,则贵族即为其主体;人民掌握之,则人民即为其主体。及法律进步,微特君主贵族,不得为统治权之主体,即人民亦不得为之也。何则?自内部观之,虽若统治者为主体,而自外部观之,则主体实在此团体之全体。以此理由,不问掌握者之为何人,而定统治权之全体为国家之全部。是说也,于法理、理论上皆极圆满。

中国古时,亦有此学说。如得天下有道斯得民矣之说,如苟无民何有君之说,皆与相近。然于理论上圆满,于法理上尚不圆满,因其心目中只有君与民,而无国家之全体。以余断之,则统治权之主体,固在彼而不在此。试观专制之国,其君而明焉,则群焉赖之。苟或昏暴,则群焉怨声载道矣。是专制国亦不能不以全部意思为标准。故曰统治权之主体,国家之全部也,简言之,即国家也。

第三节　统治权之范围

一、从自然法也

权力本出于意力,意力即自然法理,故与意力大相反者,虽有力,必不能行。是制限统治权者,自然法也。

一、从国际法也

国法成于一国之意力,国际法成于各国之意力,故国家亦不能违犯各国之意。

一、从国法也

国法为自己所定,以国法制限统治权,不啻以自己制限自己。国法不能侵犯人民之权利,故统治权亦不能侵犯。

第四节　最高主权之问题

学者每谓国家必有最高主权,苟或无之,即不成国,其实不然,国家主权无论高至何程,终必受国际法制限,一受制限,即非最高,是最高主权决非成立国家之要素。普鲁士,国家也,而受独逸一部之制限,是其明证。盖自己可以定法,即可以成国,成国之后,虽有一二事受人制限,而此所受之制限即因乎国法,是出于自己之意思,是最高主权无关要义,而自主权则断不可无。勉强分之,则国家略有二种:

(甲)最高主权国

全不受人限制者(国际法为别问题);

(乙)非最高主权国

有一部分受人限制者,今联邦国是也。

第二章　统治机关

第一节　统治机关之总说

第一款　机关与组织

国之有统治权,人皆知之;统治权之必统一,人亦知之。虽然,统治权者,耳不能闻,目不能见,又安所恃而统一之? 则应之曰:以组织统一之。组织即社会之心理,发源于个人,汇流为国体。大凡人之为人,必有二目的:一为己心,一为他心。人不能专为人,亦不能全为己,虽在以利己者利人,则利己即为利人。譬之商人行商,全为利己,然在市其货物者,亦有交换使用之利益。人既有此交换之目的,乃取此一部分以为社会心理之标准,故人人输送此目的而合为一大目的。其输送之方法及秩序,则组织也;聚种种组织而集合之,则机关矣。

第二款　机关

机关为各个人目的之聚心点,而目的愈多,则机关亦愈多。故广义组织之下,一面为构成组织及补助组织,又一面即为机关。迨总揽此种种于统治者之手,合为一大机关,即国家也。

机关无人,则机关亦等于虚设。然无论一人或多人,既在机关,则其人之事即机关之事。如天皇,个人也。然其所行之事,即元首机关之事。犹之人言语时,虽以口发音,仍是人之言语,非口之言语。亦有机关中人,其所行之事非即机关之事,然必非独立机关,不过他机关之条件而已。如国会议决之事,仍必经总揽机关之许可而后施行。然苟无国会,总揽机关亦不能行,故国会为总揽机关之条件。

由上理由而知,机关之种类有四:

(甲)意力之机关

机关以人构成之,然单言人则非机关,因人之意力非机关之意力也。譬之人身之脑,为人身物质构成之机关,然取出其脑而仍谓之机关,不可也。国家机关亦然。

(乙)构成意力的意力之机关

构成机关之意力,必取他意力以代表之,如无他意力,则并构成之意力而不见。故有国家而后有元首、大臣,苟不属于国家,则亦无所谓元首、大臣。

（丙）分意力之机关

构成意力，能为全部，亦能为一部，然全部必待他部而后成立，故曰分意力。全部如总揽者，一部如议会。

（丁）构成意力必要之机关

此机关颇似非机关，既非全部，又非一部，而亦有一种意力为构成意力所必要，如枢密顾问官。

此外，又有非机关之机关。其与机关之区别，彼有机关人格及机关意思，而此则无之。如市长助役、名誉职参事会员，其构成之市参议会，所谓一部也。又如次官、书记官，则补助也。

第二节　总揽机关（天皇）

日本以天皇为总揽机关之一人，其要件有二：

（甲）总揽机关为继续的

天皇在个人有存灭，在机关则有存无灭。

（乙）总揽机关无责任

天皇无责任，故总揽机关亦无责任。

总揽机关之权利，归天皇一人所有，此定于国法者。若研究其理由，则非法理所能解决，而一准以自然之事实。日本事实天皇本属家长，家长已具总揽之意，因而置机关焉。以为国法之确定，非独日本，即东西各国，莫不如是，所异者，方法耳。

欲知总揽机关之作用，譬之人必有物质、精神二力，虽分散于各部，而人能统一之。总揽机关亦有物质、精神二力，分散于各机关，而国家能统一之。此统一之力，谓之原动力。今有军舰一队，或纵列或横列，此非构成军舰之木与铁为之，舰长之原动力为之也。军舰且然，况国家乎？

上古之世，君主之与人民，犹工人之与物品。物品无活动力，工人统一之，则工人有原动力，而物品无原动力也。及稍进，则君主之与人民，犹牧人与牛马。牛马有活动力而无团结力，牧人统一之，则牧人有原动力，而牛马无原动力也。直至立宪，则君主即以人民之原动力组织机关，故其原动力乃君民所共有，君主则用人民之原动力，人民复倚赖君主之原动力，二者相依为命，不可一刻离。苟或离焉，则其国之法律皆在若有若无之间。举例证之，如甲国与乙国宣战，非独君主之意，亦非独人民之意，乃以人民之意统一于君主。夫既已统一矣，则不能复谓某之意，而不啻一机关之意而已。

第三节　总揽机关以外之机关

国家因欲统一而有总揽机关矣，然总揽机关又不能孤立无助也，于是有总揽机关以外必要之机关二：

（甲）直接机关

宪法本身所制定，如国会、裁判所之类。

（乙）间接机关

非定于宪法，总揽者以宪法为基础，而变通其意思以行政者，如行政官厅之类。

此二机关与总揽机关之别，别之于法律、事实。总揽机关法律与事实相连，此则专从法律而来，与事实无涉焉。

以事实论之，先有总揽机关，而后生产直接、间接机关；以法理论之，先有总揽机关与直接机关，而后生产间接机关。何则？天皇起于自然，其机关亦由自定，于是直接、间接各机关即由天皇定之，此事实也。总揽机关决非万能，必与直接机关立于同等之地位，而后以间接机关补助之，此法理也。

第四节　直接机关

第一款　元首机关

天皇掌总揽机关以统一各机关，而元首机关、立法机关、司法机关分列于下。特元首机关，则天皇自为之，凡对于外之宣战、媾和、缔约，对于内之法令、官制，皆属之。

第二款　议会机关
第一项　议会之性质

一、议会者，机关的也

议会中之议员虽不止一人，然法律提出案之付议会，非使其中之一人或数人协赞，乃使其机关协赞者也；乃议会之对此法律案，非经其中之一人或数人议决，乃经其机关议决者也。在议会之人，虽今日为甲，明日为乙，而议会不随人而增改，故曰机关的也。

一、议会者，机关固有的人格意思也

议会有人格有意思，然非国家固有的，乃机关固有的，例如议法之案，未经裁可，即不得为国家之法律，不过机关之人格意思耳，故曰机关固有的人格意思也。

一、议会者，总意力之分意力也

裁判所亦有机关意思，而判决即行；行政官亦有机关意思，而命令即行。独至议会，为国家分立之机关，乃国家一部分之意思，不能必其即行，故曰总意力之分意力也。

一、议会者，国家机关也

有以议会为人民代表机关者，亦有以为代表人民机关者，此就政治上言之。若就法理言之，则虽代表人民，而既立于机关之地位，是即国家之机关而已矣。

第二项　议会之沿革

一、议会之沿革可分六期

（甲）第一期

古时虽无议会，然人民全体集合而议事，野蛮之世，常常有之，但苟有一人未与其议，则不负其责。

（乙）第二期

人民渐繁，不能全容，于是选取代表，然其选取无方法，集合无组织，一部分反对，一部分不负其责。

（丙）第三期

此期在政治上仍是人民代表之集合，但方法、秩序渐次发达，贵族、僧侣，都市平民，各分阶级以选代表，惟各为其一部分谋利益，于他部分渺不相涉焉。

（丁）第四期

此期所以异于前期者，贵族、僧侣人人得而议事，人民则仍选代表，然此代表不能直以己意决议，必还问选我之人，各满其意而后敢决。

（戊）第五期

此期选出虽分各部，议事合为全部，已为国家机关。特法理论之，则不免阶级代表之遗迹。

（己）第六期

此期当选举时，亦仍分各部，然不设阶级，以少数服从多数，则纯乎国家机关矣。

第三项　帝国议会之组织

日本《宪法》第三十三条曰："帝国议会以贵族、众议两院成立。"既云"两院成立"，则但言贵族院或但言众议院，皆不得为帝国议会。故以议会资格行动者，必合两院，如决议预算是；不以议院会资格行动者，不必合两院，如上奏建议是。是为两院制。两院制始于英国，遍及于各国。英根本于历史，各国及斟酌于习惯，皆有共同之一原因。盖无论何国，其社会中必有二阶级：一曰贵族，一曰平民。直至国家机关成立，而此二阶级仍留一线不绝之遗迹，各国亦遂因而用之，以建设两院制。此所以世界盛行也。

两院之得失究竟如何？不可不论也。夫国家权力，对于人民有绝对之自由，苟无限制，必有损下益上之弊。故国家既有机关以统治人民，人民亦必有机关以制限国家。议会者，社会之反映，而人民之机关也。社会之有阶级，由来久矣。有智德者必为社会所推重，而声望则属门阀，经验则属绩学，此数者皆社会有定之位置，则因而置贵族院以处之；其余人民一般之需要，则听之一般人民之自选，以为发表意见之地，则因而置众议院以处之。至众议院必待贵族院之合议，而贵族院亦必待众议院之会同，则犹之少年之人必折衷于前辈，而前辈亦不可不采少年之意见也。

既有此理由，则二者之性质亦复不同。智德、声望、经验，亘古不变者也；一般人民之需要，则随时随地而变迁。故前者无任期，而后者有之，犹之人身，脑居中而不移，血液肤革则新陈相因，无时或息。此两院制之所以有得而无失也。

第四项　贵族院之组织

受历史之影响者，惟贵族为最甚，故至今日尚不能脱其窠臼。以社会心理言，则门阀一项，似非所宜有，然从前已占优势，则社会对之必有种种之责望，而其自处亦遂不能无种种之德养，故列于贵族，亦事势所不免者。

日本《宪法》第三十四条曰："贵族院依贵族院令所定，以皇族、华族及被敕任之议员组织之。"今就此条所载分释之。

（甲）皇族

男子已成年者，任之终身。皇族亦门阀之一，其列于贵族院者，谓将来为构成总揽机关未必不在是人，使不与以高上之位置，即不能与社会上有密切关系。

（乙）华族

公、侯满二十五岁者，任期终身。伯、子、男年二十五岁者互选，任期七年。公、侯与伯、子、男之区别，皆日本历史之惯习。

（丙）被敕任议员

其种类有三：

（一）有勋劳于国者；

（二）有学识者。

此二种人必满三十岁以上，任期终身。盖有勋劳、有学识者，必有经验，故其被敕任也，乃其所取得，非如爵位之为政府特赏者。

（三）各府县三十岁以上男子，其土地或工商业纳多额之直接国税者。此种人每十五人互选一人，任期七年。夫纳税多额，虽亦社会心理之一部分，然不问经验何如，是奖励大地主也。此在西洋，古今有此阶级。东洋本无，而亦模仿之，未为得也。故余以为此种人，非议会之要素。

第五项　众议院之组织

众议院议员之组织，盖由地方而公选者，较贵族院为复杂，今更分四目依次说明之。

第一目　选举制度

众议院纯乎为全国需要之反映，自当以全国利害为标准，特利害不止一端，而亦不限于一地，故区域人数必明定于法律。但所当注意者，则选举员非选举区之代表，乃全国之代表；亦非选举区之机关，乃国家之机关。日本明治三十年以前用小选举区域制度，以后则用大选举区域制度，见《日本众议院议员选举法》。

第二目　选举资格

《日本众议院议员选法》第二章第二条曰：具备左之条件者有选举权：

一、帝国臣民男子年岁满二十五年以上者；

二、选举人名簿调制期日前满一年以上，有住所于其选举区内而仍引续者；

三、选举人名簿调制期日前满一年以上，地租十元以上，又满二年以上地租以外之直接国税十元以上，或地租与其他之直接国税十元以上而仍引续者。

由此条文观之,日本盖用通常制限法,然市、町、村团体,则又不用通常制限法。所谓等级制限法者如下表。

选举区域

第三级	第二级	第一级	全体	
五〇〇〇	五〇〇〇	五〇〇〇	一五〇〇〇	纳税额
九〇〇〇〇〇〇	九〇〇〇	九〇	九〇〇九〇九〇	选举人
三〇	三〇	三〇	九〇	选出人

如上选举区域,应选人数九十,其纳税总额一·五万元,其选举人数九百万九千九十名,则三分总纳税额,得五千元为其一级应纳之额。其九十人第一级,九千人第二级,九十〔百〕万第三级,每级各自纳五千元,则每级各选出三十人。如是而第一级为三人选一,第二级为三百人选一,第三级为三〈十〉万人选一。此法专就财产一方面,未足为圆满也。

日本议会用通常制限法,而市、町、村用等级制限法者,因下级团体贫富不甚悬殊。其稍有资者,亦必稍具教育。若上级团体,则范围太广,贫与富之差相去过远,悉置之高位,弊有不胜言者。

第三目　选举方法

选举方法大要有三:

(甲)直接选举

一次被选为议员者。

(乙)间接选举

人民所选之人再互选举为议员者。

(丙)代表方法

以社会之意向、主意、必要需用之各点,反映之于议会,议会依之而行者。

代表方法,为立宪国之必要方法。盖今之立宪国,必有政党,政党有大小,又散处各区域中。大政党范围既广,其必要需用之各点,反映之于议会,固自易及。若小政党势力较小,其必要需用之各点反映之于议会,易为大政党所掩。如是则使议会为一大政党所独占,而全国必要之需用或反缺如,且议会之本意,原非仅欲代表一部分之主意,即毫无势力之人,亦必具备而无缺,而今则反是。此组织议会者不可不防也。

第四目　投票方法

投票方法有单记法,有连记法。

单记法者,一票只写一人,其结果甲党多注目同一之人,而其余或至无票,不得不以他党充之。如甲党人多,乙党人少,是甲党举一人,而乙党亦举一人。其弊也,板滞而不灵。欲矫其弊,厥有二法:一则自由让与法,如甲党最大、乙、丙、丁党小,则甲党所得票,除去及格之数,其余票让之第二人;一为副记法,票虽写一人,而附一副者,正者既及格,余票归于副者,如是则前弊去矣。连记法者,一票可写数人,其结果略大之党必占优胜。因甲党之票多于乙党,乙虽略少数票,已不及格。欲矫其弊,厥有三法:一则减记法,如应举五人,则每票减写三人,故甲最多不得选三人,乙虽少亦得占二人;一则重记法,一票虽写五人,然可以一人作五人,其结果虽可举之人少,而所得之票多;一则名簿法,先将各党人数著于名簿,以选举人数与选出人数为正比例,其结果大党不能独占。以上各法,日本皆不用,而变通单记法以用之,所谓选举制限法也。其法如某区名簿上所载被举者九千人,应选者九人,则综计每千人中应选一人,每人以二百票为当选。设投票时二百票者得五人,则所余四人再投票公举,苟溢于四人之外,则作为候补议员,俟缺时投票再举,仍以多数当选。

第六项　议员之权利义务

议员之权利有、私之别。

(甲)关于公之权利如下:

(一)质问权

凡政府之事不宣布于议院者,议员有质问权,政府对之不能不回答,即有秘密,亦当告以秘密之理由。此权利即对于政府义务而言,政府之回答为义务,故议员之质问为权利。

(二)议案及上奏案之权

议案要二十人以上之赞成,上奏案要三十人以上之赞成。其发表之意见,不负责任。(演说刊书公布者负责任)

古时议员对于社会负责任,故不合选举人之意,必为排斥;而对于君主亦负责任，故不合君主之意，至被监禁。今则皆不负责任，以收昌言无忌之效。议员之别于官吏，即在于此。君主不能侵官吏之权限（如任免有限制），犹之人民亦不能侵议员之权限也。

（三）保护身体自由之权

议员除现行犯及内乱外患罪，在会中非经议会承诺，不得逮捕。又刑法特设保护议员之条件，此则非固有权利，乃反射作用也。凡国家自己不侵犯者为固有权利，命他人不侵犯者即反射作用。此法未定时，反对政府之议员或借他罪以逮捕之，此法定而弊自除。

（乙）关于私之权利如下：

（一）受岁费之权

议长五千元，副议长三千元。岁费主义，各国不同，有给费者，有不给费者，有以岁计者，有以月计者。古时以议员为己之权利，故不必给俸。稍进则为团体谋利益，故团体对之有报酬。今则为国家谋利益，故国家对之亦有报酬。其异于官吏处，官吏不得营业，议员无此限制，且议员必素属小康。是议员虽给俸，宜少于官吏。日本之制，未免过丰。

议员之义务，亦有公私之别。

（甲）关于公之义务如下：

（一）应召集

古时可使人代理，今则不能。

（二）遵守宪法、议院法及其他之法律

谓法律之关于议员者。

（乙）关于私之义务如下：

（一）不渎职

国家既与其岁俸，则受贿为渎职。

　　　第七项　议员之任期及资格之成立与消灭

任期者，皇族、公侯及有勋劳学识者终身，伯、子、男及多额财产者七年，众议院议员四年。

资格成立者，皇族、公侯成年时，伯、子、男互选当选时，敕任议员被敕任时，众议院议员当选承诺时。

资格消灭者，任期终了一也，议员死亡二也，众议院解散三也，除名辞职及退职四也，资格要件之丧失五也。

第八项　议会之召集及开会、停会及解散

议会之召集，天皇命之。召集之权不归议会而归天皇者，议院为独立机关，权力甚大，苟复得自由召集，于国家不无危险。故日本议会乃消极的非积极的，内部的非外部的，若不尔者，又是一总揽机关矣。一国而有二总揽机关，呜呼可哉？

开会及闭会，亦以天皇命之。开会非议会之成立，乃活动之发表；闭会非议会之消灭，乃活动之中止。夫自有宪法，即有议会，虽不开会，议会仍在。学者有谓议会长在，恐有危险，故使之时开时闭者，此误以闭会为无议会。如其所言，则即开会时，议员亦朝集而夕散，然则亦可谓之朝有夕无矣。不通孰甚于此。

停会者，因事故而辍议也。与闭会之别，则闭会必达一定时期，而停会实在中途之暂止。故停会不得过五十日，仍须续议，虽无一定原因，大约必为解散之预备。又有所谓休会者，则议院所自主，或人数未齐，或无事可议，皆可休息一二日。

解散者，于不应闭会之时，将众议员全行解散，重行选举也，其权操之天皇。解散之理由，一则以为议员不合于一般需要，使之重选；一则使议员负机关之责任。惟贵族院议员不同解散，因贵族院议员本非选举故。然众议院解散中，贵族院亦同时停会。

第九项　议员之权

议会全体议员之职权有二：

（甲）协赞法律

法令包法律、命令二义。则专指法律，其必经议会协赞者，以法律为社会心理合成之意力，而议会即社会心理反映，且社会心理合成之时，而后有外的组织。若但凭君主之自由力，而不问人民之自然力，非国家之福也。至于命令，则必较法律为轻小，听君主自由，却无大害。况法律为大端，命令为细目，大端已合，细目未有不合者。

（乙）协赞预算

预算与法律，似同而实异。预算于社会心理无直接之关系，不过办事顺序之预备而已。如人欲买物，必先有买物之决心，此决心与买物性质绝然不同。故预算虽定，不能谓事已成立，非如法律已定，而法律已成立也。简言之，则预算只事之一部，而法律贯事之始终。

议会各院议员之职权有六：

（甲）上奏建议；

（乙）受人民请愿书；

（丙）提出法律案；

（丁）承诺会期中议员之逮捕；

以上四项对于外部者。

（戊）整理内部之规则；

（己）审查议员之资格；

以上二项对于内部者。

第十项　行使职权之手续

议院职权，以法律案为最大之事，关于此事之手续有三：

（甲）法律案之提出

此法律案，无论上院、下院及政府，皆可提出。如上院提出，则下院先议之；下院提出，则上院先议之；政府提出，则其所交之院先议之。

（乙）法律案之审议

审议法律案，用三读会法。第一读会审议该案之应议与否；第二读会审议该案逐条之应议与否，名曰改正法律案；第三读会审该改正案之可行与否。三会皆通过，是为议决，否则送还之。若送还而仍复提出，则再议。

（丙）两院协议会

两院争议不决，则由两院合选议员，组织协议会，得三分之二以上之赞成，即为议决。

（丁）上奏及通知

议决之后，一面上奏天皇，一面通知彼院。

（戊）裁可及公布

裁可者，天皇署名签印，谓该法律已成立。然裁可而不公布，仍无效力。公布无期限，其公布方法则以官报。

第三款　裁判所

裁判所非人而有机关人格者，其权掌之天皇，其职委之裁判官。裁判所有一定之界限，不能涉及他事；又有独立之资格，不能有所侵犯，此皆定于法律者。裁判所既独立，则裁判官亦有特别之保护，如非受刑法宣告人惩戒处分，不得免职，其最著也。

第四款　政府

第一项　政府之意义

政府非国家机关,亦无特别之机关人格,除国会、裁判所以外之总称也。日本所称政府,有指君主者,有指大臣者。因大臣附属于天皇而后成机关,故以彼以此,其意义正同。有人谓君主乃各机关共戴之元首,非大臣独有之主人。然就法理言,则政府实不限于大臣,乃除去国会、裁判所,无一而非政府也。

第二项　国务大臣之职权

国务大臣,即内阁总理大臣及各省总理大臣也,其职权有二:

(甲)辅弼天皇

日本《宪法》五十五条第一项曰:"国务大臣任辅弼天皇之责。"夫天皇在最高地位,国务大臣次之,则辅弼天皇乃其至要之职务。古时侍从左右,虽亦能发表意见,而不负责任,今则对于他机关亦负责任。故国务大臣之责任,实对于总揽机关而负者。日本天皇为总揽机关,故对天皇负责任。

(乙)副署

日本《宪法》五十五条第二项曰:"凡关于法律、命令及其他国务之诏敕,要国务大臣之副署。"按,副署乃辅弼之形式,惟以国务为限,则天皇个人之事即无关涉(盖别有宫内大臣掌之),而既经副署,国务大臣不得不负其责。虽国务大臣不愿副署,但天皇强之,亦必遵行,且因是而有危险,亦负其责。此理由,因国家之所以置大臣者,谓其德望足以见信于天皇也,今既不见信,则其德望不足可知。以法律所定之责任而不能履行,是为溺职,固不问其愿不愿也。惟此违反责任之处分,则法理的,非刑事的,故其方法悉属天皇之自由。

第三项　国务大臣之资格

国务大臣之职务,实占最重要之地位,故资格不得不严。如智识、德性,固不可缺;而感情、意力,尤所当审。因之,归化人不能当此。又他方官吏皆有试验,国务大臣独否者,以其所掌非斤斤于小节者。国务大臣必兼行政长官,因既有副署之义务,苟不予以实权,恐亦无从着手。如大藏大臣握财政实权,而后关于财政之法律等方确有所见,不至贸然副署以至贻误。日本国务大臣,即以内阁总理大臣及各省大臣为之,他国亦有不兼行政长官者。

第四项　枢密顾问

日本《宪法》第五十六条云：“枢密顾问依枢密院官制所定，应天皇之咨询，审议重要之国务。”按，枢密顾问亦一完全之机关，但枢密顾问所发表之意见不能即视为国家之意见，而政府所发表之意见即视为国家之意见，是与政府异。又，枢密顾问意见之用否悉听天皇之自由，而无议决之权，而帝国议会之意见，则天皇虽亦可否自由，而不得废置不问，且一切法律必待议决，是与议会异。然有一例，如置摄政时，亦待其议决。

第三章　统治作用

第一节　总说

国家之成立存在，有根本的理由及自然之目的。根本的理由，第一编详之；必然之目的，有非一二端而可尽者，将于本节解之。

国家之成立存在，由人类之自由活动，而既成立存在之后，即复有国家之自由活动，而使自由活动之进行者，则权力为之也。然权力必有所附属，综括之，有五要素：

（甲）军政

前言社会有共同之心理，聚此心理而归之一人，是为总揽者。然所以行之者，不能无兵力，故军政为第一。

（乙）外政

内部既独立，必有与外部相交涉之事，故外政部为第二。

（丙）财政

经营内部、外部，不得不恃租税，故财政为第三。

（丁）法政

维持权力于永久，必有立法、司法等，故法政为第四。

（戊）内政

谋国家发达，不得不发达人民之知识，故内政为第五。

自有历史以来，必有总揽此五者之作用，但古时统一之于一人，今则分为数部。法儒孟德斯鸠创三权分立之说，盖因于英人陆克，而更远溯之希腊之学说，乃有此精密之论。流风被于欧洲，又东渡而影响于日本。所谓三权分立者，谓立法、司法、执行三部，当鼎立而不可混同。若立法与司法混同,则以己意为解释,必至为绝对自由;若立法与执行混同,则预算自己之利害,必至为专横国家。故分立之后,乃互相钳制而无一流弊。其说可为爽健绝论,然分别太清,即执行一权,殊难定其界限,且三权之外更有无可归类者,将何属乎?故不如陆克之说更为妥善。陆氏谓立法归之国会,司法归之裁判所,执行归之君主或大统领,而其不能归类者,特设行政一门,亦归之君主,于是五要素皆有归宿,无顾此失彼之虞。然使三者皆孤立而不相统属,则于全部统一之意,犹有缺点,故卢梭欲统一之于国会,欲统一之于君主。余谓氏之说,最适用于君权国。以立法权归国会,而议员之职不过协赞;以司法归裁判所,而裁判官任免必待命令;君主则执行权而兼行政作用。此日本制度所本者。

五要素之发达,各有次序,大抵法政当稍后于军政、财政、外政,而内政则为最后。以历史证之,则天皇实各政之总机关。迨文化进步,则以为天皇一人不足应用,乃分为三权。然分配终不十分清晰,如立法中有预算,司法中有非诉讼,是所谓立法、司法者,仍一机关之名称,未能鸿沟划然也。至其大体之区别,可历举如下:

(甲)立法者经国会之协赞而制定法之作用,其不协赞之命令不在其内。

(乙)司法者依民、刑事之裁判所而保持法之作用,而行政裁判不在其内。

(丙)行政者除立法、司法外之国家作用,其范围最广。

更就五要素分配之如下:

(甲)古时之法政,今以一部分归立法、司法,而又一部分归行政。

(乙)古时之军政、外政、内政,今全归行政。

(丙)古时之财政,今以小部分归立法,大部分归行政。

行政作用,分为大权作用及狭义行政作用,其与古时比较如下:

(甲)古时之军、财政、外政,今以一小部分属狭义行政。

(乙)古时之法政,以大部分归立法、司法,而一部分归狭义行政。

(丙)古之内政,今尽归狭义行政。

第二节　总揽作用(原动作用)

自法理上言,则总揽作用期国家之统一,故如巡查捕获凶人,虽巡

查为之,而亦无非君主之原动力为之。至事实上不无少异,其事实上为君主直接之原动力者,约有三端:

(甲)改正宪法之敕令;

(乙)大权作用;

(丙)其他未规定之事项。

第三节　行政作用

大权作用,凡规定于宪法者皆是,其要件有九:

(甲)立法权之行使,如裁可、公布、执行皆是。盖列举之则为大权作用,合言之即为总揽作用,二者非有异也。

(乙)帝国议会之召集、开会、解散。详上章。

(丙)命令。命令与法律之别,前已详之。兹详其种类有大纲二:

一、紧急命令

当非常紧急时,用以代法律之命令,故解释必从狭义,且议会开会时若不承诺,即为无效。

二、通常命令

对紧急而言,其类其二:

(子)委任命令

谓法律所委任之命令。今日本宪法虽无此例,然法律未经规定,即含有委任之意。但不能永久,因苟或永久,则有危险。故命令若不合于法,可据法律取消之。

(丑)执行命令

谓因执行法律而生之命令。此不瞀法律之手续,故尤不能与法律相冲突。

命令所最要之义,即不能改变法律,而能补助法律。其补助亦以安宁幸福为标准。此外如内阁令、省令、厅令、府令、县令、郡令等,则又天皇委任之于各官厅者。

(丁)定各部行政官制

官制有广狭二义,广义则上自天皇以下,莫不包之;此为狭义,乃就国家外部组织(广义之官制)之制设,而定其组织权限(狭义之官制)之法也。官吏对于人民有命令、有处分,而人民义务即由是生,故官制不可不慎,且缘官制而任免俸给之事,亦随而附生焉。此官制之定,不以法律而以敕令者,因天皇本有立法权,官制之定于敕令与定于法律,未为大异,而于事实上之便利则甚大。

(戊)海陆军之统帅

此为国家全体之权,非天皇自己之权,与官制权相似,但纯乎为事实上的。盖国家有二作用,一通常作用;一非常作用。通常可以国权为标准,非常则如内乱外患,已不认国权之存在,而国权何能治之? 故内乱外患,皆非常之作用。就已非常,则专用君主之自由力,固无不可。又常备兵额,亦属于此。学者以常备兵额与财政相关,当使议会协赞,然他国有之,日本则否。

(己)宣战、媾和及缔结条约

此事天皇有绝对自由。外国有以缔结条约归之国会者,以其可从容审议,不若宣战、媾和之紧急也,然日本则因于历史而亦归之天皇,且因此而有关涉财政之事,议会亦不能否决。

(庚)戒严之宣告

戒严有二种:

(一)临战地,谓单纯戒警;

(二)合围地,谓攻击合围。

凡戒严之地,则地方一切事务,由裁判官、知事之手移于军队高等司令官。惟临战地仅移军事一部分,而合围地则移其全部。戒严必天皇宣告为原则,若事机急迫之地,则出征之司令官或该地方之司令官,皆有此权。

(辛)荣典授与

荣典如爵位、勋章,此授与乃国家所授与。盖荣典本为社会所尊重,则国家即利用之,以为奖励之具。

(壬)大赦、特赦、复权、减刑

详见《刑法》。

以上九种,与总揽作用及原动作用皆有密切关系。总揽作用全由法定,大权作用则为法律所委托,与总揽作用实难分离。日本以天皇兼此二者,职是之故。

第四节　立法作用

立法作用者,即天皇经议会协赞而制定法之作用也。其制定之法,前章已详。今所言者，则立法作用有因法而行者，有不因法而行者。在法兰西，则法律事项之外，凡关于人民权利义务之事，莫不以法定。日本则界乎命令、法律之间者，不能不立于两可之地位，而一切皆以宪法为标准。有明文者，以法定之；而宪法无明文者，则直以命令定之，此其大要也。

第五节 司法作用

司法作用之详细，规定于《裁判所构成法》，惟审查权之问题，则学者时有聚讼。以法理言，则裁判官非立法人，对于法律自不能有所短长，然欲维持美善之法律，则与以审查权亦无不可，但有限制，分为两条件：

（甲）法律与宪法违反时

此则轻者从宪法，重者仍从法律。因彼以司法为职，则不可不注意于法律，此就实质言之。至形式上，则公布、裁可等可以审查，副署、协赞等不必审查。

（乙）命令与宪法违反时

实质上略异于前，因命令不能抵触法律，苟大违宪政，可不从命令而从宪法形式，仍同前。

结论 至善之国法

至善云者，空论也，抽象也。何则？竖尽古今，横尽东西，政体相万，利害不一，何善何恶，且难确指，况至善云云乎？虽然，就人类言之，则所谓至善者，不过于人类活动之必要，求其发达而通用者而已。且夫吾人所谓人类云者，其范围盖甚广且泛，今尚未达破除国界之日，则发达而适用之者，不得不以国民心理为基本。此国所善，或彼国所不善，强而合之，来反乎国民之心理，而至善之国法将亦诋为空论、为抽象，故欲求国家之发达，必先求个人之发达。主此说者，以为发达之事，当视其民之程度，合则善，不合则否，乃自然的，非人为的。虽然谓国家为人民之反映，固无不可，而谓人民之反映，则亦未为不可。何则？一国之中，必有先知先觉者为之制定法律，而一般人民始有所遵行，而不自觉，是故以此法律改变心理，亦事势所恒有。吾是以不能不穆然深思，罩然高望，而以开明专制为至善国法之前提也。

大清宪法案

[日]北鬼三郎 著

许 乐 译

吴 迪 校译

整理者按:《大清宪法案》于1909年6月由东京经世书院出版发行,共282页。封面题名为毛笔隶书,正文前有《预备立宪上谕》等两篇清末立宪改革谕旨和一篇例言,正文为10章76条,正文后为逐条法理说明。

该书作者北鬼三郎出身于富山县的平民阶层,于1904年毕业于东京法学院大学高等法学科(1905年更名为中央大学)。除本书外,至1912年病殁为止,北鬼还发表了《清国中央集权问题》《清国新内阁官制之公布》和《制度整理私案要领》等文。

据《大清宪法案》例言,可知该书初稿完成于1908年2月,同年仲秋装订成手抄本《大清宪法案理由书》。该《理由书》目前藏于北京大学图书馆,应是北鬼赠送给某位"阁下"之物。

由此可见,《大清宪法案》是在清政府宣布预备立宪之后,日本人对中国立宪予以关注的产物,也是目前唯一可见,为清末中国立宪提供完整立宪方案的日本学者论著。

尽管该书未引起当时日本人的注意,但对清末中国立宪着实产生了影响,特别是1911年宪法协纂大臣李家驹和汪荣宝起草宪法时,汪荣宝就向宪政编查馆借阅了该书。另外,度支部员外郎李景铭还将该书中的所有宪法案条款翻译成汉语。

近些年来,俞江、尚小明、彭剑、崔学森等从事中国近代史和法制史研究的学者,对《大清宪法案》写作背景、内容、版本比较、影响和作者情况等做了细致深入的探讨,尤以彭剑翻译的《大清宪法案》(广西师范大学出版社,2023年)为其集大成。本资料集所收中文翻译采用了近代汉语的表达形式,力求反映当时的语言风貌,以供学界研究参考。

预备立宪上谕

光绪三十二年七月十三日、明治三十九年九月一日　宣布

朕钦奉慈禧皇太后懿旨,我朝自开国以来,列圣相承,谟烈昭垂,无不因时损益,著为宪典。现在各国交通,政治法度,皆有彼此相因之势,而我国政令积久相仍,日处阽险,忧患迫切,非广求智识,更订法制,上无以承祖宗缔造之心,下无以慰臣庶治平之望,是以前派大臣分赴各国考察政治。现载泽等回国陈奏,皆以国势不振,实由于上下相暌,内外隔阂,官不知所以保民,民不知所以卫国。而各国之所以富强者,实由于实行宪法,取决公论,君民一体,呼吸相通,博采众长,明定权限,以及筹备财用,经画政务,无不公之于黎庶。又兼各国相师,变通尽利,政通民和,有由来矣。

时处今日,惟有及时详晰甄核,仿行宪政,大权统于朝廷,庶政公诸舆论,以立国家万年有道之基。但目前规制未备,民智未开,若操切从事,涂饰空文,何以对国民而昭大信。故廓清积弊,明定责成,必从官制入手,亟应先将官制分别议定,次第更张,并将各项法律详慎厘订,而又广兴教育,清理财务,整饬武备,普设巡警,使绅民明悉国政,以预备立宪基础。著内外臣工,切实振兴,力求成效,俟数年后规模粗具,查看情形,参用各国成法,妥议立宪实行期限,再行宣布天下,视进步之迟速,定期限之远近。著各省将军、督抚,晓谕士庶人等发愤为学,各明忠君爱国之义,合群进化之理,勿以私见害公益,勿以小忿败大谋,尊崇秩序,保守平和,以豫储立宪国民之资格,有厚望焉。将此通谕知之。钦此。

继续立宪上谕

光绪三十四年十一月十日、明治四十一年十二月三日　宣布

朕缵承大统,于今三载,兢兢业业,期与士庶同登上理,而用人无方,施治寡术。政地多用亲贵,则显戾宪章;路事朦于金壬,则动违舆论。促行新治,而官绅或藉为网利之图;更改旧制,而权豪或只为自便之计。民财之取已多,而未办一利民之事;司法之诏屡下,而实无一守

法之人。驯致怨积于下而朕不知,祸迫于前而朕不觉。川乱首发,鄂乱继之。今则陕、湘警报迭闻,广、赣变端又见,区夏腾沸,人心动摇,九庙神灵不安歆飨,无限蒸庶涂炭可虞。此皆朕一人之咎也。兹特布告天下,誓与我国军民维新更始,实行宪政。凡法制之损益,利病之兴革,皆博采舆论,定其从违。以前旧制旧法有不合于宪法者,悉皆除罢。化除旗汉,屡奉先朝谕旨,务即实行。鄂、湘乱事,虽涉军队,实由瑞澄等乖于抚驭,激变弃军,与无端构乱者不同。朕维自咎用瑞澄之不宜,军民何罪,果能翻然归正,决不追究既往。朕以眇眇之躬,立于臣民之上,祸变至此,岁使列圣之伟烈贻谋颠坠于地,悼心失图,悔其何及。尚赖国民扶持,军人翼戴,期纳我亿兆生灵之幸福,而巩我万世一系之皇基。使宪政成立,因乱而图存,转危而为安,端恃全国军民之忠诚,朕实嘉赖于无穷。此时财政、外交困难已极,我君民同心一德,犹惧颠危,傥我人民不顾大局,轻听匪徒煽惑,致酿滔天之祸,我中国前途更复何堪设想。朕深忧极虑,夙夜彷徨,惟望天下臣民共喻此意。将此通谕知之。钦此。

例言

一、本书为吾人数年来考案所系,与宣统八年(明治四十九年)所宣布之清国宪法无直接关涉。唯于题材上藉以清国宪法,聊供斯学攻究之一端。

一、本书之初稿成于昨年二月初三日,而来推敲中,遇清国公布作将来立宪准则之宪法大纲。然其间并无改篡鄙见之要,概因其典据相同之故。此亦为著者之光荣所在。

一、于短时间,无从一窥中国之国情。特清国之法系,由来甚远。若非近援前朝遗制,远引唐宋法度,上溯汉代周风,实未能知其本源。此固非余辈一书生所易究明。著中多有自觉杜撰之处,谨祈识者斧正。

一、本案以清国情形为基址,以国体比较上最为近似之日本宪法为中枢,参以英、俄、普、德、奥诸国宪法及惯例,采酌美、法、比、西及他国例规而成。

一、至于立案之方中特须注明之点,一在拥护皇室之尊荣,二为融合君民之睽疑,三乃政机之圆滑运用,四值图官民众庶之平衡,五以兼避学理上之疑义与顾时效上之效用。以上各项,皆稽查清国国情而加以取舍，此自不待言。

一、述间有涉政论者，乃为昭明立案理由并聊期调和政法二途之意，此外无他。但于法理解说之上，定以精密之论述而避混淆。又就数种制度沿革之叙述，以一助其精神之阐明。

一、就预备立宪有关之事项，本论亦未敢怠于叙述。如依中央及地方官制之现情而论其改革方案是（中央官制参看第八十六页以下，地方官制参看一百六十八页以下）①。此类议论皆出于全立宪名实之至情，未有并论清国法制一斑之意。如有繁简不宜之所，实为余才学疏漏之罪，乞诸看官所谅。

一、方今藩属地于新政之下尚未得一律，此极为情理明白之处。至于其今后之统治方针，是亦预备立宪之一环而当加钻研。本案虽无一以从旧之意，然皆因考案未熟故，全俟他日攻究。

一、书中所用略语，其例如下。

（一）日为日本，英为英吉利，露为露西亚，孛为孛漏斯，独为独逸，奥为奥太利，佛为佛兰西，白为白耳义，伊为伊大利，和为和兰，丁为丁抹，西为西班牙，希为希腊，米为北米合众国。除国名外，亦作其宪法之略称。

（二）为参照起见，本案各条下所载数字均为对应国宪法之正文。因英国循其惯例，为免繁杂故，不一一揭载。又相关例规仅止日本及其他七国，此外皆临机而于本文中适宜援用。

（三）又于他国宪法正文之引用中有"奥一之二"或"三之一"等表记，为其第一条第二项及第三条第一项之略语。法、美等宪法中亦以此类。

明治四十二年六月

著者谨识

---

① 此为原著页码。——译者注

大清宪法案正文

第一章　皇帝

第一条　大清皇帝总揽统治权，依本法之规定统治帝国。

第二条　皇位依皇室大典所定而行继承。

第三条　皇帝神圣不可侵。

第四条　皇帝经帝国议会之协赞行立法权。

第五条　皇帝裁可法律且命其公布及执行。

第六条　皇帝召集帝国议会，命其开会、闭会、停会，及众议院之解散。

当众议院解散时，国务大臣须即时公示解散奏请之理由。

第七条　皇帝因保公安、避灾厄，得于帝国议会闭会时发紧急之敕令，与法律有同一之效力。

前项之敕令，须于次期之帝国议会提出，请其承诺。在会期前废止者，不在此列。

政府提出之敕令，议会不决议或未终议而闭会，或适遇解散，均照不承认办理，政府不能提出者亦然

对于第一项之敕令，议会不承认之，或应照不承认办理之时，政府须公示失其效力之旨。

第八条　皇帝因执行法律，或因公安之保持、公益之增进，得自发命令，或使各衙门代发，唯不得以命令变更法律。

第九条　皇帝定行政各部之官制，及文武官之俸给，且任免文武官，唯有特例者，不在此例。

第十条　皇帝统帅陆海军，且定其编制及常备兵额。

第十一条　皇帝宣战讲和，缔结条约，且命其执行。

第十二条　皇帝宣告戒严。

关于戒严之事项以法律定之。

第十三条　皇帝授予爵位、勋章及一切之荣典。

第十四条　皇帝命大赦、特赦、减刑及复权。

第十五条　皇帝定币制，且命其通用。

币制之改正，经帝国议会之协赞而行之。

第二章　摄政

第十六条　摄政以皇帝之名义行统治权。

第十七条　摄政施行统治权，不任其责。

第十八条　关于摄政进退之事项，以《皇室大典》定之。

第三章　臣民权义

第十九条　清国臣民对于国籍之得丧，以法律定之。

第二十条　清国臣民照法律之所定，有服兵役之义务。

第二十一条　清国臣民照法律之所定，有纳税之义务。

第二十二条　清国臣民照法律之所定，均得任文武官之职，并得附一切之公务。

第二十三条　清国臣民于法令之范围内，不论种族身份之异同，有婚姻之自由。

第二十四条　除法律之规定外，清国臣民未经承诺，住所不得为人侵入或搜索。

第二十五条　清国臣民，无有能夺其受法定审判官审判之权。

第二十六条　清国臣民，若非依据法律，不受逮捕、监禁、审问、处罚。

第二十七条　清国臣民除法律之规定外，其通信之秘密不受侵害。

第二十八条　清国臣民，其所有权不受侵害。

若因公益而处分，须照法律之规定。

第二十九条　清国臣民于不害公安之范围内，有信教之自由。

第三十条　清国臣民于法律之范围内，有言论、著作、印行、集会及结社之自由。

第三十一条　清国臣民得照法律之所定而请愿。

第三十二条　地方行政组织及关于地方议会事项，以法律定之。

第四章　帝国议会

第三十三条　帝国议会以贵族院及众议院而成立之。

第三十四条　贵族院照《贵族院令》之所定，以皇族及敕任议员组织之。

《贵族院令》须改正时，政府奉谕旨提出议案于贵族院，此时贵族院若非得其总员三分之二以上出席、三分之二以上之多数，不得为改正之议决。

第三十五条　众议院按照选举法所规定，由公选之议员组织之。

第三十六条　凡法律，须经帝国议会之协赞。

第三十七条　政府及两议院，均可提出法律案，然为议院否决之议案，于同会期中不得再提出。

第三十八条　两议院均得上奏于皇帝。

各议院如遇紧要事件，有议员三十名以上之同意，虽在议会闭会中，亦得上奏。

第三十九条　两议院均得以意见建议于政府，唯未经采纳者，不得于同会期中再行建议。

第四十条　两议院均得受理请愿书。

第四十一条　帝国议会每年召集之。

第四十二条　帝国议会通常会之会期为三个月，如遇有要事，应以上谕而延长。

第四十三条　如遇临时紧急之事，可召集临时会。

临时会之会期，以上谕定之。

众议院解散后再行召集之议会，按照临时会办理。

第四十四条　帝国议会之开会、闭会、停会及会期之延长，两院同时行之。

众议院解散时，贵族院须同时闭会。

第四十五条　众议院解散时，须以上谕选举新议员，自解散之日始，五个月以内召集之。

前项之期间内，若至召集通常会之时，得与通常会合并，会期照本法第四十三条之所定。

第四十六条　两议院之议事须公开之。但依政府之要求或其院之决议，得以为秘。

第四十七条　两议院之议员，于议院发表意见者，于院外无负其责。然议员自以其意见公表于院外者，非为此限。

第四十八条　两议院之议员，自召集发令后至闭会或解散时，无其院之许诺，则不受逮捕。然现行犯罪或关内乱外患之罪者，非为此限。

召集发令前被逮捕并尚须继续拘留者，审判厅应立即请求其院之许诺，若无其院之许诺，则应立即释放被告。

第四十九条　国务大臣及政府委员可出席各议院及发言，但须遵循各院之章程。

各议院可请求国务大臣及政府委员之出席。

第五章　内阁

第五十条　内阁以国务大臣组织之。

第五十一条　国务大臣以辅弼皇帝为其责。

国务大臣，须副署有关法律敕令及有关国务之上谕。

第六章　督察院

第五十二条　督察院直隶于皇帝，监察庶政之执行及百官之行状。其组织及权限，以法律定之。

第五十三条　督察院可随时上奏于皇帝。

第五十四条　督察院每年须将院务报告书提出于帝国议会。

第五十五条　督察院检察官及监查官，除法律所定之场合外，不得反其意而免其职。

第七章　司法

第五十六条　司法权以皇帝之名，由审判厅行之。

第五十七条　民事、刑事审判厅及行政等其他之特别审判厅，其构成及管辖以法律定之。

第五十八条 行政审判院管辖由行政官厅所发之违法处分。

第五十九条 有关审判官之任免及惩戒事项,以法律定之。

审判官除法律规定外,不得反其意而免其职。

第六十条 审判公开之。唯有妨害公安之虞者,依法律之规定或审判厅之决议,可停止审理之公开。

第八章 会计

第六十一条 新课租税或变更税率,须以法律定之。然有报偿性质之行政上之收入及其他收纳金,不在此列。

第六十二条 起国债时,须经帝国议会之协赞。

第六十三条 国家之岁出、岁入,须经帝国议会之协赞,以每年预算定之。

有超过预算之款项,或有预算外之支出时,政府须提出于次期之帝国议会,求其承担。

第六十四条 关于财政之法律案及预算案,应先提出于众议院。

第六十五条 皇室费照前年度预算之定额,每年自国库支出,除须增额外,不必经帝国议会之协赞。

第六十六条 关于本法第一章之规定及法律上而生之岁出,于前年度之预算已定费额者,若无政府之统一,帝国议会不得废除或削减。

前项须于议定前,得各院分别之同意。

第六十七条 因特别之须,政府可预先定以年限,以继续费求帝国议会协赞。

第六十八条 因维持公安之故而有紧急需用时,限于因中外情形而不能召集帝国议会之场合,政府可为财政上必要之处分。

于前项场合,政府须将之提出于次期议会以求其承认。

第六十九条 国家岁出、岁入之总预算于帝国议会不被议定,或总预算不能成立时,政府应施行前年度之预算。

第九章 审计院

第七十条 审计院直隶于皇帝,检查确定国家岁出岁入之决算,其组织及权限以法律定之。

第七十一条　审计院可随时上奏皇帝。

第七十二条　政府每年应将审计院之检查报告书与岁出岁入之决算书俱提出于帝国议会。

第七十三条　审计院检查官除法律所规定外，不得反其意而免其职。

第十章　附则

第七十四条　本法改正之发议，除有谕旨之外，不得行之。

政府奉谕旨提出议案于帝国议会时，两议院须有三分之二以上出席，且有三分之二以上之多数，方得决其可否。

第七十五条　《皇室大典》之改正，不必经帝国议会之协赞。

不得以《皇室大典》变更本法之规定。

第七十六条　关于国务之上谕，不论其名称如何，凡与本法不矛盾之现行法规，皆应遵循。

法理说明

第一章　皇帝

所谓立宪君主国，其中有如日本，统治权之名与实均归于君主者；有如英国及比利时，以民主为主义者；有如俄罗斯，实施专制者；亦有如德国，构筑联邦组织者。如此不同之国情，乃历史结果使然。是以于清国之宪法编撰事业，据国体定君主之地位乃为首要，若仅止步于损益增补他国宪法条文，是何异于置身于累累残骸中而为宪法编撰哉！考支那人自古即将君主视为贤长者，未曾有视其为神圣之先例，与邦人之思想根本相异。故其等主张"君不君，则臣不臣"，倘君主失政，即予民众反抗王室之口实，此自不必论，甚至弑君谋逆，亦并非为不忠之举。其等主张"抚我则后，虐我则仇"，并以之为讨伐口实，此于他国的历史断难存立。质而言之，皇帝尊称天子，由来于表彰其道德至美，其天职即在养民。故民对在其位而行苛政者，以残贼匹夫视之，理当自皇位逐之。由孟子所言"闻诛一夫纣矣，未闻弑君也"，可知此意。此正为历朝承转交替之由，亦为革命声响不绝之因。故革命以"天下非一人之天下也，乃天下之天下也"之思想为胚胎，以"得乎丘民而为子"之信念为本源，与罗马之哈德良①所云"不为自己为王，为人民为王"（Emperor not for myself，but for my people），实有异曲同工之妙哉。探寻支那人富于民主风气之因，固有数千年来之教养使然，且古来圣贤之人专心于明修身齐家之至道，醉心于推崇国家君臣之大义，然此般终非其缘由。况于累次革命之中，君主反为被征服者之事实，愈发激起民众所有之反噬之念，此为国民对皇室不具虔诚信念之所在。故今日尚有以遗民自居，放言君主为何物而无所忌惮之人，现下更有不奉其历法之举，亦不足为怪，其状恰如露西亚民主党之党员拒为皇帝祝寿之奇观。此虽为邦人于梦中亦不能想见之事状，然国情必然之趋势，难以改易。

　　反自王权推移观之，当尧舜之时，以禅让传王位于贤者，即所谓"选天下之贤，可者立为天子"之实状。自禹以降，王位世袭相传，乃至周代，其存立基础岌危，至春秋五霸、战国七雄之时，君主权之名实皆乱。然自秦一统，君主独裁政治之根底始固，虽自始皇以降历朝更迭，其大本于秦制，无不以其为统治之基。然秦以前之地方豪族，其势强大，君主多受其节制，得以禅让、革命而下其权威，恰如希腊、罗马之事迹，亦如古德意志实权握于选帝侯之故事。随秦之一统，诸侯失尧舜以来之权，谓中央集权之制始成。故据历史上之事迹考之，支那虽于建国之初即置君主，考其尧舜时代之本，实近于共和政治。秦汉以降，乃可谓成君主政体之名实也。然自庶民观其君主，似古今无所异。秦汉以降之历朝帝王，皆常以优者胜者自居而临天下，君主之意即国法，生杀予夺，一存其手，独裁万机之实，固无所掩。故支那皇帝之权，绝无制限。此与依国民推举而登基之欧洲诸国君主相较，其差不啻为空中皓月与池边甲鳖。此不能以往昔王权之观念而漫谈今日之所原。

————————

　　①　罗马帝国安敦尼王朝的第三位皇帝，普布利乌斯·埃利乌斯·哈德良（Publius Aelius Traianus Hadrianus）。——译者注

支那于独裁政治之下,已历两千余年。无论其君临之动机与国民之确信,或自君主自握一国之大权而不容他机关干涉之点视之,清国之君主与国会开设前之日、俄皇帝一,同欧罗巴诸国之民主的君主国体相去甚远,此不待言。故清国于宪法编撰之际,君主地位当依然不渝,即皇帝当为统治权之总揽而君临,国会当仅止步于参与大政之机关。盖若予国会以政治上之实权,则无异于将皇位自置于光荣革命后之英王之同等地位,难保不陷于社稷倾亡之境地。然自政治之实际观之,不可谓清国皇帝之权绝对无限。如皇权因地方官府之权过大而失,纵中央政府之命,亦无所撼动地方,此点已为清国内外所共认。据此察之,可谓皇帝仅为百姓之长而牧民矣。现今地方督抚往往不奉上谕,足可知皇权之薄弱如何。食朝廷俸禄者尚如此,更何况于特种自治组织之下之一般国民。故担立法之任者,当悉查情形。固帝权虽有不及于地方之实,然于统治权之基本,则无所动摇。由之,大权虽留保同日本天皇对当之权能,亦无所妨碍,此为余确信不疑之所,仅需参酌固有之国情,而于重民权之面不失其权衡,当加注意。

第一条　大清皇帝总揽统治权,依本法之规定统治帝国。

[参照]《日本宪法》第一条、第四条,《俄国宪法》第四条、第十条,《德国宪法》第十一条。

大清国皇帝承祖宗统治国家之大权,担今统御帝国之大任,此为明证历史之所在。至于宪法发布前后皇帝处不渝地位之肝要,理如前论。或有从其民治风气蓬勃而观,虽难保不生与日皇、俄帝置同一地位之虞,然细考自秦汉以降历朝君主之地位,征据大清一统至今之事实,实未见彼国体基础应异之理,此亦本条规定之所由。

所谓统治云者,固非皇室之私,此自不待言。然亦有视统治与家族关系之事同,混皇位继承与民法相续者。此乃凭一时行于欧洲之家督国家(Patrimonial state)之遗思,而欲导以今日之情势,实乃事体不分之谬见。盖凡国家者,非君主私物,亦不属国民之共有。既如此,私法观念断不容其间。又有因祖先崇拜而推举君主奉公之念者,自法理而言,不值一顾。古来支那崇拜祖先之风甚炽,孔子以来之教养不劣于吾国,然假以此事实之存否而论国家统治法理之根本,实无裨益。应知其实为道德之谈,难混同于法理之说。

［参考］

日本国法之祖先崇拜

本论为考证祖先于法律价值之论，以数年前草稿为据，今聊加修正，兹揭于此。

一

祖先之俗，存之古今；崇拜之习，见于东西。特吾国中，更尚之为建国大基，齐之为家族根本，此乃显著之事实。盖因祖先教为人类至情之胚胎欤。

二

于古淳朴之时，其畏怖神明之思，敬爱祖先之意，非今人可揣而得知。盖由原始之社会，祭祀即政事（government）。《传》云："国之大事，在祀与戎。"此实东西普遍之史实。饭田武乡氏尝就吾国祭政关系云：

"上代以祭神为政事之大本，如后世以民治为政事之至要。祭神乃朝廷之第一政事。"（《法制论纂》一四页）

饭田武乡氏更证祭政一致之事云：

"以今日之全体观之，朝廷与伊势两分而坐，然如共殿同床之神敕，伊势皇太神之御灵、八咫镜与草薙剑均与天皇同处，神物与官物无差，天皇与群卿均仕于皇太神。其职官亦均附属于朝廷，即为朝官。然至崇神天皇时，神庭与朝廷一分为二。"（同上，四一六页）

其时之状，由此可知。池边义象氏亦论及我国崇神之起源，附于下：

"'神'于我国，其性质有二。造化养育天地万物，亦有超越人智之神变奇术者，是谓其一。创此国，导人民，功垂德成，为万人尊崇者，是谓其二。敬仰其一所云之神，盛于古代之世，万国皆如。其二所云之祭祖之事，乃以报本反始之情而起，为敬神之礼，乃太古以来我国独行之道。"

池边氏更论吾国以崇拜祖先为政事，其曰：

"神武天皇四年春二月诏曰,我皇之灵,自天降临,以助朕躬。今诸房已平,海内无事,可以郊祀天神,申大孝者也……此乃东征之功成后以祭皇祖天神,所谓尽报本之礼者也。《古语拾遗》中以'祭祀皇天,偏秩群望,以答神祇之恩'记此事,即所谓祭皇天、祭皇祖之灵、祭天神、祭地祇,终尽对皇祖皇宗报本反始之大礼也。"（《法制论纂》一二五页以下）

应知,于上古,祭祀乃重要政事。夫尊崇之念,于惧神明、敬祖先始,以自天地创造,至生命、身体、日常生活之资,皆无出其恩而不外其惠。此君临天下者,屡宣神明之崇高、数言祖先之威灵之所因,古今东西,所至之处,皆乃人情与自然之归响欤。

注一

参看足立栗园氏之《神道发达史》上卷第四章,足可知吾国历朝敬神之事实,亦可知吾祖先之淳朴、虔诚敬仰之念之丰富。

注二

若论国权（主权）观念之变迁,由神明处授得统治权力之说,可属其最初。然历经数千年之今日,各国君主尚且时时祷告神佑,思虑祭祀其祖先者,无疑为乃史实之因。国权神授说之由来亦远哉。

神授说以后,君主主权说、国民主权说、国家主权说依次相继。若将此学说之变迁详细论其原由,则于国家法理之论不甚裨益。因非本论之目的,故姑且略之。

三

吾上世祭政一致之状态,大略如前所述,然今迫于祭政判别,若不据祖教之观念,则难尽释吾之公法。曰:此能解天皇以担统治大任为其天职之所因,为其一（《帝国宪法》第一条及第四条）。今尚以祭祀为重要之政事,为其二（参看穗积陈重氏著《英文祖先崇拜与日本法律》,一二页以下）。践祚需承以神器,为其三（《皇室典范》第一〇条）。大婚需奉告贤所①、皇灵殿、神殿,需遣奉币使②至神宫、神武天皇山陵、先帝先后之山陵,为其四（《皇室婚嫁令》第三条）。践祚之时（《登极令》第一条）,裁定即位之礼及大尝祭③之期时（同上第七条）,及其当日（同上第

---

① 贤所:天皇皇居中祭祀三种神器之所。——译者注
② 奉币使:依天皇之命使神社山陵以奉币帛,祭神灵者。——译者注
③ 大尝祭:日本天皇即位时所行宫中祭祀。——译者注

一二条），此等行事毕时（同上第一六及一七条），摄政就任之时（《摄政令》第一条），行立太子之礼当日（《立储令》第六条），此礼毕时（同上第六条），行天皇成年式之当日（《皇室成年令》第三条），此礼毕时（同上第五条）等类例皆据此念，为其五。凡此等重要之国事，若不觅祖先教之念以释，则无从善解。如斯事实，可证以君乃国本之论，是为论据耶。

四

近世学者考国家之要素，举民众、领域、国权三者。曰：有之则存国家，无之则无国家。又曰：国权乃国之固有，既非众民所共，亦非君主之私。盖为至当之见。考人类以共生为要，如亚里士多德氏之言，自不待证。然要维其公安，又增其福利，则须服于定权，并依其权利关系之规律。此终为民众独立所得之因，亦是国家以社团为体，于庶民之外为独立生命之由。故曰，国家以国权为自立之要素，原为必然之要求。此学说素为希腊、罗马政治学者所究，尤为十六世纪以降雨果、博丹诸氏所考，无所余蕴。法儒迈斯特氏曾于其所著《主权原论》中论及国权之必然为国家所属：

> "主权与国民密不可分，正如无长之蜂巢无法成其子巢。人类社会中，若无之则难成国民……故社会及主权之存立，依于人之选择协议之说全为空想，社会及主权之存立，乃出自自然之作用。"（陆宾氏译，一四、一五页）

以其论之所存，亦不足以窥乎？

五

国家乃权力之团体，此为必然之所由，然于此论亦有反对之学说。现有如穗积八束之论：

> "权力团体之起因，乃出于人类原始社会所皆行崇祖之习……于血缘团体最为自然之权者，是谓父，是谓祖，夫妇亲子自成一家。欲维持其家族团体之秩序，于一般时，家中之父优于力智，乃以此护其家、维其秩、有其权。"（东京帝国大学之《宪法讲义》）

是此为一面之真理。博士又曾论祖先教曰：

> "崇亲即崇权，而由崇亲起，在父亡后仍望其灵护家之念，亦见于印度、欧罗巴人……于蛮时民，祖先即为最优者无异，可顺得此

论。"(《祖先教为公法之源》,载《国家学会杂志》第六〇号)

博士更论子孙奉亲命之所因:

> "亲族团结,奉亲之命,是为何故耶? 其为祖先之家,其亲为祖先之表,故一家之政从于亲命,则为孝奉祖先之考,以此为基,行此权力者也。"(同上论文)

凡崇祖之观,原以爱敬之至情为胚,而服从由敬畏之念而生。权力由服从之念而生,此为公法之源泉也。博士复又说明此理:

> "凡国、家二者之权,最为公法相关,此事分考而不得,终将归一,故移家族制度而考国。寻家制之因,起于权力之崇拜。所谓崇权,是为尊亲长、拜祖先也。"(同上论文)

依崇祖之观念,乃公法源泉之一。然若以之为唯一,则不免为失当之见。盖祖先教不过一家一族之观念,故依之释明国家统治之理法,则有所不能。况国之组织非为同缘,乃含多族,此乃不能赞同博士所论之因,亦是将国家统治归因于人类本性之必然结果之故。

六

国权乃国家成立之一要素,故国权乃国之所属,不存于人,此自无待多言。故以彼祖先之念而推论奉公天祖即为君,乃国本所故不可否认。盖祖先教之实,不仅必得帝国主体之结论,国权之作用,即统治权是否非为君主所属,亦乃不同之问。

注

予于本文,屡将从来惯用之"主权"以"国权"二字代之。盖"主权"之字义自中世纪起,意随时异,德意志国法勃兴之后尤甚,容有体用二式之解。如之,于我国亦存两义。故予以为,其为国家所属之时,应用"国权"二字代之;归属君主之时,亦多属国权之作用,应主用于论及统治权之语句。非故以奇为好,仅因与予之卑见主张有所关联也。

七

亦有帝国国权之体用皆为君主所属之说。盖与统治权之总揽者固为权力本体之论相似。然于理,凡国家机关者,并非固有权力,乃仅赋其行使一定之权限耳。故虽为总揽统治之权者,其权既源于国家,则绝无其为权力本体之理,此乃自明之义。故国权体用皆为君主所有之说,终不免为无理之论。

八

古史之所谓天神地祇，无从知晓，又有八大洲孕育神灵之传说（本居宜长神代正语），虽难尽信，然皇祖皇宗，懿德恢宏，邦人齐仰无措。但以此般事实之存在，为君乃国本之凭据，难得此论。然学者或云帝国如为君主所领之家督，又论其统治乃非君主为其皇室所为，不过为其自治，如此解说，却苦于其意。盖以家督国家（patrimonial state）之观念释今日之国家组织，自有所不能，无需多言。有甚者，昔大化之诏命有云"国家之民"，《大宝律》中将天皇御身之罪与君主地位之罪分别规定（有贺博士[1]著《国法学》上卷一九六页以下），以此般事实为证，亦足可窥帝国统治之性质。

九

穗积博士曾论：

> "若以史察我国之成立，我国之组织乃所谓血缘团体之属，国民乃同一人种，其人种以崇祖为基，敬戴皇位，此乃以史为据，又乃数千年来为我民族确信之思想，为团体之基础……天祖乃我民族之同一始祖，以崇拜天祖之念推之，乃至服于其直系之皇裔所为天皇。"（《宪法讲义》）

以帝国乃血缘团体之组织为据，却不足以证君乃国本之因，事理明晰。盖一国之立乃多族之组织，此乃始于原始社会之普遍现象，并非吾国特有之实。现博士有论，"欧洲固有法体，乃以祖先教为本源，崇拜祖先之神灵乃其建国之基"（《耶稣以前之欧洲家制》，载《国家学会杂志》第五四号），亦可为证。况博士所论，亦有违国史之嫌。

十

史称："神武自日向而起，平筑紫之国，渡安逸之国，经吉备之国，遂讨大和之国，开亩傍之山，即帝位于橿原之宫，历约十年，帝业始成。"（新井君美《读史余论》）今若从穗积博士所说为前提，邦人皆以天祖为宗，则将得神武因同胞私斗而耗十年岁月之论断。然博士无视古今无数之史实，抹杀吾光荣国史之首页，并非为实耶。博士乃学

---

① 即有贺长雄(1860—1921)，日本法学家、社会学家。——译者注

界师表,恭谦之士,予确信此必非博士之真意,然博士之精透理论,于此处终难贯其一,不得以为憾。盖论当时,筑紫之熊袭,东方之虾夷,人种皆异,此乃历史及人类学者之所证无余。况神武天皇四年二月之诏敕有云:"今诸房已平。"所谓诸房,即指异族人种。此事明如仰天日之炳然,为予确信之。故吾皇祖之业,绝非始于天孙私斗,实乃削平诸房之硕果也。

注

帝国创立之初,由多族而立,不少学者皆论及此,今聊举其二三:

(1)三宅米吉氏论定本邦人种为二种以上,并以现在之种族、帝国群岛之位置于史相照而证。(《日本史学提要》第一编一八至九四页)

(2)日本考古学者八木奘三郎氏亦有日本人种及阿伊努人种之二分。(一二页至五七页)

(3)横山由清氏举旧住之土人、天神之子孙,以及由支那、三韩渡来人种,分之为三。(《学艺志林》第二三册)

(4)鸟居邦太郎氏亦于其著《日本考古学提要》中曰:"距今约两千年前,有克鲁波克鲁人种、有'阿伊努'人种,杂居于我国(此乃古云之虾夷),更有其他土蜘蛛、隼人之杂人种,杂居于克鲁波克鲁与'阿伊努'二人种之中,而终成久远之克鲁波克鲁人种。"(三二页)

(5)贝尔茨博士亦分之为三,曰:

一、阿伊努人种:居息日本之北部及中部者;

二、蒙古人种:越日本海移居本土之西南部,渐衍于本土;

三、黄色人种:即移住于九州南部而渐征四方、统海内,现今之萨摩人仍存此纯然之性。(《日本考古学提要》二九页)

(6)有贺博士亦执三种之说,即如:

一、日本人种:所谓天孙人种;

二、枭帅人种:同熊袭之人种;

三、穴居人种:属太古民族中最为野蛮者,其中尤为悍勇者为虾夷,亦称东夷。(《国法学》上卷五页以下)

(7)八木冬岭氏所著《考古之刊》中,以"阿伊努"、土蜘蛛、天孙各人种之遗物,为之论证,颇有趣益,亦可以之为本邦人种非纯之凭据。

(8)坪井博士之论有云:

"日本人中实有差异,乃混交种族者,甚为明了,不止体格,风俗习惯不尽相同,交而相居。从古之遗物亦可窥见,有自马来者,有自大陆者,有自阿伊努者,交

而混居。"(早稻田大学之《人类学讲义》)

（9）大鸟居弃三氏之论有云：

"日本人种之杂，乃世之有名，容貌、体格、皮肤等，繁杂多样，少说即有朝鲜人、'阿伊努'、'马来'人等混居无疑，又加之以石器时代之民、南洋诸岛之民等杂人种混居，难以计数。"(《世界诸人种》)

（10）久米邦武氏《谈话》之一节中，有以"日本民族之故乡"为题者，曰：

"构日本之国民者民族非一，有马来种，有蒙古种，有高加索种，现于冈山县之东、备前美作之间所掘之陶棺（其一藏于博物馆）可见，有菊之纹，其制法图样均为巴比伦式，与出于巴比伦之物同，又我国上古国民所用之曲玉，其原料产于甘肃，即可知多人种混居而成我国之民"。(明治三十九年十月中《东京日刊新闻》所载)

要之，大日本帝国有史以来，无疑即由二种以上之民族而构，非为同族所成，更无崇拜同一始祖之理。或有人云异族已伐，然现"阿伊努"族之存续是为何耶？又有云不过尊崇天祖之威灵耳，然崇祖一事仅限于同族之中，为之奈何？观从来崇祖之实，可知其不足以释帝国统治之基本法理也。

十一

穗积博士又云：

"天皇乃统治帝国权力之主体，共帝国之存亡。帝国依皇位之所存，皇位共帝国与始终。"(《宪法讲义》)

博士既以天皇为国本，则此为当然之论断，然天皇非与国家同源，皇统之断绝（并非故意言及不详，盖因解说而不得已为之）亦无关帝国之存亡，此乃明理。盖君主非国家之要素也。因而若皇统断绝之时，必致宪法之更，亦随国体之革，然日本帝国仍存，由此可知皇位与帝国之关系。此非日本之独有，法国革命亦无关其存亡，是为同理。可观法国近百年，倒王政而立共和，再变为帝政，三变复王政，四变归共和，五变还帝政，六变以共和，而至今日，其国体之革、政体之变尤甚猫目，而法国依然存续。是以国体、政体之变革，无关国家之存亡，道理明晰。或有人谓：法国之称王号帝者，皆为其无期之大总统，而以我神圣之皇位与之对比，乃僭越之极。噫乎！此论乃将吾帝国以所谓家督国家（patrimonial state）而同视者也。道德之谈难同法理之论，只以冷静简朴之法家思想而无感激之念，实当为憾。

十二

归根置底，以崇祖之念于法理而证君乃国本，终属不足。然其于释论天皇以拥惟神至圣、万世不朽之地位为天职之缘由，多少有所裨益耳。（明治三十七年霜月二十日夜半记之）

稿成之后，一夜某于寄席之上，闻静冈联队于旅顺苦战之状。关谷联队长半身浴血，倚已毙之爱马督励全军，气息将绝而犹令死守军旗，言至此处，众皆戚泣。嗟夫，窃以为此乃陛下之赤子，真正之天孙。关谷联队之忠魂乃帝国臣民之精髓，军旗即为陛下，陛下即为帝国，此乃三千年来日本臣民不言之信条，遗传之确信，未知其背后之真情，区区诡辩，何足为撼？可观学者十年之苦衷，终不抵半宵之军谈欤。予叹演者对白之神妙，感听者无言之雄辩，特附此一言。（思齐生谨识）

［参考］

各国君主之地位

君主之地位，于法理上并非唯一，更无须拘于其名，以考于历史、征自条规而明其地位为要。以下举二三君主，聊以观之。

英国皇帝

英皇地位之论，素来多有分歧。有以君主为总揽统治权者，有论君主、议会共行统治权者，有以议会为主权者，如是此类。此乃英国多依实际断例宰理国政，而自生纷议所故也。乃以同国宪法学者之论，试以观之。

斯塔布斯氏[①]于其著《主权之法理》中一节有论，英王于法理有无限之权，近乎专制政治（Absolutism），并曰：

> "幸而此专制之法理，于实则有强力且严正之限制，而起调和之效，以至一般人民仅尊王为名义上之主权者，其效止于登基。盖理查德一世及约翰王即位之时，公布其国民自由之大典，亲而限其绝对权力，是以为故。……于内有内廷百官以制，于外有大臣国民为援，遏其专制，阁僚亦同，以约翰王具暴虐之资，尚不能专权，而贵

_____

① 即威廉·斯塔布斯（William Stubbs），1825—1901，英国历史学家，国教主教。——译者注

族为皇室之藩屏，亦从于时流，尽力于大典之励行。"（W. Stubbs, The Constitutional History of England. Vol. I. p. 620—621）

白芝浩氏①亦以《君主政治》为题，详述英王之地位，其要曰：

"（一）君主政治乃强固之政治之由，此为贤良之政治（intelligible government）所归。（二）英国君主之固，如其宗教信仰之坚。（三）吾君主实为社会之长。（四）道义之源，国民之仰。（五）然于宪法，君主仅行假装之举。"（W. Bagehot, The English Constitution. p. 33-56. ）

然此皆不足以知其法理之地位，是以为憾。独托德氏②所释最为简洁，氏以"主权"为题论曰：

"国家最高之行政权外，民政、军事、裁判及宗教权，皆属国王所握，以为天职。盖国王乃国家之权力、威严、名誉之源，予以总揽政权也，更莫论国王亦掌立法权，一切立法依其裁决而立。国王代表帝国处一切之国际关系，宣战、议和及诸般条约，皆依其亲裁，无容他机关之涉。"（Todd, Parliamentary Government in England, Vol. I. p. 167. ）

施政之实权随时潮而异其主，各国历史屡有例证，而观英国近百年来之形势，则有下院数人权势强大，国王几近拥以虚器之感。是以白芝浩氏将之视为"行假装之举"，并非无碍。然因此仅为政治之势，不足以动法理之断。盖虽实权存于议会，然君主仍保有总揽统治权之地位，几多断例，所证无余。

彼之一派论者，如清水博士③有云：

"英王并非总揽统治权。君主国之元首专揽立法权，然于英国，其权仅存于国会而不属国王。国王原可对国会决议行使否定之权（Veto），然此权二百年来近乎未用，立法权为国会无限之专属，国会亦以之专行。"（《宪法篇》第四版六三页）

---

① 白芝浩（Walter Bagehot），1826—1877，英国经济学家、政治社会学家和公法学家。——译者注
② 即阿尔福斯·托德（Alpheus Todd），1821—1884，英国宪法史学家。——译者注
③ 清水澄（1868—1947），日本宪法学家，行政学家。——译者注

虽然亦难解其故。盖博士以为，不行其权，则谓之灭。然此思论不仅于公法上难认其法理，更莫论英国历代之君主未曾弃其否决之权，而今仍行其裁，为实所证。博士之说，终难识此理。若以博士之论适于吾帝国之宪法，则不免将得我立法权亦如英国，由议会所专属之论断。盖天皇自议会开设以来，未曾行其裁可否决之权，故而归于同理（既有裁可权，不难推知其亦有拒裁之自由。然有学者以其有裁可权，却无否决权之名实为主张，此为误解裁可之本质之见。无论如何，所谓否决权，乃指拒行裁可权之自由，终不外于裁可权之作用）。博士又曰：

> "国务大臣虽由英国国王任免，然其随国会政党之消长而更迭，故大臣任免权亦实属国会，确凿无误。"（同上六三页及六四页）

此亦不外将权限之存续与任免之方法混同之谬见也。盖党首之荐，原供君主抉择之便，虽未有否决之例，然既无君主于任免一事有其自由意志之反证，则无有得此论断之理。应知大臣任免权之有无，无关其形式如何。故若勉强以博士之论解之，则如我国后继内阁亦多依元老或现任首相举荐而立，博士亦难否认此公然之事实，则不免与彼得同一论断。事以至此，难不惊于博士之奇论。凡由此学说而衍者，终不外混同法理与事实之论。此等无视世上诸宪法之条规管理，以解国会之万能，或迫君主之专制者，皆不免有失公正之论。究法理者，应最以慎为要（参照本案第五〇条之说明）。

独逸皇帝

德皇地位之学说，亦纷纭而无所归。其统治权非独由皇帝所握，联邦各国之王侯亦有之，即统治权为皇帝与联邦议会所共有，皇帝居相对最高之地位，谓主权由联邦议会独占。此等论说，虽为德国学者钻研不懈，却仍似不得要领。然此纷议所生，乃今联邦各部尚随王侯割据、授受公使，联邦议会有如使臣会议之势，孛漏斯以外之联邦国民，视其皇帝如观邻国之大总统，封建旧习难脱之余，故学者亦不外有偏于各属国之风也。然此事原为法理之论，无响应之理，应据宪法明文而察皇帝地位为要也。

《独逸帝国宪法》第十一条第一项曰：

> "联邦之首长，享德意志皇帝之名者，乃普鲁士国王也。皇帝为公法上帝国之代表，享有以帝国之名宣战、议和，与外国缔盟结

约,遣使授节之权。"

应可见皇帝主上之地位,至于立法权之何如,则有:

"帝国之立法,依联邦议会及帝国议会而行。"(第五条第一项)
"皇帝亲署帝国之法律,布其律,督其行。"(第一七条第一项)

而至于行政权,虽无概括之规定,然重要政务皆以皇帝御名行之,至于司法权,亦无明规。如乔治·迈尔氏[1]所言,皇帝乃总揽统治权,其曰:

"君主总揽统治权,以之为其权,为国家代表而行之,而非摄政及民主主义国家之君主,皆从他人之名,君主乃集国权于一身,此原则乃为昔德意志联邦之法律所宣,而宪法宣之,亦怀此念。"(乾氏等译《德意志国法论》三三五页以下)

乔治·迈尔氏所论,乃基于德意志法之沿革,比照巴威伦、撒逊、符腾堡[2]之宪法而推者。然德意志皇帝受制于联邦议会,恰如总统与议会之关系,故实非皇帝,宁称为世袭总统,更觉恰当。此为国情所然,应不拘于名,依一般君主国之例推之也。故其独裁范围较狭,以联邦议会为主权所属,此论非虚,不过归于用语之争,今暂不论。

孛漏斯国王

孛漏斯乃纯然之君主国,若拘泥于其宪法字面,虽并非有疑,然其以民主主义之《比利时宪法》为范,不免有所余弊。国王乃统治权之总揽者,乃为宪法所证无余。即与议会共行立法权(第六二条第一项),行政权属国王之专权,任免大臣以下文武百官(第四五条及第四七条),司法权以王之御名,由裁判所行之(第八六条)。权力宏大,难见能与德意志皇帝比肩者。此不外国情相异之果也。

露国皇帝

露国虽于一九〇五年(明治三十八年,光绪三十一年)更作立宪政体,皇帝之地位依然不渝,然止于新设议会之制,专政之余沥浸润宪法,一览无疑。宪法第四条明言,最高独裁权为皇帝所有,且立法权由两议院辅以行之(第七条),裁可权为皇帝所享(第九条),照第一章各条可

---

① 乔治·迈尔 Meyer Georg(1841—1900),德国行政法学家。——译者注
② 原文为"ウエルテンベルヒ"。——译者注

明,行政、司法之权亦为之所存。若察宪法内容,其详以国会及所谓咨议局染君主独裁之色,可谓一种立宪制之变体欤。

日本皇帝

天皇总揽百政,帝国统治为其大任,由宪法所示。君临帝国为其天职,此乃数千年来历史之果,于宪法发布前后,其地位以无异动,此万世不朽之国体与宪法之条章,乃永为君主国之典范,此聊为日本臣民之所矜者也。

第二条　皇位依皇室大典所定而行继承。

[参照]《日本宪法》第二条,《俄国宪法》第六条,《普鲁士宪法》第五十三、五十四条,《比利时宪法》第六十至六十二条。

皇位不应有一日之旷废,故皇帝崩殂时以继嗣,即为践祚。考皇位继承乃属君主国之大典,国情以鉴,素有序位之规,不应变更。盖于继嗣一事,若容臣下置议,则不仅有冒渎天子尊贵之虞,更将扰乱国家之基,此为东西史籍所证无余,而近世之宪法皆预先规定所故也。

然察清室之法,无定皇嗣之准则。故并非仅从长子相继之法,以血统远近为问。加之,册立太子之礼,仅存于康熙及其前代(但皆因故废立),多以先帝遗志而定。因而与其谓之世袭制,不如选举制相近,而以之为称,更为恰当欤。此虽似举以有材之良法,然亦非无大弊,故应预先参酌宗室之先例,昭以不磨之典则,以奠帝室万岁之基也。

注

清朝自太祖至同治,十代相连,直系相续。然因同治无子,道光七子、咸丰之弟、和硕醇亲王之子载湉,继之大统,为光绪皇帝也。光绪龙驭上宾后,又因无储,乃定其弟醇亲王载沣(现摄政王)之子溥仪为其嗣,乃今上帝。然由之以观,光绪帝以降,前后二代相继由旁系以继,故清室直系相传之惯例至光绪已自断绝,不得已者也。今揭最近五代之谱系于左,以便观览。

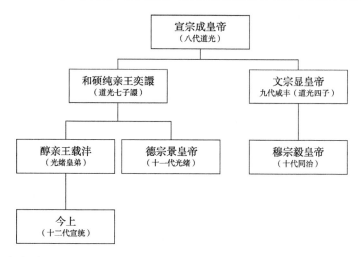

有学者论及皇位继承与既存国法之关系曰：

"后继天皇于继承时，其统治权不得不依前天皇至崩殂时所发庞大之法令为限，故而此等法令直至后继天皇以正当形式改废之时，亦有拘于新皇而束其臣民之力，无待他言。盖后继天皇由前任天皇处承此有限之统治权也。"（市村学士①《宪法要论》再版二〇一页、二〇二页）

虽有此说明，但恐为误。盖凡君主交替，无撼国法，本以国之永续为前提所故也。彼之"君主不死（King never dies）"之语，终为识此关系之论，不外应将统治者之地位视为一体不朽也，应知皇法继承不应损益国法效力所故也。然若将此与民法上之权力关系同视者，只为谬误之思想，所谓"有限之统治"者，终难由法理推之。况若由此学说，则皇嗣旷缺之时，难免得国法亦将废止之论也。

第三条　皇帝神圣不可侵。

［参照］《日本宪法》第三条，《英国宪法》《俄国宪法》第五条，《普鲁士宪法》第四十三条，《奥地利宪法》第四之一条，《比利时宪法》第六十三条，《法国宪法》第一之六条，《美国宪法》第二之四条。

皇帝总揽统治权，无有以对抗其权威者，亦无存问责之情理。虽无

————————

① 市村光惠（1875－1928），日本宪法学者，地方政治家。——译者注

待明文以示,然特此规定,无外基于沿革之由。

注之一

君主不可侵之观念,虽自罗马而存续,然至欧洲诸国设明文以定,乃由来于〈以〉一六四九年英王查尔斯一世、一七九三年法王路易十六世被弑一事〈为鉴〉也。而于日本,古来天子地位惟神至圣之观念,固虽无需明文以固,而特以为存,乃基于沿革之由,本条亦踏袭诸多先例也。

注之二

一八五一年之《法国宪法》第五条有"共和国总统对法兰西人民负责"之规定,翌年法王路易·拿破仑声明曰:"国家元首之无责,于宪法中特笔以记,实乃不仅有损公众之情,更惹无根之妄想,然此妄想虽已为屡次革命所破,当今宪法应明,国家元首应对选举其之人民负责。"其次,帝政之革,仍执于同一主义,乃为近世之一大变例,而后不知有取此主义之邦国也。现法国所行宪法,尚定总统之无责,而保元首之无责,应为立法之普遍原则。

君主之无责任,乃及于国法上一切公私之行为。彼之所谓"国王不能为恶(King can do no wrong)",其意非为于实不能为恶事,乃虽有恶事之实,然不于国法上负担责任耳,更不问其事关宪法,或关民、刑之法。然中外学者多将财产权之诉求除外,难知其理。所谓财产权之诉求,有基于法律之行为;有不当之利,则基于法律之保护主张其权利关系之事;亦有因不法行为而系债权之事。然此等诉讼,其基本请求权之性质各异,故不得一概论之,理义明晰。由不法行为之诉求,本以被告之责任能力为前提,而君主作为被告,拥其无责任之地位,故原告亦无享诉权之理,应抗辩被告之无诉权而撤回其诉,裁判所依其职权,不应受理而应弃之,盖因本案之性质抵触君主不可侵之明文也。反之,基于其他权力关系之法律行为,更不应有碍君主,盖因君主之责无以为系。因而论其诉讼可否之时,应必查其诉权之性质,究其与不可侵规定之关系,否则难保不触底线。然若以为肝要而容之之论,则终不免为粗笨之识。否其强制执行者,尤难解其意。否认执行权,固不仅为依判决而剥夺其应得之利,终将至禁止诉讼之果也。如斯所见,不过依于情感而不基法理之谬见,故其论之不彻,不足为怪。然若此事有关帝室,则应参酌其国情为要,以免有偏颇之弊,无待多论。故于立法之论,帝室、人民间之民事诉讼,无论帝室为原告、被告，内廷官吏固不应当之，更不应容对帝室之强制执行，判决之一切应得之利均应以请愿为形式，加之皇族诉讼之手续，皆应一律以特律定之钦。

于日本亦不存关皇族特别诉讼之手续，因未有对帝室之规定，解释上应不容帝室、人民间之诉讼。彼有而吾无此规定者，盖原不容此事之意，古来惯例既已言明所故钦。倘若容许此事，人民对帝室之诉讼应不拘于由东京控诉院所辖，依普通法，对帝室之诉讼应于地方裁判所审判，难免荒谬（《皇室典范》第五〇、第五一条，《裁判所构成法》第三八、第四一条、第五〇条）。此若非颠倒轻重之事，又谓之何？因此明治三十八年三月岐阜地方裁判所引用《宫内省官制》第三十四条，判与御料局长拥有一切裁判上与裁判外之行为以权限，此应谓之正鹄之举。

反自一从实际之便考之，帝室财产既为特有，则帝室与人民间难存法律关系，此属自然之序，是以诉讼亦无从而起，不应为区区感情所制，以断然无疑之特律而定其权利关系，亦以为可。此举不仅为维系帝室之财产，亦乃益于人民之利无疑。若如此，诉讼手续即不存便法，亦无须深忧也。

于清国之现行法制，皇族间、皇族与人民间之民事诉讼，应视属大理院（对应日本之大审院）之辖，与此类同。盖依《大清会典》之规定，本诉原由宗人府及户部（现之度支部）会审，然光绪三十二年（明治三十九年）九月，依上谕，清国特有之会审制度皆自全废，并同时归属最高法院之辖，亦与此相似（其理由将详述于本案第七章私法第五六条之说明）。今察其理，他日司法制度之确立，归高等审判厅所辖，此盖为最适宜之举也。大理院以复审为专，此乃全其本职也。而同时宽其诉讼范围，帝室人民间之诉讼亦适用于此，亦以为可，其由概如所述。

刑法不课君主犯罪以重刑，乃为其不可侵权之果，此等论断恐有误也。其于刑法受一定之保护，乃因平民无从选择君主所故也。若依其解释，则宪法规定终无意义。而不存强制君主禅让之事为同果之论，亦以为误。无论如何，君主于其位则为践祚权之果，不能强制其让位于他人，此终不外难抗践祚权之故也。故应知此与不可侵之权无关。

第四条　皇帝经帝国议会之协赞行立法权。

[参照]《日本宪法》第五条,《英国宪法》《俄国宪法》第七、八条,《普鲁士宪法》第六十二条,《德国宪法》第四、五条,《比利时宪法》第二十六条,《法国宪法》第一之一条,《美国宪法》第一之一条。

往昔英王行立法权,国会之协赞非为必须,而有此条件,实乃至西历一三二二年,爱德华二世之时也。今本条以同一主义明之,乃欲以此而圆立法之技能所故,并非归立法权于国会专属也。昔英王查尔斯一世召集国会十一年,其间依敕令立一切之法,终倒王政而立共和,前后十二年,此终为蹂躏民权之必然也。若政体不改,本条应为永遵之典范,亦为国民之一大保障,无待多言。

所谓协赞,乃协翼参赞之义,无外议会为君主之辅助机关,参与立法权之意也。故议会之参与,于国法乃立法之要项,若无参与则无立法,此法理可谓由本条而昭。故裁可即为立法之说明,不免招致误解。盖议会之协赞乃立法之前提,裁可则为对既定法案之容认,二者相辅,则立法可成,裁可并非立法也。然或有学者以为,此将有损君主之地位,此论不过杞忧。无论如何,君主既保有裁可权,议会则无法独行立法权,故立法权之名实存于君主而非议会,明而昭昭乎。然以议会为立法权之主体,如此论说,若非误解裁可权之本质,则乃为一时之政局所恐,而忘却法理者,不足为此深辩。

所谓广义之立法权,以统治权而制一切之法规,皆为其含。然本条所谓之立法权,不过限为以法律所称之特定法规。此事于本案第三十六条之说明中详述。

委议会为立法权之专属,乃违君主国之本质。盖君主当总揽国政,若举国权而归各特定机关所专司,终不能期其一统。彼之美、法等国,尚且予总统以再议请求之权,尤其美国联邦中,除罗德岛州等七州外,于其他各州宪法中均有法律之成立需以行政府之认可为要之规定,可由此察知议会不可专掌立法欤。凡国家机关,相互节制,更若无调和之机关,则各部孤立,终至政务旷废也。于此点,君主国之构成乃最为理想无疑也。君主以其一身节制统一,施政自然圆滑,由各国之实践所明,无待具证亦应知晓。

人或有英国国会为立法权之主体之说,然此不免为只视政治之实际而忽视法理之论也。盖英王古来享立法之裁可权,此点无疑,即皇帝亲临议院予以裁可,或遣敕使传达圣旨,此为千年来不渝之典例也。克拉伦登卿曰："依王国(英国)之宪法及古来之惯例,总议案由两院通过后,国会书记官将之提至宫内书记官,宫内书记官更将之提至检事总长,检事总长递与枢密院并呈于国王,国王倾其枢密顾问之自由议论,以必要者则裁可而发布法律,为其否者则废之。"此为国王拥以裁可权之明证也。另,一六〇六年五月詹姆斯一世宣布议会之闭会,其诏书之一节有曰:"裁可两议院所通过之总议案,此为出自睽睽之恩敕,裁可一切之法案,无存于从前类例。"以此亦足以知其裁可权之自由何如。人或曰,此乃为三百年前之事,今则不然。然女皇安娜于一七〇七年对苏国民兵案(Scotch Militin Bill)拒以裁可以降,论者将以往无同一惯例之由归因于国王漫然而行其裁可权之故也,此不外为无视现行典例,又误解裁可权之本质之谬见也。故而英国之立法权亦由国王所掌,国会不过有其协赞之权也,应知其与本条终归为同一法理也。

注

所谓否决权(Veto),乃为立法之节制,而裁可权,乃以立法之完成为目的。其一之结果乃为法案之废弃,而另一之结果乃使其有效成立。故其性质、效果,全然相异。故裁可权之不行与使以否决权,其结果归一而行为、性质各异。既二者性质各异,不行否决权,并非必至裁可权之丧失,确凿无疑。

考立宪政体之所长,乃察万机公论之声,以为施政之准绳。故议会之议决,从其性质而论,最重君主。若无论事由,常否决其裁可,公议反不为官宦之助言,以之为常态,则议会终不过为无用之长物也。固议会之行动并非必为民意之代表,时有狂热痴态之事,散见于各国宪法之史,而非议会制度之罪也。议会不过应慎重竭诚尽于国事,君主亦应敬重议会之意,此为宪政之一大要义。切斯雷里氏之所谓"交换主义(Concessionary Principle)",盖不失其要。美人库欣氏有曰:"否决国王(英国)裁可之必要,至近百年来,'天子不离其宰相,无有他意',此为严守宪法之主义,依以避之。盖宰相拥以国会之信任方为宰相,无其信任,则谓其失职,故国会之决议,至近世无不经天子之裁可也。"此无非英国宪政之今日所故耶。英国国会近百年来,终收宪政骎骎之美果,凡立宪国,无不以为典范。会此盛运,此原基于英国人固有之资,亦为君主之执权相宜所故也。俄曾开三回之议会,而前二回俱遭解散之悲运,前途难有协和之望,而第三回之议会,于政府干涉下渐为官僚党之多数所制,此为其之近情。想来惯熟于武断政治之一派官僚,更难倾听舆论,而议会乃以救济民众疾苦为急,官民均不存妥协之精神,乃诱致解散之因,第三回议会仅得小康,亦非无反动,是以政界之前途非为难断。伦敦《评论之评论》(Review of Reviews)主笔斯特德氏曾论及俄国政局之前途,断言官民之交让乃唯一救济之策,此可谓知见。清国之情形似于俄国,终及婆心。

第五条　皇帝裁可法律且命其公布及执行。

[参照]《日本宪法》第六条,《英国宪法》《俄国宪法》第九条,《普鲁士宪法》四十五条,《德国宪法》十七条,《奥地利宪法》四之十条,《比利时宪法》六十九条,《法国宪法》一之三、三之七条,《美国宪法》一之七条。

凡经议会协赞之法案,不得君主之裁可,则无法律之效力。盖裁可不外为附法案以国法效力之条件也。是以裁可与议会之协赞相并,立法行为则可谓之完成。然君主裁可法案时不得更正其内容,此乃以协赞效力之所故。议会之议决不同于学会之决议或调查委员会之草案,亦为此理。是以应知协赞、裁可共为立法之要素、条件也。

学者一般以为,法律依裁可而生其拘束力。所谓拘束力,为有国法之效力之义,即无论其可否均需遵从之效力也,此断不免为失当之见。是以遵从之效力,仅由法律之施行而生所故也。或有曰:法律之成立仅依其公布而知,未布之法则无从觉知其存在。然此为将法律成立与其公示方法之关系混同者也。盖公布一事,乃不过宣明既成国法之形式,国法并非依之而立。有如裁判所之判决,在其宣读之前已于法理上成立,而当事者觉知此事则依其宣读。应知公布法律、宣读判决,乃不外宣明既成事实之方法耳。又或有学者论曰:无拘束力之法律难为国法,故裁可乃赋法律以拘束力,并确定其内容之权也。此论亦为将裁可、公布及执行之法理混同之谬见也。已裁可而未公布之法律,有国法之效力,而不生拘束力,恰同于既公布而未施行之法律也,此不外法律之拘束力仅由其施行而生也。故学者只见现行法律保有拘束力,易作凡法律莫不有其拘束力之断,而不问其公布与施行之事实有无,终不免为粗笨之识。若夫法律由裁可而生其拘束力,则其公布为何要,其执行又以何为? 若由裁可而生其拘束力,则终无以为拘哉。盖若国家机关未公布其法,又执行其命,则此法必无拘束之理,一般国民亦无被未行之法拘束之理。又有学者绝叹曰:"法律上乃无效力、意义之形式,最容有疑而少有解释哉。"然裁可乃法律成立所必不可缺之要件也,故绝不应有此妄断,此更无辨明之要也。夫宪法于裁可之外由公告认之,法律由裁可而成立,此不仅为法理上之推测,更有将之公告之要耳。原来之法律,其无待公布而成立,往昔国法并非必须公布者,此乃事实之明,公布不外为公告之形式,此乃古今之法理所证也。故此吾人不知,由公布而生其拘束力也。是以吾人不能从法理上否定法律之立,此乃公告之效力所故也。吾人亦不能拒不遵循,此不外执行之效力所故也。应知此三者,其性质及效力各异也。

今将上述之法理适用于事实,可证吾人不应作不稽之论也。帝国改正刑法,经由议会之协赞后得君主之裁可,由裁可则得法律之成立。故《新刑法》于裁可之时则具有国法之效力,吾人不能于法理上否认其成立,是因其基于裁可而获有直接之效力也,其理如上既述。然此仅为从法理上推测其成立之主观,而非确认客观事实之存在所得也。故于此论,《新刑法》于明治四十年四月由法律第四十五号所公布,公布即为将既成之法律宣之于众者也。吾人不能否定,与此同时,《新刑法》乃为事实存在,此为公布之效力也(参照注之一)。明治四十一年十月一日既已将之宣告施行,则吾人便于当日以降,属新法所律。此乃吾人遵循法律之效力仅由其施行而生所故也。若据一般之学说,法律由裁可而生其拘束力,则吾人将为未颁之法律所束,而若从由公布而法律完成之说,则命其施行则不过为无用之举,应知二者皆不足为采(参照注之二)。

注之一

法律基于裁可之成立,与基于公布而存在之法律效力相异,而察其所生之结果,前者仅为法理上之推测,诉讼上当事者有以之立证之责,为后者之要,此乃其中一例。盖国法之存续乃属事实之争,此为显著之实,既已公布之国法,以其存在而立证,此要乃属诉讼之原则所故也(参照《日本民事诉讼法》第二一八条)。

注之二

凡法律应与公布同时施行之,此乃原则(参照《日本法例》第一条、同《公式令》第一条)。故其公布之时,当然拘束力亦生,事理极明。法律之拘束力既仅由其执行而生，公布、执行若异其时则勿论，其虽为同时而发，而法理相异之所由也，应知不应混同彼此。

裁可是否得以取消，此从来素为学者所争，但公布后固不能废，此乃限于公布以前之问也。考裁可乃有使法律成立之效力，故裁可为国法之效力确定之权也。是以不得无故废灭既生之效力，故于理，可谓裁可不得取消也，而其取消之自由，则不外以事实之能否为明法理之释也。

第六条　皇帝召集帝国议会，命其开会、闭会、停会及众议院之解散。

当众议院解散时，国务大臣须即时公示解散奏请之理由。

[参照]《日本宪法》第七条，《英国宪法》《俄国宪法》五十六、五十七、六十三条，《普鲁士宪法》五十一、五十二条，《德国宪法》十二、二十四、二十六条，《比利时宪法》七十乃至七十二条，《法国宪法》一之五、三之一至三条，《美国宪法》一之四条。

议会之制，乃为君主之辅助机关所设，故若无上命，则不得自由集散、开闭，此可谓由其地位使然也。但如法、美、比及德意志诸联邦，虽有每年于一定时日集散议会之例，而理论上此归为元首之专权，不仅至当，于实际亦无不便。本条乃效日、俄、英、普、德之立法典例，为大权专属。故若两院议员皆恣意而会，不由上命之集会，则不为宪法所认，故其议决亦无生国法上之效力，其集会亦仅受《一般警察法》之支配也。

召集乃议员之现职所在，即召员会同于定所，故议员依召而集，无上命则不得开始议事，此乃召集不过为开会之预备所故也。既定议员之所属，且终选定人员职务时，则议员得以成立，方始得开会之诏命，此乃常序也。议事之始乃基于开会之效力，而所谓停会，乃将之一时停止；所谓休会，乃其休止也。停会乃由诏命所为，休会则为议会自行，其中止议事者虽同，然一为基于强制之处分，其期间不得开议，相反另一者则由任意为之，何时开议亦无妨，此乃二者之差也。会期终了之时，固开议之效力已消，而议院尚不失其成立，此乃虽会期终了而当不至闭会之因，更为闭会须得上命之故也。故闭会之直接效力，乃废弃议院之成立也。故应知会期终了不可与闭会同视也。而议会于其特定之会期内当有其开议权,无关附议案件之有无,君主不得于会期中命其闭会,此乃由会期之效力所生,必然之论也。故日本之第七议会,于会期终了前命其闭会,此不免有违宪之虞。

会期终了之时,未决议案俱废,依所谓会期不继续之原则,其必要之案提至下次议会,须经新之协赞,此乃基于会期终了之果也。盖因会期终了之时开议权亦废,未决议案亦无以附议也。

所谓解散,则为废议院之构成也,解除议员之现职仅为其结果。于议会开会中行解散之事是为平常,闭会之中亦无妨行之。闭会仅为废止议会之成立,而解散则为废止议院本身之构成,其一乃无关于议员之现职,另一则生解除其职之果,二者本质相异也。

本条效仿众多之立法,解散之权应仅对下院行之。盖于预案,上院议员过半数之任期乃至终身,故以为无此必要(参照本案第四章《帝国议会》第三四条)。外国中承认解散两院者唯普鲁士耳(参照同宪法第五一条),然此并非必须解散两院,对一院亦能行之,乃为变例也,故一般不对上院行之,乃不外由其构成之性质使然也。

所谓解散之目的,即是政府、议会所见相异,政府以下院为被告,诉诸舆论之法庭也。是以若新选议员多数仍与解散前之议员见解相同,则视为政府败诉,故内阁应总辞,此乃属英国之政治典则也。但此国于十七八世纪时屡有滥行解散之迹,为宪法史所证,而至渐生此惯例者,乃为上世纪中叶以降之事业。即为一八四一年,保守党之领袖罗伯特·彼尔爵因《谷物条例》废止问题提出内阁不信任案,于下院以一票之多数通过,首相梅尔本终至解散庶民院。然选举之果,政府与党之改进党得二百八十六名之时,保守党获三百六十七名之议员,政府终败于议会,乃至彼尔重组内阁。时至一八六八年之总选举,受在野党为多数所制,首相塞西尔创于新议会召集前辞职之惯例。次之为一八七四年之格莱斯顿内阁及一八八〇年之塞西尔内阁,均行同例。然至一八八五年,因保守党与巴内尔党联合而作必胜之算,故萨尔斯波利卿于议会开会前辞职,其败而遂至挂冠,似与前述数例相反,然此亦应视为依梅尔本内阁之例也。其后一九〇五年,贝尔福内阁于内阁尚有六十余之多数之时辞职,此事聊似异例,然其精神则与彼无异。盖民信既失,则滞留台阁为典例之不容,故贝尔福内阁之行动亦不外踏袭前例也。而今自由党之卡梅尔·班纳曼组内阁,于总选举得空前之大多数席位,仅以自由党便足以制议会，并算其余之劳动党、国民党，对前内阁之统一党仍有三百五十余之多数，遇此盛运，由如此消息亦足以窥乎。

反考日本之状况，议会开设以来行解散者前后七回，然其多数不仅与英国成例相反，更有甚者，其目的不无难解。第一回之解散，为明治二十四年十二月松方内阁之执行，由议会否决制舰费及制钢所设立费而起。政府固激烈干涉，民党依然制以多数，议会以一百五十四对一百一十一之多数，通过选举干涉决议案，并以此表决政府之不信任案。然首相放言不应以妄动而轻决进退，更于不信任之案无所关心，议会闭会两月后方至辞职，不能不以其错失时机为憾。盖政府有无必胜之算，于选举当时概已明了，若有真正尊重舆论之意，至迟亦应于议会开会前断之。第二回乃二十六年十二月，第三回乃二十七年六月，皆为伊藤内阁所决行。此连续之解散，乃有损立宪之根基，当时内外皆感帝国宪政之危机，并非无故。政府于第六议会之初，便决前议会之解散为非法，进而以一百五十三对一百三十九之多数决议弹劾上奏法案，然而尚无处置却复至解散，此非为立宪大臣之举措也。况政府并无以此一变政局之成算，此事明晰也。偶逢日清战争，有举国一致以应外难之议，是以恰得政府之小康，此实为幸也。第四回乃三十年十二月于松方内阁时，视下院通过内阁不信任决议案之形势而行之。而政府亦于解散当日瓦解，有所谓喧哗两成败①之观，恐不失为宪法史上一大奇事也。盖于政府，知其辞职难免，则应无解散议会之需，若解散议会，则应待其严正之选举结果而决其进退，此为至当。第五回乃三十一年六月，系伊藤内阁之执行，以二百四十七对二十七之大多数，否决地租增征案而起。然此次解散，终成组织帝国未曾有之一大政党之契机，即当时两大在野党，自由、进步两党解散，而至宪政党之成立也。伊藤首相见此情形，便举荐新政党党首大隈、板垣二人，伏阙下而呈辞表，继而所谓宪政党内阁以成，此乃议会解散之当月，实为立政党内阁之始也。盖此乃于帝国宪法史上划时代之举，伊藤公之勇断果决，无人得以否之。有议者曰，伊藤公于松方内阁瓦解后承之，提增税案于临时议会乃是失计，应无论其是非而于下期通常议会，即第十三议会上提出，然公故意将之提予解散后之议会，乃其存以确信所故，不幸遇议会大多数之否决，唯有理义正

---

① 即各责五十大板。——译者注

然而辞职一途耳。然公于议会解散后更与新选议会一争曲直，此亦为可。见自、进两党合为一大政党，其又忽呈辞表于阙下，乃因公之胸中已无所信。其前后之举措相符，是为无憾也。此论并非全无道理，然宪政党之创纵陷政府于死地，政界之大势无待选举则可知。故公于选举前辞职，此并非必为所谓失其时机，若擅动则为政党所嫉，更有藩阀之重围，以害物视之。然其断然举荐多年政敌之隈、板二人，以启政党内阁之端，行此美举，应于宪法史上永绽其辉。应谅公之苦心，姑且莫问其时机何如也。况且纵非大势已明，假使政府于议会制一时之多数，亦未必需留任，如一九〇五年贝尔福内阁之辞职，可见其近似权策，而实为正道也。立宪大臣之进退，不应仅以常规而律，更应察当时之政局而后判，是以予以为，第三次伊藤内阁之进退，并非脱离常规之举也。第六回之解散，乃三十五年十二月第一次桂内阁所行，地租增征案为大多数所否决，政府见此形式而行也。新选议会于其委员会中，以三十一对四之大多数再否地租增征案。事已至此，政府辞职方为正理，然政府妥协于当时多数党之政友会，终将地租案撤回。此乃政府否定其之前所行解散之举，应知此仅为政府失信。思之，其无以公论决是非之勇气，徒然解散议会，此为玩弄天下公器之举。妥协于名、舍主义、抛政见，恬无所虑，欺瞒民众者也。无定见以交让，匹夫尚以为耻，堂堂政府、政党，敢行此事，终至批判不绝。第七回之解散，为三十六年十二月桂内阁所行，事起于开院式之敕语奉答文之原稿。盖自初期议会以来，仪式之表文均以敕语奉答为常例，然河野议长所撰之问纯为弹劾阁臣之奏，是以为由也。议长之举，于形式上难免非难，然议会之大势以之为代表民意者，以为无憾。然奏疏尚未上达天阁，而下解散之上命。偶逢日露战争，政府得以保其余命，不可不谓之侥幸。要而言之，日本之解散多有滥用政柄之嫌，甚以为憾，终非惯熟政机所由，为政者应以为鉴。

夫解散之权，本由节制立法府之意而生，故政府奏请此事时需存重大之由，否则阁臣应谢罪于上下。此乃本条第二项，以公示理由为阁臣之法定义务之所故也。然此亦似为政治公德之问题，详考清国情势，有此明文，百利而无一害也。盖官僚皆惯熟于独裁政治多年，若遇议会反抗，难保不立行解散。另有革命党一派盘踞于议会内外，常行激烈之反对，故若断行无意义之解散，则宪政之途堪忧。故特以此限之。

日本虽无明文，然松方内阁于第二议会解散时，开公示其奏疏之先例。立宪大臣此举无疑颇适机宜。盖由此，政府发表声明时亦须昭明其责。然此优良之先例，唯有伊藤内阁于第六议会解散之时遵袭，而后则绝，实为宪政之憾也。

第七条　皇帝因保公安、避灾厄，得于帝国议会闭会时发紧急之敕令，与法律有同一之效力。

前项之敕令，须于次期之帝国议会提出，请其承诺。在会期前废止者，不在此列。

政府提出之敕令，议会不决议或未终议而闭会或适遇解散，均照不承认办理。政府不能提出者亦然。

对于第一项之敕令，议会不承认之或应照不承认办理之时，政府须公示失其效力之旨。

［参照］《日本宪法》第八条，《普鲁士宪法》第六十三条。

凡立宪国，以法律而定其主要条规乃为本则，然若以之为不磨之原则，则难免为不知变通之识，是以须有紧急命令制度也。

以议会专掌立法之国，紧急命令之制亦与其根本主义相容。故如英国于紧迫之时，国务大臣肩负其责，断行违法律之事，是以为常。盖不外为无可奈何之穷策也。法国及比利时亦与英国执相同之制。考英王原有以其敕令规定一切之权，然随国会权力之膨胀而次第缩小。当亨利八世之时，依法律，除有关人民之生命、土地之外，皆属其敕令规定之范围，然国会于爱德华六世之时，终将之废止。裁判长爱德华·柯可爵曾奉答詹姆斯一世（一六〇三年至一六二五年）之咨询曰："王不得以敕令（Imperial Ordinance）而设新刑法。若可为之，则将可废止变更任何国法。故王仅可以敕令谕告人民守法而不犯罪，其制裁须仅依法律之规定也。另，王不得以敕令将星院（The Star Chamber）所判之犯归其管辖。"由此足知当时之国会既已握有大部之立法权。此为政府于紧急之时，无以执行变通之策所故也。

本条效日本及普鲁士之制度，君主有权行与法律有同一效力之敕令也。与英、法、比诸国虽归于同果，然于彼，此乃违法之为，于我，此反属大权之行，其根本可谓天差地别。本案同于《日本宪法》，以法令并立之主义为原则，敕令规定之范围更不似西欧诸国之狭，虽无再制紧急命令制度之必要，然若于紧迫时，从其不应无变通之策而考，故而于本条存其发令权。

所谓紧急敕令与法律同效,则不仅可废止变更既存之法律,凡法律可规之范围内任何事项,皆可立法而无限制,故紧急敕令与法律,形式各异而效力相同。然次条之命令则为形式相同而效力相异之论也。《日本宪法》第八条于本条相当,其曰:"应以敕令代法律。"《普鲁士宪法》第六十条中有曰:"无违宪法之敕令,予以法律之效力而发。"皆为异文而同意也。然日、普宪法于解释上皆有异论,而本条明言"与法律有同一效力之敕令",乃避免疑议之意也。

发布紧急敕令,(一)须出保持公安、避免灾厄之意,故以消极为之目的,而若为保全公序或增进福利之积极目的,则不得为。(二)发其令须为紧急必要之时,此为其名称由来。(三)须为议会闭会中。所谓闭会中,则为由其闭会或解散之日起,至其开会之日止。故若为其休会或停会中,亦属议会开会中,则不得发之。本令仅适用于无法等待召集议会之时也。

发布紧急敕令时,政府须将之提至下次帝国议会,请其承认。此终为敬重议会之职权所故也。故议会以其存续为必要之时应承认之,否则则应否决之。盖其存续与否皆系于此承认也。人或论,以审查发令当时之情状为目的,即使其于会期前撤废,亦应提出。此乃将发令之责任问题与其存续问题混同者也。若不具发令之条件,则政府当然应负其责,议会更应纠弹政府,无束于时机与方法之理由,是以责任问题无关于敕令之提出也。应知于会期前废止者并无提出之要。故本条第二项虽聊似多余,但从来异论不断,故特将之注明耳。

政府提出之敕令,议会未予上议,或未终议而闭会,或适遇解散,又或政府未及提出而议会解散之时,关于其承认与否岂非无疑?依日本之先例,若无承认之明示,则应于下次议会中再次提出,而本条将之视为不承认,则亦无在下次议会提出之必要。盖因紧急敕令从其性质而论,无永续之要,故议会若无决定,则不如视为不承认,乃求其便也。

议会明示不承认,或视为不承认之时,政府须即刻公布其敕令失效之旨。不承认之决议自然使其失效,此为所故也,是以不承认之直接后果,乃仅为政府应负公布其失效之责也。故而政府若不履行,则当然须负违宪之责,敕令依然保有其效,无须多言。

第八条　皇帝因执行法律，或因公安之保持、公益之增进，得自发命令，或使各衙门代发，唯不得以命令变更法律。

[参照]《日本宪法》第九条，《俄国宪法》第十一条，《普鲁士宪法》第四五条，《奥地利宪法》第四之一一条，《比利时宪法》第六七条。

行政之目的，乃维持公安、增进民祉，不应止于执行法律。百政皆多以临机裁量为要，故须事先设定律而限其活动范围。是以从其性质而言，不能如司法一般适用既存之法规而行事，而须应对百般事实，算无遗策。故本条之设定，不失为健全其机能之法。

所谓行政命令，有为执行法律而定其细节者，亦有为维持公安、增进公益而设定条规者，一般称前者为执行命令，称后者为独立命令或补充命令。称独立命令者，是因其特立于法律之外；称补充命令者，是因其以补足法律之规定为目的。行政命令由君主而发之外，亦将行此之便宜予以行政官府，故本条特此声明。

命令制定权与所谓立法权并立，其间并无优劣，此为本条之主义，与欧洲多数宪法相异。然命令无以变更法律，此乃对命令制定权之唯一限制。盖宪法乃特以规定法律之事项，若予命令以能变更法律之自由，则终有宪法纷更之虞。

于西欧诸国，命令为法律执行所故，不得因法律委任之外而发，以此为原则。然此有过度限制元首机能之嫌，与本条之主义相异。然由各国立法之趋势所征，其皆渐由委任条款（Empowering Clause）而扩张命令规定之范围，此为事实。于比利时及法兰西，仅限于承认其执行命令，普鲁士亦效仿之，然此皆同英国，由委任命令而补充法律之缺陷，如出一辙。其结果虽似与本条相同，然二者发令权之根据相异，故其范围之广狭、立法之便否，固不可同日而语。

第九条　皇帝定行政各部之官制及文武官之俸给，且任免文武官。唯有特例者，不在此例。

[参照]《日本宪法》第十条，《英国宪法》《俄国宪法》第十一、十七、十八条，《普鲁士宪法》第四十五、四十七条，《德国宪法》第十八条，《奥地利宪法》第四之二、四之三条，《比利时宪法》第二十九、六十五、六十六条，《法国宪法》第一之三条，《美国宪法》第二之一条。

定行政各部之官制及任免文武百官之权素由清朝列圣所握，本条依然保留此大权。考官制及任免权并非特立，行政常不免由立法府所干涉，是以列国原则上皆委之为国家元首专权也。裁定俸给之权亦同。然至于审判厅、督察院、审计院之组织与权限及其职员之任免，则由法律而特立，严禁命令之干涉。盖若予行政以更改组织之便宜、恣意任免职员之自由，则终至有损各项制度之根基也。

［参考］

关于官制改革

光绪皇帝于明治三十九年（光绪三十二年）九月宣预备立宪之上谕，令自官制改革着手。次而十一月，中央乃行官制改革，又继而有二、三改正。现行官制之要如下：

军机处

雍正年间，为参议军国之机密由内阁而分，临时特设此机构。应时势之必要遂及今日，现为清国最高议政府。略其职司，与我内阁等同。

内阁

所谓内阁，与立宪诸国之内阁（Cabinet）其性质全然相异。其职司所在，不过上谕谕旨之立案、上奏之检阅、御玺之保管、典礼之执行等。于清国，此虽为至高之荣官，于实则不免有徒拥虚器之感。

政务处

改革上谕中未言及其权限，此为依其旧制无疑。本处与内阁、军机处共为三大衙门，其职权置于各部之上。此为光绪二十七年（明治三十五年）由变法自强之声而催生之新组织者。略其职司，与军机处等同。

外务部

司掌外交之事。系咸丰九年（安政六年）所创总理各国事务衙门，明治三十四年改为现名。

吏部

司掌文官任免、叙勋等事。

民政部

原称巡警部者，主司警察之事。

度支部

司掌财政之事。原称户部者，与财政处并入后称为度支部。

礼部

司掌典礼之事。由太常（圣拜局）、光禄（帝室饷宴局）、鸿胪（帝室典礼局）之三寺而并。

学部

司掌教育之事。

陆军部

由兵部而改，并入练兵处、太仆寺（帝室马政局）。

海军部

暂于陆军部总理其事务。

法部

旧称刑部，专任司法之事。

农工商部

由原工部、商部并入。

邮电部

司掌轮船、铁路、电线、邮政之事。

理藩部

原称理藩院者，专管藩属地之行政。

以上之内阁、军机处、政务处及外务部均为合议组织，其他各部有尚书（大臣）一人、侍郎（次官）二人，不分满汉。

军咨府

同我参谋本部，亦暂于陆军部办理事务。

大理院

同前之大理院，其地位、职司同我大审院。

督察院

纠察行政之官，为指陈缺失、伸理冤滞之职。

资政院

本院为光绪三十三年（明治四十年）八月十三日依上谕而设。据去年清历六月十三日发布之《同院章程》，此应视为似一种之元老院。本院以博采群言为目的，欲为将来议院之基，预定本年举行选举，来年开院。议员须满三十岁以上，从左记之人中选出（参照《同院章程》第九条乃至第十四条）：

一、王公世爵（有世袭爵位者）　　定员　十人；

一、宗室觉罗（直系、旁系之皇族） 定员 五人；

一、各部院衙门官四品以下者（审判院、检察官及巡警官除外） 定
员 百人；

一、资产一百万圆以上者，有咨议局（地方议会）议员被选资格者
定员 十人；

一、各省之咨议局议员 定员 各省议员定额总数十分之一。

审计院

本院为光绪三十二年（明治三十九年）之官制改革中，同资政院一
道以期设立者，其职司为核查经费，与我会计检查院同，预计宣统七年
（明治四十八年）随会计法之实施而设。故本院自然不应与其他部院衙
门一道列记于现行官制之中，然作为前揭上谕所宣改革之一者，姑且仅
收录于此。

除上述外，翰林院（司掌修史撰文之事）、宗人府（皇室人事局）、内
务府（与我宫内省同）、太医院（侍医局）、钦天监（盖与我中央气象台相
当）等其他各衙门，于改革之上谕无所言及，可谓以旧制存续。思无列
举其详之必要，故此省略。

要之，十一月改革之主要事项为：（一）废满汉畛域。（二）各部尚书
由二人减为一人。（三）官衙之废合增设数条。想来支那历朝之官制多
继前代遗例，历朝相承而鲜有改废。彼之孔夫子之所谓"殷因于夏礼，
所损益，可知也；周因于殷礼，所损益，可知也。其或继周者，虽百世，可
知也"，实谓道破贯通古今之原则也。故欲知清之制，若不以明代之制
或更溯及千年以前，则难知其真相，亦无以知其远近由来乎，以此足知
一朝之改革实为至难。是以急剧之改革难保不反成家国动乱之因，戊
戌（明治三十一年，光绪二十四年）之政变既已证明无余。上谕有言：
"此次斟酌损益，原为立宪始基实行预备，如有未尽合宜之处，仍着体察
情形，随时修改，循序渐进，臻至至善。"不可不谓实得其当。故破坏清
国之现制度，一跃成为立宪诸国模范之望，实属易言难行之事，现犹多
存改善之余地，不惮予辈之断言。故撤废满汉畛域为其一，图以政务统
一为其二，明了责成为其三，一正宫府之别为其四，废止冗官为其五，增
加官吏俸禄为其六。此等数事于清国之现情，不应有一日之忽，假若不
染指根本，仅止于废合二三课局、减免一部官吏，几行此举亦无有改革
之实，此不待识者之论而应知也。

（一）满汉钳制之法原出自太宗皇帝之政纲，其曰："应以满人对抗汉人，以防偏重汉人之势。"迄来二百余年，作国宪而存续至今。故先于改革之上谕中曰"满汉不分"，初见虽似废弃祖训，然具以其尔后任命大官之迹而观，则依然墨守祖宗之遗法，故难不疑此是否永久存续于后。思清国之今日，实乃危急存亡之秋。当此时而尚保守如斯陋习，不仅有阻国家之进运，更难保不成国家扰乱之由。清国官民更应熟虑也（况祖宗之遗训终归不应与宪政之实施同时维持，此理参照本案第三十五条下院组织之一节中"议员选出与满汉两族之关系"）。

（二）十一月改革之意不致政务之统一，实为遗憾。有军机处，有内阁，有政务处，其地位、职权均居行政各部之首，然其掌管之事却实无大异，无碍大政之奉行。然终无至染指根基，汲汲以存旧制，未知其可也。其初议之草案为宜，改并军机处为内阁，置总理大臣而统率百官，置左右副大臣协同总理大臣，掌理庶政。不行此案，不于改革上更进一步，终止于议论而不行之，甚以为憾。军机处由来于合议之府，更是为各部尚书所组一种之内阁，则政务统一愈发困难，其难举政绩一事，已由旧例所证无余。然一念不及于此，终于模棱之间而葬，此实为一大瑕疵。或有人言，配总理大臣以左右副大臣，更有数人之军机大臣，于实际实无差异。然予仅愿不拘泥于徒有之名，于简约之组织下，举庶政统一之实也。今若依夫现行法制，一旦有需阁议之事，则先由军机处合议，此外须以军机大臣及各部尚书之联合会议中议之，依其事宜，更必须经由政务处之议。然若将三大衙门合一，由各部尚书组为内阁，则不仅无如斯之烦累，政务自得统一，且责成明白，应无推让之途，其利害不可同日而论。前官制改革委员之总核大臣之奏议中有曰："行政之事，则专属之内阁各部大臣，内阁有总理大臣，各部尚书亦为内阁政务大臣。故分之为各部，合之皆为政府，而情无隔阂；入则参阁议，出则各治部务，而事可贯通。如是则中央集权之势成，政策统一之效著。"甚以为善。然三大衙门依然存续，终须有一大改革，无待言矣。

（三）明宫府之域乃近世政府组织之原则。盖若两者混同，则不仅不为责任政治之观念相容，往往有集众怨于皇室之虞。彼之于立宪诸国，有皇族多入军籍之例，终实由此情而出。今之清国，中外多事，举皇室之俊才而立政府自当为先，以更因袭之旧俗，共宪政施行之大宜。盖此乃皇宝永为国民钦仰源泉之途也。

皇室之典礼由内廷诸官司掌，嘉礼、祭祀归其专管，各外藩之朝贡、使节之接待及外国使臣之谒见等事务，随时与理藩院或外务部交涉，主由宫廷掌管。故而如前，固无政务大臣所管之要，更有政府干涉内廷之虞。现存之礼部于今全废，应仅由内廷一局掌理。

清室现时之内廷组织甚为繁缛，故扩张内务府（与我宫内省类似），并入前示之礼部。除此之外，王府（司掌有关皇子之事务）、宗人府（皇室人事局）、太医院（侍医局），亦应与之合并，为其所管。钦天监（同我中央气象台）隶属于新之邮电部或农工商部，翰林院（司掌修史撰文之事）全废，其一部归于内务府，其他一部与内阁合并，应各由一局掌之足矣。盖此等事由无置独立部门之要，依之则宫府之别得判，自为治道。此岂仅有淘汰冗员、节减冗费之利乎。

（四）十一月改革，勤于官府改废及官吏减免之迹足多。财政处并入户部而为度支部，兵部、练兵处、太仆寺合并而置陆军部，并三寺于礼部，商、工二部合一等不失为适宜之善举，然尚应改正之处不止二三。即吏部无独为一省之要，此其一也。盖官吏之任免晋升或其叙勋授爵，从性质上依各部院尚书之意见应经阁议，由首班大臣上奏，请奏裁可，不仅无特置政务大臣为主管之要，反有百弊簇省之虞，宜以全废，由军机处一局课之。各部侍郎减至一员，此为其二也。盖置左右侍郎，乃基于满汉钳制之意，然如此则遗日后之祸根已经前论，况此有互相挤陷、政务滥滞之弊，现情征之无余。军机处及外务部之组织改善，亦不失为其一也。盖既已存各政务大臣合会之法，则无各部再以合议为制之必要，事理明了。有特殊如涉外事件，由其性质多须经阁议，其主管衙门为单独官府，则不失为简捷明责之法。

（五）司法机关之改善，一为立宪之预备，一为对外成约之关系，则早晚应行，无待言矣。而先改刑部为法部，总理司法行政，改大理寺为大理院，专掌审判之事，此为甚可。若至夫审判厅之构成及管辖，于本案第七章更作详论。

（六）增加俸给，保持官吏之威信，不失为今之急务。想来清国官吏之俸禄菲薄，尚不能偿衣食之费用，然上下均无自觉，尚墨守旧制而无改，皆以国帑而流用私费，多默许而不咎，可谓甚奇。此乃国库收支暧昧所由，亦为古来收贿之弊难绝之本。故于今责官吏之清廉，可谓苛刻，故增加其俸禄，无疑可助其振肃官纪。叙述至此，尚应一察其与财政之关系,然事涉繁杂,今姑且略之。

第十条　皇帝统帅陆海军,且定其编制及常备兵额。

[参照]《日本宪法》第十一、十二条,《英国宪法》,《俄国宪法》第十四、五十四、五十五条,《普鲁士宪法》第三十五、三十六条,《德国宪法》第五、五十九至六十五条,《比利时宪法》第六十八条,《法国宪法》第一之三条,《美国宪法》第一之八、二之二条。

清国之制,军权虽属皇帝大权,然不过法理之论。盖兵权下移已久,君主无有统帅之实,政府不存司令之权也。考清之兵权原由皇帝所握,然嘉庆年间有白莲教之乱,因依民团助力,稍有削平,渐启下移之端。而后咸丰至同治,起发匪之大乱,终至举兵柄以委督抚,此乃今日疆臣各拥兵马,宛然联邦王国之观所故也。察今立宪国家之制,兵马之权总揽于中央,未曾有见执分权之制者。盖放任其由地方各部节制,则不仅将至国家防备之用而废,终将有阻碍国家统一之虞。因而清国宜以此情形为鉴,应削去督抚兵权,甄别文武,军队统帅之权由皇帝亲揽,其治务由中央政府主管。或有人言,兵柄下移乃为自然之趋势,今特将之集于中央,又当以地方之纷扰何如?然军权之统一乃定国家万年之基,不应顾虑局部之动乱也,况今若徒守现制之念,则终失回收之机。数年前,有如前直隶总督袁氏之例,奉还兵权之一部,统一之业并非至难。本条由此情理而推,是特以军权归于皇上也。

大凡军备,乃维持国家独立之体面所要,故其诸般费用须有一定保障,不容议会漫然之涉,无疑为最宜之措。盖国防之计划,从其性质而言,难于期年之间有成,若有轻易变更之自由,则不仅军备之充实终至无期,亦有于国家经济酿成巨损之虞。此乃本条特规军制之意也(参照本案第六条)。考欧洲诸国,概非先有军备而定预算,乃仅依预算而存军备之观也。依英国一六八九年之《权利宣言》(Declaration of Right),无议会之诺而设常备军则断为非法,故至今日二百年有余,未曾更其主义。于大陆诸国,亦以之为鉴,屡有压制兵力之事迹,行依预算之议定而将其限制之主义,见以议会之力而削军队势力之倾向。然今国际情势,不容军备有一日之废弛,无关条规惯例,经费供给不应有怠。然此须基于实际之必要,而至政局之变,议会之态则难推之。故而相比本案所执之主义,应知国家元首之权力强弱,绝不可同日而论。若欲国家之基址永固，则不可采欧洲之主义，应无待于此详论。

第十一条　皇帝宣战讲和，缔结条约，且命其执行。

［参照］《日本宪法》第十三条，《英国宪法》《俄国宪法》第十二、十三条，《普鲁士宪法》第四十八条，《德国宪法》第十一条，《奥地利宪法》第四之五、四之六条，《比利时宪法》第六十八条，《法国宪法》第三之八条，《美国宪法》第一之八、二之二条。

皇帝对外有代表国家之地位，保留外交之大权原属自然之理数，然从立法之例，有属元首专权与以议会干预为要者之两大不同。执第一之主义者，有日、英、俄之数国，普、德、奥、比、法、美、意、西、葡、丹等诸国则执第二之主义。本条以国情与外交之性质为鉴，采第一之主义也。

德意志帝国宪法中，以宣战须经联邦议会之议为要项，美宪法亦将之委予与议会专权，此为国情所然，亦不无过度限制元首权力之嫌。盖此有延误军机之虞，依诸般状况，舆论之归属可得推断，更无需以咨公议也。于德意志帝国宪法中，将外寇之事除外，此岂非立法者稚气未脱之举。法虽与德、美执同一主义，然法于一八七九年断将其废弃，可足知法人立法之视略高于彼等也。应知此为本条于大权之行，无设任何限制之所故也。

以议会之干预为条约成立之要件，此主义并非不可，然缔约从其性质，多为机密之要，且须敏捷之断，故以咨群议，未得其可也，此为本案特将之委与元首专权之所故也。故而君主于缔结条约时，无需事先得议会之协赞，事后亦无需得其承认，若为国际法上有效之条约，则于宪法上亦须有效而立，此异于欧美多数之立法。但条约执行需要一定之国帑，若得有新法改废，须经议会之协赞，无待言矣。盖议定预算、协赞立法乃属议会之职，为行外交大权，无有限制之由也。

条约之公布，乃公告既存之事实者也，由之则生国民无法于国法上否认其存在之效，此乃条约公布之唯一效力也。然或有学者以为，条约于其公布之时，则方生法规之质，且有废止变更法律之效，此不免为谬见。盖条约非为法规，由其公布而无性质大变之理，此理恰同预算由其公布而本质不渝也，此不难由常识推知也。况至由之，则有更废法律效，终难寻其据也。

为执行条约而须制定或改废法律时，须经议会协赞，此点不容有疑,是以君主仅有命令条约执行之权,而无为之废止、变更法律之权。然或有学者以此为不当而限君主之大权者,作此解说,不知其意也。盖外交大权与议会职权并立,互不相干,彼为遗忘此点者。若从夫论者之说,条约之果倘有增税之必要,亦无须经由议会协赞,由条约公布则自生改废法律之效,故将呈国民不依法律而负增税义务之奇观,议会职权终至因外交大权而自由伸缩。凡法律须依法律废止变更,此乃普遍之原则,然论者以无法规性质之区区条约而得以改废,应知其为不通之论也。

条约履行所伴之预算案或法律案为议会否决时,君主则无法履行条约之义务,当然不得不负因之所生国际法之责任也。盖君主立于实难履行之地位,若不以议会之协赞为停止条件,则难免其责。议者或曰:国际法上有效成立之条约,于国法则非为必行之事。条约之成立与执行,乃分属分别之关系,条约成立则未必立断其执行。又有曰:国家之意有一无二,国际法上有效之意于国法亦应为有效。故若有效成立之条约而不得执行者,则不仅为意旨之矛盾,更不得承认同时有存二者以上之意旨。然国家之意于法理上,不仅无必须单一之由,同时存有二者以上之意,更无足为怪。盖国家机关于其各自权限内所表明之意旨,皆为有效,则不难推知同时有二者以上之意成立。如对于一起诉讼事件,有二裁判所之判决并立,是为一例。君主与议会各持异见亦然。故若勉强维持本论,则凡由外交权附带、牵连之一切预算、立法,议会不得干涉乎? 岂非将至协赞之自由常因之而废耶? 此论不得法意也,况本论终归混同条约之成立与执行之法理者也。

第十二条　皇帝宣告戒严。

关于戒严之事项以法律定之。

[参照]《日本宪法》第十四条,《俄国宪法》第十五、四十一条,《德国宪法》第六十八条。

所谓戒严,乃于战时或事变之际为警戒特定区域停止常法,将司法及警察权之一部或全部移至军司令权处者也。于非常之时,不容拘于常法,因事实上多无法执行,故须于平时预先规定处分之法,其宣告时期、形式及效力,须均由法律定之。此与立法之例一致,不外出于事态重大之故也。

第十三条　皇帝授予爵位、勋章及一切之荣典。

[参照]《日本宪法》第十五条,《英国宪法》《俄国宪法》第十九条,《普鲁士宪法》第五十条,《奥地利宪法》第四之四条,《比利时宪法》第七十五、七十六条。

赏典文武功臣,表彰善行美举,此"荣誉之源泉"(Fountain of Honour),归君主之专权,乃古今东西一致之法则。盖此无非为随其地位之自然要求而定其品级、裁其礼遇之方法,程度皆任至尊独裁,应不容一切其他干涉。

第十四条　皇帝命大赦、特赦、减刑及复权。

[参照]《日本宪法》第十六条,《英国宪法》《俄国宪法》第二十三条,《普鲁士宪法》第四十九条,《奥地利宪法》第三之十三条,《比利时宪法》第七十三条,《法国宪法》第一之三条,《美国宪法》第二之二条。

周密之立法,并非必须知悉社会百般之人事。司法官虽倾注心血而释法令,然亦难保无有万一之过失。本条所定赦免大权,即由此情理而推,不外欲以之补充立法之缺漏,维持审判之公正也。然将之作大权而为留保,实因君主乃"正道之源泉"(Fountain of Justice),为国民所钦仰也。

大赦乃为对特种之犯罪加以赦免者,特赦乃为对特定之犯人免除其刑者,减刑乃为减免既定之刑者,复权乃为回复被剥夺之公权者也。然大赦之法制有二,一为无论裁判确定之前后者,二仅为宣布刑罚之后者。行第一种制度时,若为裁判确定之前,则有放弃公诉权并刑罚执行权之效。行第二种制度时,仅为放弃刑罚执行之权,其异于此。其利害难断,采第一种之法制应为便利。

对由议会弹劾之国务大臣职务犯罪之赦免,与一般犯罪其趣相异,故不能不无另外之规定。于英国,虽对普通犯罪执行前述第一种之法制,然由议院弹劾之犯罪,审理中不得赦免,而因被告亦不得为君主所赦,亦不得拒绝公诉。考一六七九年丹比伯爵弹劾事件审理中,伯爵已得君主特赦之旨,以之抗辩,其诉终弃,实不外其故。其后依威廉三世即位第十二年及第十三年之王位继承条例规定,即使提出特赦状,亦不能为拒绝弹劾事件公诉之由,迩来赦免大权仅用于裁判确定之后而行也。又于普鲁士,唯议院弹劾上奏之时国王不得赦免。于法国,特赦属总统专权,故无关犯罪之性质如何虽可自由行之,然大赦应依法律行之。另,美国总统仅对一般犯罪有赦免权,由弹劾所得大臣之犯罪,以其职权无奈其何。然本条并无移植所谓弹劾制度(Impeachment),并无特有与赦免权关系之规定。其理依有关大臣责任之本案第五十一条说明之。

第十五条　皇帝定币制,且命其通用。

币制之改正,经帝国议会之协赞而行之。

[参照]《英国宪法》《俄国宪法》第十六条,《普鲁士宪法》第五十条,《德国宪法》第四条,《奥地利宪法》第四之七条,《比利时宪法》第七十四条。

币制之良否,左右财界之盛衰,更甚关乎国家之隆替,古今多存实例。故币制应随时运常改善而不息。然纵使慎重熟议,亦不可期遗算无余,是以币制权虽归元首,尚须以议会之干预为必要也。

俄、普、德、奥等宪法虽存币制相关之规定,而《日本宪法》则无任何明言。《宪法义解》有曰:"宪法所揭,乃举其大纲,又为罗列其节中要项者,仅示其标准耳,故如铸币之权、度量之权,不及分别详述,故而略之,即不含其之故也。"(三十页)于《日本宪法》,天皇为统治权之总揽者,故但无明文以之为议会其他之职权所属,则均归君主之大权,此为推定当然之结论,《宪法义解》之注明盖为正当无疑。故本案于解释上亦与《日本宪法》同归,然本条立案谓之如何? 曰:不外币制之现情,尤有言明之要也。

注

清国素来无一定之法币,故价格之标准混乱。至于支付之具,现有各种之马蹄银、弗银,小银货,当十铜货,当五铜货,铜钱,两,弗之兑换券,铜货、铜钱之钱票,钱庄发行之庄票。而硬货因其重量纯分而异,又有银、铜货之比价,多虽依习惯支配,主要依地金相互之市价而定,不常变动。故公私日常之不便,盖应远超吾人之想象。故币制统一属清国积年之宿题,先有上谕之焕发,有委员之任命,又于上海、香港、天津等各商业会议所之联合决议,有总税务司罗伯特·哈特氏之提议,有美国外汇调查委员会之提案,有王公大臣之奏请,有银货之试铸,焦灼多年,终于去岁十月上谕复公布采用银本位之旨,于此则至划一新纪元也。察世界金融市场之大势而断,应采金本位制尚为可也,然由清国之现情推之,终为能言而不可行之事也,故政府先采银本位制,整备币制有果后,则徐移至金本位制。执此政策,恐中外识者不吝赞同之所也。而据上谕,以库平银一两为单位,另铸造库平五钱、一钱及五分之小银货为辅助通货,预定标准通货及五钱银货皆为九十八分纯,一钱及五分银货为八十八分纯。不以素来于开港之所流通最多之墨西哥弗,即当库平银七钱二分之圆银为本位,而采用库平银两,主因其作为征税之标准,其通用范围较为广泛者也。

清之币制改革原属对日、英、美诸国条约上之义务,而今观其本位之确定,盖为中外之幸也(据最近之北京情报,依度支部之奏请,有变标准通货为弗银之议,现于政务处之下再审,既定计划恐终又变更)。然本位之决定仅为改革之第一步,至于随之百般机构均于经济财政上有重大问题,故难解决。若举一例,则为中央政府回收铸币权一事,实属至难之业。盖现今各省以铸币所获之利为重要财源,以此策可补填由其而生缺陷焉?若夫依然存续现制,则改革终归空名,无待识者之论。思及币制所伴之官海几多情弊,改革之前途,终不可乐观也。

第二章 摄政

依清朝之摄政制度,起源于顺治时代之郑亲王、睿亲王之辅政,而现代摄政王之名,不外袭用睿亲王之先例。盖顺治以降,康熙帝之御代有辅政大臣,同治帝之治世有议政王,未曾有存摄政王之名分所故也。然其地位、权限,前后大异,不得拘泥其名分,与立宪国之摄政制度同视之,无待论矣。今上既已承先帝之遗旨,宣立宪鸿业之大成,故后日钦定宪法之时,摄政之地位、权限,由今立宪诸国之轨,不难推知,是以本章特以立宪国之条规惯例为鉴,又参酌清室之事例,以此昭明也。

第十六条 摄政以皇帝之名义行统治权。

[参照]《日本宪法》第十七条,《普鲁士宪法》第五十八条。

考统治大权为皇上固有乃清朝历世不变之原则,虽系万机摄政之独裁,然大权依然归属至尊之握,摄政不过以天子之名而摄行也,而虽行其统治权,若无代理皇帝之义,则无有执行之权限也。故摄政仅为与君主间生有委任代理之关系,而非为补充君主之能力所生事实关系。不可不知宪法上未尝有独立君主之外之国家机构也,故以摄政为与君主合而行大权之说,乃可谓无视摄政特立之地位职论也。而今虽不无以摄政与太傅以辅佐者同视之明文与学说，然以之为私制之见不存，应无待特言。

　　凡国家政务，由摄政总秉，此由正条所明晰有余。考清国现今摄政王之地位、权限，其就任翌日，即光绪三十四年（明治四十一年）十月二十一日附有上谕，曰："着摄政王载沣为监国，所有军国政事，悉秉承予（光绪皇帝）之训示，裁度施行。"由此可证，不过与本条趣旨同归耳，亦与立宪诸国之摄政，其地位、权限可谓相同。

　　注

　　于光绪三十四年（明治四十一年）十一月二十日公布之清国摄政格式权限令，不免为杜撰之议。盖摄政之地位、权限已于上谕昭明，虽不须特以画蛇添足，既已立法，最先之声明乃为至当之顺序。然止于第二条得以推测一斑，不仅有失立言之体裁，更有于第五条规定军权之事者，不能解其意也。立法者于第二条中既定其地位、权限，则第五条应当然归为无用，否则第二条则单为规定诏旨颁布之形式，于别条中仅规定军权，不知其意。或有论，军权回收之一念，无疑终不及此，然此事原不应依该条之存否而决，无待言矣，不惮终有辨别事体之举措也。如夫同令编成之序次纷乱，毫无规律以存，今应无须于此细评也。

　　摄政之权，广大无穷，难保不生大弊，各国宪法莫不将其制约。日本、荷兰、比利时及卢森堡之宪法，禁其任中于宪法有任何之变更。又于德意志诸邦之宪法中，有限特定事项将其禁止者，有付与条件而许其变更宪法者，有局限其变更之效力者之数种。有不允其他《皇室典范》之变更者（日本），有仅不允皇位继承顺序之变更者（英吉利），有对任免大官设其限制者（瑞典、巴威仑、瓦天堡）等等，各国之条规惯例各不相同。本条以摄政之地位为鉴，无加一切之限制。盖凡摄政，皆由君主之最亲近之人任之，乃为恒例，故可断言其在任中，不图于帝室之不利，又不阻国家之进运。又于摄政，若无尊奉宪法之诚意者，无论设何严格限制，亦终属空文，此甚明了，故于立法上不作器械之限，此亦为可。况宪章改废为时世进转所伴，以之为摄政在任中之故而拒否一切者，应不免徒为固执之见也。

　　垂帘听政之事，散见于东西之史，虽非为清国特有之事，然同治以降，三代皆相继存有类似之实，亦可谓一奇观也。光绪三十四年（明治四十一年）十月二十一日之上谕有曰："军国政事，均由摄政王裁定，遇有重大事件，有必须请皇太后懿旨者，由摄政王随时面请施行。"由是观之，现摄政王无疑乃于皇太后（光绪皇后）训政之下。考现代之训政，由来于支那固有之家族观念、相保之精神，并非以限制摄政王之权限为目的也。盖以《摄政格式权限令》之规定为鉴。上谕又曰："着摄政王载沣为监国，所有军国政事，悉秉承予（光绪皇帝）之训示，裁度施行。"又曰："嗣后军国政事，均由摄政王裁定。"由之所证，百政悉由摄政王裁定，此为原则。故摄政王于重大事件，无论是否奉有太后之懿旨，既以谕旨公布施行适当之法，其于国法，效力应无损益。事件之轻重，放任摄政王之判断，由之解释，训政于摄政王终不过为内训，可谓无涉外部。应知皇太后非为与摄政王对抗之特立国家机关也，否则，对事件性质之判决权所在难不生疑。若以太后之懿旨为效力发生之条件，则官民终不知其所归也。或依《摄政格式权限令》第九条，具以摄政王之署名领章及军机大臣之副署，则其效力无碍，然既无故，则必然生疑，况若采此解释，则有既已摄政而不识其摄政之果，此终之无视摄政监国之名实也。

注之一

训政政治滥觞于乾隆帝之治世。盖帝在位，六十年之久，让位于嘉庆帝，自称太上皇，垂而训政，此为由来也。于我国中古，法皇之院政与其轨同一。而太后垂帘之仪，属同治以降之实。咸丰皇帝驾崩于热河，同治帝七岁践祚，于此圣母慈禧皇太后（西太后）、母后慈安皇太后（东太后）并立，总秉庶政，此为皇太后训政之权舆也。同治十二年，帝已十八岁而观政，翌年驾崩，光绪帝仅四岁而继大统。十二年帝十六岁之时，虽有归皇帝亲政之懿旨，然至十五年帝十九岁时，方初有还政之事，盖为从前代之遗制，又与各国之宪例相同。遇有戊戌（光绪二十四年，明治三十一年）之政变，清历八月六日又复有西后垂帘之上谕，至其殂落，期间十又一年间，终无还政之事。故光绪帝之亲政期间仅不过十年，然止空名耳。是以西太后可谓于同治以降，前后四十余年间可谓握有统治之实权也。

注之二

训政乃依太上皇或皇太后所行者，如前既述。然其一为主权者退隐之后，其二仅不过为事实之关系，故彼此之撰可谓相异。盖乾隆让位后之训政，于理则视为为自行保留主权之一部，而至于太后垂帘，则于国法上无任何之根据，断不外为恣意行其威权耳。西太后于同治年间之秉政，原由先帝之遗旨而起，乃史籍之传，亦以上谕为证。当时以幼主之名所颁之上谕曰："我朝尚无皇太后垂帘之仪，朕受皇考大行皇帝托付之重,惟以国计民生为念,岂能拘守常例,此所谓事贵从权。"不过可视为假托之言,国法上无以评之,光绪初期之训政亦可同此论也。至夫戊戌变后之训政,乃最为吾人之记忆犹新,于今则无须究明上谕之存否也。要之,前两代之太后训政均非基于法理上之正权原,故应知此与现代之训政性质相异。

议者或曰:前两代之训政均系先帝托付,其权力来源不存有疑。然所谓托付,除仅有之上谕所证外,为之奈何。又有曰:训政本依皇帝之恳愿,割让主权之一部与太后者也。然所谓恳愿仅不过假装,固不足为凭,太后既常总秉百政,论者之说难以承认。或又有曰:戊戌之变后,西太后之地位已为既成事实,不妨视为摄政。然所谓既成事实,不仅不存当然容许之理义,如清廷之国情,以大宪为其成法,应以否之。难保或有以近年之成例无依会典之规定而抗辩者,然彼此事体相异,反对之说终难认之,况公文书上并无足以确认西太后之地位者也。

按清廷之惯例,凡对外公文皆以皇帝之御名,不仅未曾有以太后之懿旨而宣者,更无有以太后之御名副署之事。此乃论者之所谓摄政不存之一证,莫非此欤?按摄政在任中,公文无论对内对外,当应有署名之资格,可谓得法理之神髓。盖理论上虽缺君主之御名,摄政之署名必应存置。素来于对外关系,仅以君主之御名与摄政之联署,此非为国际法之所问,故以清国从来之惯例,不应以之为直接否认西太后地位之材料,若公文书上,摄政之名分不与君主同视,则反可谓否认清国摄政之存在者也。然与上谕相异,每特记奉以太后之懿旨,此不仅为表敬之辞令,乃太后为摄政之所故也。盖皇帝之玉体既无恙,则太后之摄政资格应奉谕旨,然事实全然相反,难为理义所容。况若太后强以摄政,则终至于君主之外又再设君主以上之国家机关也。

注之三

太上皇之训政,将来必以否认,本条素来无有规定,故无须特以究明其性质,今于此暂避详论。但若否之,则为无视崇尚祖训之清国惯习,然一旦让位,随之而生之弊害可以想列,应无盲从先例之道也。

清国《摄政格式权限令》之第九条中所定,凡谕旨由摄政王署名领章后,军机大臣副署之,奉皇太后之懿旨者,亦遵此则。日本摄政令第三条中,亦须摄政之署名,皆可谓为至当之立法。盖摄政在任中,示其名分乃属法理必然之要求。叙述至此,应有一言,清国之上谕乃为形式,即于太后训政之时,依同治以来之惯例,上谕开头为"朕钦奉何某皇太后懿旨"。此固由支那之孝事主义而起,不过表敬之辞令,于法理上无任何价值也。但至现代之事例,仅能推知,摄政王乃遵先帝之遗旨之事实也。故凡谕旨,具有摄政之署名领章与大臣之副署,则于其效力毫无所缺,故应知理论上,其一句懿旨奉体之有无,并非必要。

第十七条　摄政施行统治权,不任其责。

考摄政隶属君主,固存不可侵之理义。故若摄政违反国宪之时,自应对君主负责,无待言矣。然以情理考之,摄政在任中,于理皇帝固不能亲问其责,弹劾机关对其之纠弹,于事实上亦难以执行,故声明其之无责,不失为保持摄政威严之一法。是以本条虽于立法不多存类例,然仍特以保明之所故也(现行宪法中有声明摄政之无责任者,仅有《葡萄牙宪法》第九十七条及《德意志萨克森·科堡·哥达宪法》第二十一条)。

若本条中规定大权摄行之责,则又何为? 及刑法之责不仅由冒渎摄政懿德之嫌,若将来不幸于家国酿不祥之事,可委其自裁,亦或依皇族会议之评定而临机处置,并非不可耳。

注

明治四十二年二月十一日公布之日本摄政令第四条有曰:"摄政于其任间,不受刑事之诉",予难不能聊以本令之立案者为憾。盖若不定摄政令则已,若特须以之立法,为何不言及大权摄行所伴之责耶? 立案者或以为此规定无须以存,然凡摄政之行,横贯政法两面,若无无责任之规定,则不仅应当对君主负责,而终不能特立于议会百议之外,理义明晰。况仅限其任期中不予诉讼,难免有辱摄政者之人格之嫌。假若有发不祥之大事,不仅无处置之法,万一之时,本条之保明反生害果,应无待识者之论而知也。观往来摄政责任之规,其有无非为帝国之国体之必要,此虽属予之确信,然终不掩本令之不备,犹如其第四条,乃于情理具无用之规定,敢不豫而断言也。

本条规定之实益,乃特立摄政于弹劾机关之外一点也。尤随议会次数之增,本条之效用则自将发挥。

第十八条　关于摄政进退之事项,以《皇室大典》定之。

[参照]《日本宪法》第十七条,《普鲁士宪法》第五十六、五十七条。

清廷虽先规定摄政之格式权限之一斑,然此本为应当前急务之立法,故其不备虽不足为怪,应先于他日宪法施行之机,宜参稽古今中外之事例,定其大纲于宪法,规其细节于《皇室大典》,以之为永世典范也。而分别规定,宜得省略,非意之外。

凡摄政者,乃因君主年幼,或其玉体有恙而置之,此点各国之成例,皆出一辙。然于其就任,有预先定其资格及次序者(日本),有于特定场合由两院合议选定者(普鲁士),又有随时委以议会之评定者(英吉利)等等,虽有诸般惯例,然采用日本之法例应最为适当欤。盖摄政之进退,不应漫容臣下之言议也。

清国《摄政格式权限令》第十五条有定,皇帝举行大婚后,纵无待臣工集议而定亲裁大政之期,亦可以此为时期之确定也。盖于实际,不仅可想以之收拢正议之难,更有还政时期不定之虞,况该条固有私议帝室大事之嫌也。

清室素来未有皇帝成年之条规,故难免国宪之不备。同治帝至十八岁而亲政,光绪帝至十九岁而总揽万机。而以列国多数成规为鉴,又考如上之先例,满十八岁而为皇上之成年,应为恰当之见,天子之资性、教养,自不应与凡人一律论之也。皇上之成年已定,则应知其亲政之期也。此应能补正现法之不备,并有助大弊之预防也。

第三章　臣民权义

考明定民权于大典,应以一二一五年之英国《大宪章》(Magna Carta)为嚆矢。而一般立法之典范,乃推一七七六年之美国弗吉尼亚州之宪法,次之则为同年美国之《独立宣言》、一七八七年美国之宪法制定也、两年后之法国《人权宣言》。复又两年后同国之第一宪法成,依成法而保障民权者终至恒例。

民权思想之始,乃以英人固有之资性为胚,七百年前既已为《大宪章》(Magna Carta)所宣,一六二八年之《权利请愿》(Petition of Right)、一六八九年之《权利典章》(Bill of Rights)之制定所证,不难窥其一斑。而以美国之《独立宣言》、法国之《人权宣言》为始,近世各国之宪法,莫不多少渊源于此三大典章。即一七九一年九月三日之法国第一宪法中列举民权者,乃以一七八九年八月二十六日同国之《人权宣言》为本源,《人权宣言》乃以一七七六年之美国弗吉尼亚州宪法为根据,美国之《权力宣言》乃由英国渡来之移民为之。以此察之,人权之观念、民权之思想,非出自法人先天之资性,亦非法国革命之产物,应知其实乃以英人固有之思想为胚者也。然英国之典章皆止于由惯习上既成之权利所编，于美、法承认天赋固有之权利，声明其为立法之抽象原则，终为各自国情与时代思潮使然，皆确认民权，以至永成增进众庶福祉之基，此乃于立法史上须特笔以注之事迹也。

本章之规定属于所谓立法事项，故于命令规定范围之外。或有学者曰：此仅为保障臣民之权利，而无限制君主之命令权之趣旨，故以命令而规定之亦无妨。如此，则本章之规定将悉至无用也。盖宪法特以臣民权义之设定及得失委予议会之议，乃其法意及其沿革之由，考之则终不应有如斯之断，事理明白，故本章列记之事项，乃依法律，或有法律授权之外者，则以命令定之，无待多言。

或有曰：臣民之权利依法令之规定，故无须于宪章揭之。此论只知其一不知其二。盖所谓法令之规定，乃以宪法为原本，而臣民权义之基本，不为行政权威漫然而动之事，乃本章设定之本义也，亦不失为立宪硕果之一也。若从夫论者之说，则法令之领域混沌无别，宪法亦无须将之分别，故臣民之权义由行政府之好恶而自由伸缩，得此结果，则立宪终至空名也。则本章之规定并非徒为宪法外观之饰，而应知其为永固立宪基础之途也。

于清国之例，称臣者仅为在官之汉人，满人以奴才之称为常。故本章之题冠以"臣民"二字，聊似与现情不符，然今姑且从一般君主国之用例耳。

第十九条　清国臣民对于国籍之得丧，以法律定之。

[参照]《日本宪法》第十八条，《俄国宪法》第二十七条，《普鲁士宪法》第三条，《德意志宪法》第三条，《奥地利宪法》第一之一条，《比利时宪法》第四、五条。

国籍乃国民之身份，盖为公私权义得丧之原由也。其细节由法律以定，乃立法例之恒常。

归化之人不与生来之国民有同一公权，此亦为立法例所归一者。于英国，归化人不得为国会议员，此乃一六〇六年以来之惯例，而后威廉三世即位十二年及十三年之敕令，更复有同一限制之规定。于日本亦然。然此皆经过一定之年限后，则解除其限制。而设其不得就任其他国务大臣、枢密顾问、陆海军将官等职之规定，概为有疑归化人之忠诚所故也。而至夫私权，内外人皆均等享之乃为近来之原则，故对归化人无任何限制，可谓自然之事理。

第二十条　清国臣民照法律之所定,有服兵役之义务。

[参照]《日本宪法》第二十条,《俄国宪法》第二十八条,《普鲁士宪法》第三十四条,《德意志宪法》第五十七、五十九、六十条。

兵役与纳税皆为臣民奉公之最先义务,为国家之生存不可或缺者也。特以揭之,乃慎重之意之所故也。

征兵之法,各国不一,概有强征之主义者,及任意、强制并行者之二大差别。前者即所谓国民皆兵主义,达一定之年龄者,无论何人,皆负兵役之义务,此为本则,现为日、德、普、法、俄诸国所采用。后者为英、美之主义,仅限战时采强制征募之法,平时则以佣兵为原则。而清国现时之法,征一定之壮丁服三年之役务。该法现虽试行于国内之一部,然章程中有"但地方风气未开,不尚强迫,不愿当兵者,概从其便"之条,由此而见,不可谓四民皆兵之主义。由诸般情形推断,莫如说更近于佣兵制。后日应改为强征制度为要,无待多言。

第二十一条　清国臣民照法律之所定,有纳税之义务。

[参照]《日本宪法》第二十一条,《英国宪法》《俄国宪法》第二十九条,《德意志宪法》第五十八条。

国家所要之经费由国民分担,此为当然之事理,无待宪法之规定而既应知也。盖国家必需一定之经费,正如吾人不可缺日常衣食薪炭之资材,故而国家以纳税为强制,乃其自立之第一步,无须征询国民意思之何如。应知此非为缴纳对其保护之报偿,亦非为提供保险之料金者。

往昔之国费以王室财产支出,此为原则,而其不足由献金、纳贡补之,至以四民均等负以纳税义务,乃属近一百年来之事实。而其最初,金品征收之多寡由君主、有司之爱憎而定,有对一部种族特免租税之制,有没收资财之法,其不平之负担,言之不尽。是以生民常不能安其业,空嗟怨而屈从数百年。及至欧洲大地之大反,方确定凡租税征收乃须国民之诺,且纳税为四民平等之义务之二大原则,此现为立宪诸国财政之金科铁律。今日无人不依法律而担纳税之义务,终不外其余庆也。

支那之税制由来颇古,周代已有课税之事,至汉唐更似巨细。而古来以田租为主要岁入,现时有课、赋、役各种租税,其负担不仅不公,又难有纳税确定之保障,国民陷于不安之态,此乃不掩之事实。故于宪法实施前,预先改良税制,乃一扫租税征收积弊之途,本条之保障终不归至空文也。若夫税制之现在将来,于本案第六十一条更以详述。

第二十二条　清国臣民照法律之所定,均得任文武官之职,并得附一切之公务。

[参照]《日本宪法》第十九条,《英国宪法》《普鲁士宪法》第四条,《奥地利宪法》第一之三条,《比利时宪法》第六条。

昔者,无论于何国,就官之公职者仅归特殊门阀专有,存有其职世袭之制。如斯,则不仅难荐材能,难保不有委大政以愚忠之虞。欧洲曾确认法律之前人人同等之原则,一洗公职袭断之弊。日本之维新改革之时已执同一主义,而至宪法亦特以明之者,实可谓为随时代之要求而成当然之举措。于清国,祖宗以来满汉各任官等级相差,且存其职世袭之制,于今应以打破,朝廷亦认其弊,虽以此意撤废两域,尚墨守旧制,其迹难蔽。本条之设定不应徒效外国之法,清国之现情难脱此陋习,终将致使将来之光明无望也。

第二十三条　清国臣民于法令之范围内,不论种族身份之异同,有婚姻之自由。

[参照]《普鲁士宪法》第十九条,《奥地利宪法》第一之十九条。

清国之法原不许满汉之通婚,近年之上谕奖励两族之联婚者,盖为时势使然欤。然考清国之现情、融合满汉之反感,不应以急。欲融合两族,则不如许其通婚。幸而其两者精神上之一致,而至显于事实,乃由国运发展,无人有疑。毕竟事属久远,难期年而收效,是以为憾。但想百年之后,本条之设定断非无用也。

第二十四条　除法律之规定外,清国臣民未经承诺,住所不得为人侵入或搜索。

[参照]《日本宪法》第二十五条,《英国宪法》《俄国宪法》第三十三条,《普鲁士宪法》第六条,《奥地利宪法》第一之九条,《比利时宪法》第十条,《美国宪法》修正第三、四条。

　　查塔姆伯爵曾于《权利》(Right)之一节中有曰："如朽废之茅屋虽可遭风雨之袭,然纵英王亦不许无故而侵也。"夫尊崇家宅之权,非仅为英人,更乃西人一般之观念也。实于罗马及日耳曼之古法,入侵家宅视作犯罪,有予以保护之事,所证明晰。于西人一般有"人之家宅即其城邦(Man's house is his own castle)"之信,而至法兰西革命以降,于宪法特以保障者,终不外由来于其思想。于支那现之清律中,存以"无故入人家"为罪之规定。究其要,家宅安全之保护并非单由沿革之故,更属个人生活中最优先之要务也。

　　第二十五条　清国臣民,无有能夺其受法定审判官审判之权。
　　[参照]《日本宪法》第二十四条,《英国宪法》《普鲁士宪法》第七条,《比利时宪法》第八条,《美国宪法》修正第五、七条。
　　审判厅之构成以法律定之,司法官仅由具法定资格者而任之,特立于威权之外,执公平之柄,乃为立宪硕果之一。以审判供为王公擅权之利器者,史上不乏类例,尤其如英国王詹姆斯二世,以独断而特设临时审判厅,恣意裁定审判官之进退,且个别裁判亦奉行王意。又有如西班牙特设之异教徒纠问所(Inquisition),故意宣告以重刑,亦属最为显著之事例。而于英国一六八九年《权利典章》(Bill of Rights)中宣詹姆斯王之处置为不法,经两百余年之今日,尚以国宪而遵行,可知本条移植之由来。

　　第二十六条　清国臣民,若非依据法律,不受逮捕、监禁、审问、处罚。
　　[参照]《日本宪法》第二十三条,《英国宪法》《俄国宪法》第三十至三十二条,《普鲁士宪法》第五、八、十条,《奥地利宪法》第一之八条,《比利时宪法》第七、八条,《美国宪法》修正第四条。
　　将人非法拘禁、投狱者,终为废灭人身之自由,人之不幸,莫过于此,然而古今东西,不绝其事,实为可叹。英国之《大宪章》(Magna Carta)第三十九条中规定:"任何人非依国法,皆不得被逮捕、监禁、没收财产。"《权利请愿》(Petition of Right)、《权利典章》(Bill of Rights)亦存同样之规定,此乃对专擅枉法之民声反响耳。一七九一年九月法国《人权宣言》第七条亦有"任何人于法定场合,非依法定形式,不应受公诉、逮捕或拘留"之声明,此亦为时代思潮之使然。近世各国之宪法存有类似之规定者,终为安固国民发展基础之途,而非徒仿先例也。

《俄国宪法》虽于其第三十条至三十二条中保明人身之自由,然国民却无沐宪法恩惠之迹,实以为憾。据一九〇七年初之《新闻报》,于最近两年间革命运动牺牲之死者总数为二万六千人,伤者总数不下三万一千人,此内处以死刑者一千六百五十人,处以禁锢(含终身禁锢)者九千四百十二人。此等短时间内,虽为公报之总数,尤超尼古拉斯一世、亚历山大二世及三世时代之牺牲者之总数,而据其后之统计,被处刑者之人数更无减少之倾向,此是何为? 夫法国大革命之惨剧,仅数年则回复国内之秩序。然俄国革命党于其不变之主义之下重演悲剧者前后三十年,其间无断。此乃由来于斯拉夫民族偏执之特性,亦可谓极端之论。回顾宪法实施以来之虐杀,时为公行,屡屡停废常法,断讼治狱之事多依军律而行,不审问事实,无辩护之由,多有无辜死于极刑。如斯不外法国革命时之恐怖时代(Reign of Terror)之再来,所谓宪政不过欺瞒世俗之假面耳。特以记之,不烦世家之一考。

第二十七条 清国臣民除法律之规定外,其通信之秘密不受侵害。

[参照]《日本宪法》第二十六条,《英国宪法》《普鲁士宪法》第六、三十三条,《奥地利宪法》第一之十条,《比利时宪法》第二十二条。

通信乃处办日常百般事务之利器,故若第三者有窥探其内容之自由,则社会之秩序终难保持,此为特以保障之所故也。但于战时事变之际,出于必要之检查或为检举犯罪等其他之理由,而押收或没收其物时,事关公益,故不得不无有限制也。而其限制以法律规定,皆为行政官府裁量之外也。

各国宪法之保障仅以书信为限者,乃伴社会之现情所故,不能不以为憾。故本条特明言以通信,不止书信,莫论电信通话,若存其他通信目的之法,不问其何,皆包含其中之意甚明。推究立法之精神,无有局限于书信之由也。

第二十八条 清国臣民,其所有权不受侵害。

若因公益而处分,须照法律之规定。

[参照]《日本宪法》第二十七条,《英国宪法》《俄国宪法》第三十五

条,《普鲁士宪法》第九、十条,《德国宪法》第四条,《奥地利宪法》第一之五至七条,《比利时宪法》第十一、十二条,《美国宪法》修正第五条。

昔有犯罪者,则官没私产,或以公用为藉无偿征收其财务,散见于各国史籍。实于《比利时宪法》第十条中有"不可定以财产没收之刑"之规定,《普鲁士宪法》第十条亦有同一趣旨之声明。又于英国《大宪章》第三十九条,及《权利典章》第一部、第二部,美国《马萨诸塞权利典章》第十条,同《怀俄明权利典章》第二条,法国《人权及公民权宣言》第十七条为始,《比利时宪法》第十一条,《美国宪法》修正第五条,《普鲁士宪法》第九条,《俄国宪法》第三十五条等,均有规定公用征收必应赔偿,此不外当时遗习之反映也。而各国齐而一扫从前之陋习,实为至当之举,由此不仅可期各自生计之安全,亦无疑可致家国富强也。私产保护之事不应疏忽者也。

无论动产、不动产,或依民法上所有权之目的所应得者,皆属本条之保护范围。彼之仅于不动产付以规定者,主要基于沿革之由,私产之保护并无仅限于不动产之理。本条单以所有权称之,乃为包含广义一般物之意也。

公用征收或征发,须赔偿以相当之代价,此乃一般立法之原则。但此原属国权之执行,并非必有赔偿之理,处置之结果于特定之人而言仅为痛苦,此不外为慰藉之趣旨。故应知赔偿并非为私权侵害之补充,并非为买卖代价之支付,亦非为使用收益之报酬。而本条关于赔偿无特以言明者,并非无视一般立法之例,不外乃将征用处分之一切事项让与法律之意耳。

第二十九条　清国臣民于不害公安之范围内,有信教之自由。

[参照]《日本宪法》第二十八条,《英国宪法》《俄国宪法》第三十九条,《普鲁士宪法》第十二至十四、十七条,《奥地利宪法》第一之十四至十七条,《比利时宪法》十四至十六条。

托身命于后天,求现世之安心,原出自人类之至情。故古来多有迫以偏信宗教或禁止压迫之政策,而其多以失败告终,此终为基于以俗权支配心理之浅见者也。今日多数之邦国,定明信教之自由,不宁惟是数百年来之迷梦觉醒之观也。

祭政一致、政教混同,乃为世界各国皆有之经验,今其遗习尚存。

今于法、西、英诸国,教会与教育之分离问题议论不绝,此终不外宿题未决之证也。考圣、俗二权之包合分离,乃古来最大之问题,欧洲之历史仅为其冲突之记录耳。东洋诸国未有如彼之甚,可谓至幸。尤于支那之现在,道教、佛教、喇嘛教、回教、耶稣新、旧教等杂然流布,政教之关系相对怙然,实谓可庆之现象。而现维持欧洲之国教制度者,虽止俄、英、希之二三,然皆渐有政教分离之倾向,乃属难掩之事实。如前年之英国,于下院以百余名之多数,通过废止英、兰教会中一监督教会(Episcopal Charch)为国教之决议案,由此足以观其趋势也。议事之日,文部卿伯勒尔氏曰:"予个人以为,教会超脱国家之桎梏,切望其复归于精神权威之地位,然政府负有眼前众多之紧急问题,故无意承担本案决议执行之责。"班纳曼内阁无意以政教问题于上院抗争,此事虽明,然国论沸腾之早晚,上院终将卷入舆论之涡,应不难推知也。盖英兰教会属耶稣新教之一派,三百年前承亨利八世王之意与罗马法王分离,仰国王为教会之长,费用之一部由国帑支出,僧正之任命依王权而行,终致政教一致之形势而至今。而英兰教会之特立,仅于由国王代法王而止,难举宗教改新之实绩,却有不堪其弊者。面此机运,非国教团体交相兴起,Congregationalist①、Methodist② 等实不外由之而起。迩来政府极力压抑非国教团体之勃兴,又限制其徒与之俗权,然终为大势所驱,五十余年而至撤废。然现国民之一半属非国教教徒之故,为另一半之均担国费而诉不平,教会终将于政权之外特立,遇自营之命运,无人可疑。国教制度终归非伴国运之发展与社会之进步者,此由事实而证,故宁执放任主义,特立宗教全为政权之外,是以为可。故清国宜以此趋势为鉴,切望其将来永执放任主义而不渝。

本条定明之结果,固不能以国法而偏信特定宗教,更含国民可皈依任意宗教之自由之意思。故将无有如往昔因信教而得失公私权之举,亦无有以刑法而强迫之事也。然各种宗门之布教及随之结社、集会者,应自遵相关法规准绳,不得因信教之故而免其责,无待言矣。

第三十条　清国臣民于法律之范围内,有言论、著作、印行、集会及

---

① 公理宗。——译者注
② 循道宗。——译者注

结社之自由。

[参照]《日本宪法》第二十九条,《英国宪法》《俄国宪法》第三十六至三十八条,《普鲁士宪法》第二十、二十七至三十一、三十八条,《德意志宪法》第四条,《奥地利宪法》第一之十二、十三、十七条,《比利时宪法》第十八至二十条,《美国宪法》修正第一条。

昔有过度束缚思想之自由,若违成规则处以酷刑之事例,东西如出一辙。即如吾国,迄二三十年前尚未脱封建之遗习,为人周知。于欧洲,德意志诸邦较于英、美、法、比诸国,其解禁甚迟,至其容许自由,仅属三四十年来之事。而最初宣明自由者,为美国弗吉尼亚及宾夕法尼亚州之《权利典章》;法国之《人权宣言》亦认同一原则,终为各国宪法之模范。

至于出版,各国虽皆有仅容事先经由行政官府检阅者得以颁布之规定,然素来审查之事并无确定之标准,概依当局之偏见决定可否,常无审查之当,荼毒文化之事更不知几何。是以各国宪法欲一洗其陋习,不仅以自由出版为原则,且特揭严禁审查制度之旨也。《比利时宪法》第八条、《普鲁士宪法》第二十七条、《奥地利宪法》第一部第十三条、《美国宪法》修正第一条,即是如此,而现时多执仅于出版之时提交之制度。

至于出版之一般禁令,不得揭诋毁帝室、淆乱国体之事,不得暴露军事、外交之秘密,不得有毁损名誉、坏乱风纪之报道,乃为一致。然其制裁,则各国之立法相异,自由刑、罚金刑之外,亦有禁止发行令等处分。今依其得失,刑法应原则上止于罚金刑,是以为可。盖虽处以自由刑,然于实际则多由第三者代其受刑之事,故终不能达处刑之目的。况此反有招致国民反抗之虞,乃由俄国之现情所证无余。若停止新闻杂志之发行,则乃予其发行局社以金钱上之损害,此虽与罚金刑似有同效,然应可见停止发行者于处刑上其利益更甚也。故停止发行仅为复仇主义之遗物,于情于理皆不应容之。

宣告制裁之权,应归属司法裁判所。行政官认定之大弊,由各国所经验。故于清国,待他日审判厅完备之时,应归其专司;而一定事项是否有害公安,应属相应官宪之认定,以当时之社会状态于被告事件相照而判。此虽无待多言,然官吏其人之思想,未必一致于社会之情势,且其修养深浅、见识高低,必将致使判决宽严之差。

《俄国宪法》虽于其第三十七条保证言论之自由,然前年六月随第二议会之解散而施行戒严令,同时改订新闻条例,立法规定禁止揭载一切非难政府施政之报道评论,犯此者予以行政处分而课以罚金,不纳者则换监禁之刑。迩来各地处以罚金者甚多,少至百卢布,多则达七千卢布,其大多数为五百至一千卢布,难以纳付罚金而被处监禁者不知其数。苛政猛于虎,俄国之现情,实应痛哉。

至于集会及结社之立法例,分有由组织者提交申请者及须有许可者之二式,而执提交主义者较多。虽预先判断其可否于性质上较难,亦鲜有危害之虞,然若实有危害发生,则有临机处分之余地,是以为故。如日本,无关场屋之内外,仅须提出申请则足矣,然仅限室外之集会,须特有许可,此法制比利时及普鲁士亦同。然清国之结社集会律均采许可主义,应比照其国之文化程度而行相应之措也。

秘密之结社,各国齐禁,清国之新法亦然。日本之《治安警察法》于其第一条中,规定组织者提交申请之义务,无疑有不允任何人之秘密结社之法意。同法更于第十四条中有"禁止秘密之结社"之声明,不过无用之长言。盖其目的及组织为秘密者,为不法之结社,此不待同条之规定则应知,况同法第十八条特有秘密结社刑法之规定也。

第三十一条　清国臣民得照法律之所定而请愿。

[参照]《日本宪法》第三十条,《英国宪法》《普鲁士宪法》第三十二条,《奥地利宪法》第一之十二条,《比利时宪法》第二十一条,《美国宪法》修正第一条。

请愿权于性质上乃为政者最为重视者,无关成规有无,可见其宽泛容许之迹。如英国古来,莫说两院,国王及各官衙亦存其自由。故詹姆斯二世曾无视请愿权,国会依一六八九之《权力典章》而宣其违法,其后更以条例确认既成之惯例。美国宪法自不必论,弗吉尼亚、南北卡罗莱纳、乔治亚、路易斯安那以外之州,宪法均保明请愿权,比利时、普鲁士、奥地利及日本宪法等亦许之。于清国,亦再兴曾为前朝废止之通政使司,以之为通达言路之途,二者无疑出于同意。本案乃以中外之例规为鉴,特设本条之规定也。

请愿原出自哀诉叹愿之意,辞令自应庄重殷勤,决不应粗野倨傲。然《日本宪法》第三十条中特有"遵守相当之敬礼"之提示,又于《议院法》第六十八条中明示"用哀愿之体式"之旨,以法文定其体裁,不可不谓为无用之赘言。如同法第六十九条,不过为前条适用之例示,故于他日改正之际,应予删除。

请愿限于一般立法及行政事件相关之事项,应予许可。盖关于法规之制定或改正、行政法规之执行或裁量处分之事项,若许其请愿,则有百利而无一害也;而司法事件于其性质,不存许可之由。即于前者,多有遗漏缺陷为当局未曾预见,或多遇难以预想之事,故以请愿可得几多便益,而至后者,无有容许一切之权威哀请之余地也。故《日本议院法》第七十九条有"各议院不得受理干预司法及行政裁判之请愿"之规定,实可谓得当。如英国有存"若有属司法权之范围者,均予驳回"之惯例,此实可谓适于实际者也。

《日本议院法》第六十七条中有"各议院不得受理变更宪法之请愿"之规定,此无疑为无用之限制。盖认同此法不仅于情于理毫无障碍,而帝国议会既存上奏之自由,仅对一般民众禁止之,乃不得贯彻立法之趣旨也。故该条若非误解请愿之性质者,则以宪法之立法与神明之经典同视者也。

第三十二条　地方行政组织及关于地方议会事项,以法律定之。
[参照]《普鲁士宪法》第一零五条,《比利时宪法》第三十一条。

支那存有古来固有之自治制度,其根基甚为稳固,难以轻易动摇,故清代明之后,中央官制虽多少有所改易,然自治制度于基本上毫无染指。盖一朝而改因袭之古俗非为容易之业,急剧之改革反有民心离反之虞。此为历朝相继踏袭前代遗制之所故也。故今日之制并非一定造于清朝,更有甚者,非溯及汉唐以前而难以知其起源。本条由此情理推究,凡关地方自治之根本法之制定及改废,皆欲赖由公议决定,特以报明而揭之也。

于英国,地方行政不容中央政府干涉乃为原则,仅警察一事由内务大臣直辖耳。此由英人之资性自然而富有自治之观念,实属特例。而清国之情形酷似英国者为何耶?盖历朝之治乱兴亡而必生自卫之习惯耳。回顾支那自治之制,周以降有独特之发展,至明而大成,明末虽暂显颓废之迹,及清之一统,则再以复旧而至今。虽难知《周礼》所记之事实是否为当时所行,然其《地官·大司徒》中曰:"令五家为比使之相保,五比为闾使之相受,四闾为族使之相葬,五族为党使之相救，五党委州使之相赒，五州为乡使之相宾。"此可为证。此乃以五家为单位称之，二十五家为闾，百家为族，五百家为党，二千五百家为州，一万二千五百家为乡，各以其长而互保之制也。汉、唐、宋、元之制大同小异，明代后以十户为单位，以之为甲，百十户为里，各有首长，此为里甲之制，后又称为保甲之制者也。初始其单止于督办贡赋、均给徭役，渐而乃至裁决组内诉讼，执行警察事务也。当时之自治机关，有乡约、里社、社学、社仓之制。乡约司诉讼、警察之事，里社司祭祀，社学司教育，社仓司救恤之事，以补充乡里之官治。迩来虽典废常无，至今日尚存此习俗，后有论清之自治政者，不应忽视也。夫相保之制存于西洋诸国，我国孝德之朝亦存有类似之制，至德川时代而略以完备。此有文书以证，又有地方之遗风可考，其社会之教化、自卫颇有伟绩，不难识之也。然吾国维新以降，醉百事文化之美名，惶顾其利弊，一掷而旧态皆已无存，实堪为憾。幸于清国今尚存此美风，实以为悦，将来应执进而助此之方针，以此为要。故徒然翻译外国之法而直接实施之陋习，断不应为清国所取也。此见解之下，考光绪三十四年（明治四十一年）十二月二十七日公布之《奏定城镇地方自治章程》，大有批判之余地，其细评今暂略之。

设地方议会之制为施政上必须之要务，清国顷日孜孜筹办咨议局（地方议会）之开设，实足为贵。然据光绪三十四年（明治四十一年）六月二十四日之上谕，咨议局不得迟于宣统元年（明治四十二年）初秋开会，然其能否奉行谕言，不能不存疑。盖构成咨议局，必有候选人之名簿，须自各省调查其户口、经历及资产之一斑，于清国之现情，收集此等之资料实非容易之业。现据《户口调查章程》可明，不至宣统四年（明治四十五年）之末，政府难知各省户口之正数一事也。是以各省如何于短时间内作成选举名簿，又如何依之而执行选举乎，此予辈之想象所不及者也。况各省所著之民度各异，举国齐以施行新法，终有难期成功之虞也。予曾究其情理，假若选二三省试办，渐而由各省变通应用，窃以为全国画一之制度应可预期为十年之后，然大诏已下亦不能如何，是以为憾。事兹至此，唯有切望官民必死之努力耳。

《咨议局章程》第一条有曰：

"咨议局钦遵谕旨，为各省采取舆论之地，以指陈通省利病、等计地方治安，各省咨议局设于督抚所驻之地。"

以之足知其地位也。而其主要之职务权限为：

"咨议局应办事件如下：

一、议决本省应兴应革事件；

二、议决本省岁出入预算事件；

三、议决本省岁出入决算事件；

四、议决本省税法及公债事件；

五、议决本省担任义务之增加事件；

六、议决本省单行章程规则之增删修改事件；

七、议决本省权利之存废事件；

八、选举资政院议员事件；

九、申复资政院咨询事件；

十、申复督抚咨询事件；

十一、公断和解本省自治会之争议事件；

十二、收受本省自治会或人民陈情建议事件。"（以上第二十一条）

可见其职权与立宪诸国之地方议会无大差别。法制已具，唯忧其用也。

[参考]

关于地方官制改革

光绪三十三年（明治四十年）五月二十七日公布《改正地方官制通则》，世人今尚记忆犹新，其改革之要旨载于同日之上谕，曰："各省按察使拟改为提法使，并增设巡警、劝业道缺，裁撤分守、分巡各道，酌留兵备道，及分设审判厅，增益佐治员各节，应即次第施行。"而新法现于东三省（满洲）开办，及于直隶、江苏二省试办中。即上谕曰："着由东三省先行开办，如实有与各省情形不同者，准由该督抚酌量变通奏明请旨。直隶、江苏两省风气渐开，亦应择地先为试办，俟著有成功遂渐推广。其余各省均由该督抚体查情形，分年分地请旨办理，统限十五年一律通行。"由此可知也。故欲知现行法制之一斑，则应以新旧两法交而攻究也。但此次改革除渐启司法、行政之甄别外，于基干处再无加以斧钺，概可谓二者无大差也。故述新法之概要于其下，必要时比照以旧制也。

新官制第一条曰：

"一省或数省设总督一员,总理该管地方外交、军政,统辖该管地方文武官吏,并兼管所驻省分巡抚事,总理该省地方行政事宜。"

其第二条曰:

"每省设巡抚一员,总理地方行政,统辖文武官吏,惟于该省外交、军政事宜,应商承本管总督办理。其并无总督兼辖者,即由该省巡抚自行核办。总督所驻省分不另置巡抚,即以总督兼管该省巡抚事。"

第一条与《大清会典》中"直省设总督,统辖文武,诘治军民"之内容相对,第二条与"巡抚综理教养刑改"之内容相应,可知其地位权限新旧无所改易也。此乃前之所言,此次改革无几根本之所故也。

现之总督配置:

官名	管辖区域	驻在地
东三省总督	△盛京、△吉林、△黑龙江	奉天
直隶总督	直隶	天津
四川总督	四川	成都
两江总督	△江苏、△江西、△安徽	南京
陕甘总督	△陕西、甘肃	兰州
闽浙总督	福建、△浙江	福州
湖广总督	湖北、△湖南	武昌
云贵总督	云南、△贵州	崧蕃
两广总督	广东、△广西	广东

[备考]

一、直隶、四川、甘肃、福建、湖北、云南、广东之七省不置巡抚,故各本管总督自当兼掌巡抚之事务。

二、不置总督而仅由巡抚驻在者,有山东、山西、河南、新疆之四省,各巡抚亦并核办总督之事。

三、现有巡抚驻在者除前揭四省之外,乃为表中附有△印诸省者,通共十五员也。

四、福建、湖北、广东、云南虽曾置巡抚，近年又已裁撤。又明治三十八年二月分割江苏省，南部以江苏省，北部为江淮省，虽于江淮新设巡抚，然旬而废止。

总督与巡抚为各自独立之官厅，非有相互统属之关系。即巡抚总核省内之行政事务，无总督之兼辖时，可独断专行有关外交、军政之行政事项，于此点可谓与总督有全然相同之地位权限。又虽于有总督兼辖之处，巡抚仅与总督协商办理，应注意其并非立于其司令权之下。新旧官制原则上于总督所驻之省不另置巡抚，由总督兼管，此乃一省之内终无有并设同等官府之要所故也（但现于江苏、盛京两省督抚两者并立，盖为例外）。若夫两者官秩相异（总督为正二品，巡抚为从二品之班），则其权限固应由轩轾，无待言矣。唯巡抚限于管辖一省，而总督以通例则并辖二省或三省，仅有其权限执行范围之差耳。

督抚除地方长官之外，职务上当有兼衔，即总督兼为兵部（现陆军部）尚书及督察院右都御史，巡抚则兼兵部侍郎及督察院右副都御史，是如此类。此为督抚特立于中央政府之外，执以兵柄，监察庶政，居以此任之所故也。直隶总督当为北洋大臣，两江总督兼任南洋大臣，综理外国之通商事务。前者司掌天津、芝罘、牛庄，后者司掌上记以外各港（即中清及南清）之事务。

新官制定督抚衙门幕职之定员及职掌，其概要如左：

秘 书 员　　一人。掌理机密文书，非属各科者皆隶于本员。

交 涉 科
吏　　科
民 政 科
度 支 科
礼　　科　　各科参事员各置一人，但一人可兼二科以下之务。
学　　科　　秘书员、参事员附属之吏僚无有定员，皆由督抚酌定。
军 政 科
法　　科
农工商科
邮 电 科

考旧制,督抚皆单独为官府所属,为法定之辅助机关,然于实际,新官制所定之幕职仅为同一属僚耳。于此应有一言,新法再无有关于各省城(一省之首府)之守备队及督标总督所率者之规定。按新旧之制,皆既以督抚总核其所辖内之军政,则对其提标(提督即与我之中将相当,为司令长官,从一品之班)之关系自应有一言,其中军(任营务处之司令,相当于我之佐官或尉官)之存废亦同。然新法无有任何之言及,此乃放任由幕职办事章程而规定之意欤?暂且存疑而资后日之研。

新官制于督抚节制下置有三司二道。

(一)布政司

置布政使一人,管理户口、疆理、财赋,及考核省内地方官吏之职。

布政使为一省之财务长官,居于上命传达之机关者新旧如出一辙。凡有朝命,则经内阁或军机处而至督抚,由督抚至布政使,由布政使再向府、州、厅、县之亲民各官承流宣布,是以为例。此为布政使之名所故也。

素来布政使之属官为库大使(出纳主任)之外,无各省通有之吏僚,亦无其定员。故限于其省,或有经历(事务官),有照磨(事务官),有理问(事务补官),有都事(事务官补)等。凡此等诸官之设置,与其他之幕友、胥吏之员数,皆委以布政使之酌定,新法亦不设定制,乃待由后日裁定之意也。

(二)提学司

置提学使一人,管理省内之教育事务,兼以监督各学堂、学会。

提学司为光绪三十二年(明治三十九年)之新设。盖新学勃兴之果,代以从来之学政(官名)者也。而新官制依然将之存续于各省之常设机构,其地位、权限再无有改易。其所属职员照学部之章程而定之。

(三)提法司

置提法司一人,管理有关省内司法之行政事务。

旧法称为提刑按察使,与布政使并立为地方二大重臣,从来掌有一省之刑名案件之审判及下级审判之监督。新官制采司法与行政分立之方针,因而提法使仅于司法上有行政监督之权耳。然因审判厅之构成至宣统七年(明治四十八年)方可完备,预定年度内提法使依然执掌按察使之职,经历以下之佐二杂职亦暂依旧制。

(四)劝业道

置道官一人,专管一省之农、工、商业及交通事务。

各省之驿传事务虽素来为按察使之统辖,今废其所管而归本道,与一般劝业行政同归其总辖。

(五)巡道

置道官一人,专管全省之巡警、消防、户籍、营缮、卫生事务。

此与劝业道同为新设,其属员之细则由相关各部订定。

以上三司二道为各省常设官厅。左之各司道为依各省之情况而置之者:

监运司、监法道或监茶道(司掌监税或茶税事务);

督粮道或粮储道、粮道(司掌所有纳粮事务);

开道(司掌海关相关事务);

河道(司掌水利、堤防相关事务)。

上记之各司道为素来存续之所,依新官制而废止为分守、分巡各道。但限于各省城远隔之地,得以兵备道之名而由道员驻在。

新官制中各省有府、直隶州、直隶厅之三分,更将府之所属地方分为州(散州)及县。府以知府,直隶州、散州以知州,直隶厅以同知,县以知县,各置一人为其长官。而知府、直隶州知州并与同知,承督抚及各司道长官之命;散州知州并与知县,承其本管知府或直隶州知州之指挥监督,处理所辖区域内一切行政。今以图解之:

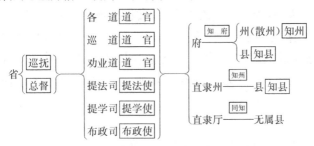

注

散州与直隶州对称。所谓直隶州、直隶厅,乃不经府而直接由督抚以下各司道所隶属之义。故直隶州、直隶厅与府,其法律上之地位相同,无待言矣。州(散州)与各县之地位亦同。素来于布政、按察两司之下,司掌刑名钱谷之事之分守道、分巡道皆被裁撤;改有属县之直隶厅为直隶州;各府之同知(为副知府,各有转职)、通判(为副知府补,其专职与同知同)有管辖区域者,皆改为州县,仅止于其主管事务者,皆为同知;废通判之名称,各州、厅、县之佐治各官有所改废,新旧制之异归于此数点。故亲民各官之统属关系可谓新旧皆同,可知其鲜有损益也。

察清国之现情,拥督抚大权者竟为藩国之体,坠中央政府之威权于地,联邦国家之制外,近无选择。如此,终非永维国威之途,若于现情之下施行宪政,反难保不阻塞国家之前途。盖督抚掌外交、军政、财赋之三大权,故政府难以一令而规全国,外交难立国是,军权下移无以统帅,难得必需之国帑。于此穷境,议会之议决亦多归无效。举以一例,政府确立国防计划,其费用虽经议会之协赞,政府对督抚却无强制之实权,故而评定案件死活,可谓终由督抚之好恶左右。然政体改革不免徒为好事之识。凡立宪之制,举国权由政府总揽,则国家之统一得以专念。今夫清国之情形,与立宪国家之主义正为相反。故若欲维持现之分权制,则难谈立宪;若欲政体之更新,则须有废弃现制之觉悟。而今既以立宪为确定之国是,地方制度之改革应为其先决问题,理义明晰。若问应当如何,曰:督抚之撤废为其一;曰:以布政使为一省之长官为其二;曰:裁撤司道以下为其三;曰:行府、州、厅、县之废合为其四。若非此等数事并行,则难为立宪之预备,难伴随以时运,然本案之决断乃重大之事态,恐为清国官民踌躇逡巡者也。然虽此稽以立宪之精神,又鉴以中外之形势,不仅断非无稽之举,且由之则国家之基础永固,今日所应决无以有他,是以不能不言也。

(一)清廷先立司法、行政分立之计划,甚以为可,而终不及文武甄别之一事,实以为憾。地方长官统辖军民两政,清国未有其他之措。于殖民地、并领地、租借地,总督制度原为权策,固非治道之本则,故无维持现制之由,无待言矣。夫清廷以督抚总辖军民两政,乃诱致今日之颓势(兵权下移之由来,参照本案第十条之说明),后至并而掌管外交权,亦不足为怪也。政府无画一之政策,不免常为其掣肘而不易立以国是,不如说乃自然之势耳。故曰:国势不振之主因,乃于督抚之权限过大之是也。是以撤废督抚之制,将其所握之三大权回收中央,乃可为政府生色之途,亦为治道也。

考明初仿元制,分地方而置行省,洪武九年(西历一三七六年)改行省之制而承宣为布政使司，置布政使一人为其长官，后复又改为置左右二人，专以总理一省之行政。外有提刑按察使司，置按察使、按察副使各一人，及佥事（无定员），掌理刑名按劾之事。又另设都指挥使司，置都指挥使一人，同知二人，佥事四人，总辖军政。故明朝之地方行政，可知其分为民、刑、兵之三途，将之总核。然清代明后，除新设督抚之二大官，其下有藩、臬两司（布政司、按察司）隶属，裁撤都指挥使之外，道以下概依前代之遗制而及今日。故督抚为常设官厅乃系现朝之创定，应知无有以之为千古不易制度之由。况其为阻碍国运者甚明之今日，故无逆行时世而由之存续之必要也。

（二）本案已立裁撤督抚之议，势以代之而设置长官，即每省置布政使一人，由中央政府直隶，其官秩则依旧制从二品之班为可。盖裁撤督抚，原因其权限过大而有失，以布政使代之自合治道，又名副其实。此为参酌明朝之遗制，兼而适于近世政治组织之原则者也。依清廷先立司法权特立之案，今本案中举督抚所握之外交、军务、财政之三大权既为政府所归，而仅剩文治耳。故以布政使为朝命承流宣布之机关，上为政府之节制，下以指挥监督亲民各官，则为国权发动之一统也。如此则政府对中外得以保持威信，内治外交而可振作，此为予辈所信不疑也。

（三）既裁撤督抚，以布政使为一省之长官，则不能不根本改废现之组织。本案参酌现制，且稽治务之繁简，于布政司下新设各科，以司道以下之各官代之。

一、总务科　司掌机密文书、文官杂职之进退及礼典之事。凡非属各科者皆由本科所隶（并入现在之督抚衙门秘书员、吏科、礼科）。

二、度支科　司掌财赋、营缮之事（并入现在之度支科、布政司之一部，巡道之一部）。

三、学务科　司掌教育之事（并入现在之学科、提学司）。

四、劝业科　司掌农工商业及交通事务（并入现在之劝业道及农工商科、邮电科）。

五、巡警科　司掌巡警、消防、户口、卫生事务（并入现在之巡道及布政司之一部）。

［备考］

一、各科由布政使直隶，受其节制。

二、各科各置科长一人，主宰科务。官秩为正三品至从四品。

三、各科依其事务之繁简，再分以各局课。于此场合，各局课应置首长，明其责成为要。

四、衙门附属之佐治各官及杂职，斟酌诸般状况，可定其员数与官制大体。但依治务之情况，其难据其规时，待政府之司令，为变通酌定之制也。

本案改定之要旨，废止各司道之特立官厅为其一；图政务之见解为其二；念冗官之淘汰为其三；军政由军衙，法务由高等审判厅以下专司，执此方针为其四。盖裁撤各道是因冗官徒多，有坏乱吏治之虞所故，司法行政为自治，是欲贯彻其特立之精神者也；又有关军政，不容布政使之干预，乃不外出于兵柄不由政府专权之意也。但于省内非常急迫事变之际，仅限无暇以待朝命之时，布政使应与该军司令官协同，执临机之措施，可设此特例。凡此数条之改革断而并行，由之所生政费之节约，不难推知一省年额可有一百万两以上，通共有两千万两之剩余，应可充官吏之增俸，又可当新政之经费也。而对夫多数之罢免者，按其功过而进其官秩，或叙功，又或恩给公债或相当一两年俸银之现金，一为浴朝廷之德泽，一为助生计之资财，此为最机宜之措也。

（四）考汉以郡为地方最上之区划，其下置县，县下置乡、亭、里之三级；唐于道之下设州（或郡）、县；宋于路之下置军、府、州（或郡）、县，以统治地方。而后至明，以省为最上级，府、州、县次之。而清承前代之遗制，无所损益。今以古来之沿革为鉴，又稽土地之广狭与便否，廷改为县、直隶州改为同样之州，且图适宜府下州、县之分合。即：

区分名称	现在实数	各州及厅县合并实数	假定减去总数五分之一后其残数	减少实数
府	182	182	146	36
州（直隶）州（散州）	67 143	210	168	42
厅县	79 1283	1362	1090	272
计	1754	1754	1404	350

［备考］

一、本表中东三省除外。

二、本表系新地方官制发布前之调查,故与现在之数不符。唯供考察大体之便。

如行上表之废合,以一衙门平均年剩三十万两计,则通计一千零五十万两;以五十万两概算之,则可节约一千七百五十万两;况由之则简捷治务,轻减民赋,所至有形无形之利益,实难想象。意于吏治者,应有一考。

府、州、县之佐治,各官仿布政司之组织,大致分为四、五科,各定其责任。且特依事务之繁简,应许适者兼任。又应省略佐治杂职之员数,勉力而举治绩以待优给,应执此方针为要。素来书吏、差役之恶弊为官民俱认,若一念及此而犹疑改革之不能,则终不可期行政之新。若夫徒墨守旧制,吏治愈而坏乱,灿然宪章必终归空文。应知古来圣王意于亲民各官之监察耳。

［参考］

新定清国地方官制通则
明治四十年八月公布

第一条　于一省或数省置总督一人,总理该地方之外交军政,统辖所属地方文武官吏,并兼管该省之巡抚事务,总理地方行政事务。

第二条　每省置巡抚一人,总理地方行政,统辖文武官吏。但该省之外交军政应予总督商承办理;无总督之兼辖时,巡抚自以办处。总督驻在之省不置巡抚者,由总督兼管巡抚之事务。

第三条　总督、巡抚对政府咨行筹办之事件奉有责任。但总督照地方之情况,以其为有碍时,应与政府咨商,酌量变通,或请敕裁。

第四条　总督、巡抚衙门各置幕职,掌理文书,分科执事。

第五条　督抚衙门幕职之定员及职掌如下:

一、秘书员一人。承督抚之命,掌理机密文书,凡非各科所属之事务由其隶之。

二、交涉科、吏科、民政科、度支科、礼科、学科、军政科、法科、农工商科、邮电科,置参事员各一人。承督抚之名,各付主管事务,掌理文书。但各科之事务简少，无特设之必要时，于该省督抚酌量之下，可以一人而兼理二科以下之事务。

三、秘书员、参事员非为本官，皆由各省督抚自行任免，无须拘泥官等。但须分别上奏每年各员之职名及着任年月存案，以备随时拔擢。

四、秘书员、参事员以下之辅助员，由督抚任用，无须奏咨。

五、各省督抚衙门之执务规程，由该督抚订定。

第六条　各省督抚于本署内设定期之会议厅，召集司道以下之官吏，于会议之上决定施行紧要之事件。若有关地方之事件时，可酌择乡绅参与。

第七条　各省（除东三省）置如下之三司。

一、布政司；

二、提学司；

三、提法司。

第八条　各省于布政司置布政使一人，受本管督抚之节制，管理该省之户口、疆理、财赋，考核该省之地方官吏。

第九条　各省布政司所属之经历、理问、都事、照磨、库大使、仓大使等官，效提学司之属员分科事务规程，应会同吏部、民政部、度支部另定其职掌，酌量改置。

第十条　于各省提学司置提学使一人，受本管督抚之节制，管理该省之教育事务，兼以监督各学堂、学会。

第十一条　各省提学司所属之职员，照学部奏定之规程行之。

第十二条　于各省提法司置提法使一人（官秩正三品），改充现之提刑按察司使，受本管督抚之节制，管理省内有关司法行政之事务，并以监督各审判厅，调度检察事务。但改革各省裁判制度，除从来所管之驿传事务之外，暂仍以按察使之制。

第十三条　于各省提法司置属员，原属按察司之经历、知事、照磨、司狱等各官中，由法部拟定并酌量改用其职掌。但于未改按察使职掌之省，仍暂依旧制。

第十四条　于各省三司之外设如左之二道：

一、劝业道，专管全省之农工商业及各交通事务，并兼管原由按察使所管之驿传事务。

二、巡道，专管全省之巡警、消防、户籍、营缮、卫生事务。

第十五条　于前条之两道,各置道官一人,两道各置属员,分科执务,其细则由农工商、民政、邮电各部订定。

第十六条　各省除前数条所揭各司道之外,依地方之情况,可再于置如下之司道各员。

监运司、监法道或监茶道。素有监法道者,驿传事务之职名皆以废之。

督粮道或粮储道、粮道。除苏州、浙江两省之督运外,由各省之督抚酌量裁并。

关道、河道。

第十七条　各司道除主管事务之外,不得兼管地方行政事务。各司道以外,管理地方之分守、分巡各道,皆以裁撤,若距省城远隔之地须有高等官员驻之必要时,仍置道员。以兵备道之名定员一人或二、三人,专以管督捕盗、军队调遣用务,督抚应酌察情况,奏明办理。

第十八条　各省监运司所属之运同、运副、运判、监擎官、监课大使、监引票验大使、仓大使、经历、知事及前条各道所属之库大使、仓大使等各官裁并酌改之方法,应由各省督抚诠议后奏明办理。守道、巡道现之属官与道员同时裁撤,酌量改用。

第十九条　各省督抚之幕职已分科执务,故素来之各局所应察事务之繁简,酌量裁并,各省督抚应诠议后具奏办理。

第二十条　依各省之所属、地方区划之广狭、治理之繁简,有如下之三分。

府、直隶州、直隶厅。

第二十一条　各府置知府一人,承该管督抚之命,并承布政司、提学司、劝业道、巡警道之主管事务所付该长官之命,指挥所属之州、县各官,监督管辖区域内一切之行政。

第二十二条　各直隶州置知州一人,承该管督抚之命,并承布政司、提学司、劝业道、巡警道之主管事务所付该长官之命,处理管辖区域内一切之行政,并指挥所属各县。

第二十三条　各省现在管辖有县之直隶厅,皆改为直隶州。管辖之县者,仍置同知一人,承该管督抚之命,并承各司道之主管事务所付该管长官之命,管辖处理区域内一切之行政。

第二十四条　各府之所属地方分如下之二种。

州(散州)、县。

第二十五条　各直隶州之所属地方为县。

第二十六条　各州置知州一人,受本管知府之指挥监督;各县置知县一人(官秩正六品),受本管知府或本管直隶州知州之指挥监督,处理该州、县管辖区域内一切之行政。

第二十七条　各府现在同知、通判之管辖区域者,皆改为州、县。无管辖区域而有主管事务者,如河南之河防、各省之海粮补等,同知、通判由各省之督抚选其事务之繁要,皆为同知而废通判之名,另于裁判事务,应明定职责,以资治理。若无定员,应与各府所属之佐治杂职斟酌改置,由知府佐治定员,由该督抚体察情况,分别办理。

第二十八条　各直隶州、直隶厅及各州县置如下之佐治各官,分掌事务:

一、警务长一人,掌理有关消防、户籍、巡警、营缮及卫生之事务。

二、视学员一人,掌理有关教育之事务。

三、劝业员一人,掌理有关农工商业及交通之事务。

四、典狱一人,掌理有关监狱之事务。

五、主计员一人,掌理有关收税之事务。主计员确定该州、厅、县之俸给诸费额,实行支付,并待素来之平钱名目废除之后置之。属从前之各直隶州、直隶厅及州县之佐治杂职,皆以裁撤,酌量改用。

第二十九条　各直隶州、直隶厅及州县佐治各官,依地方大小事务之繁简,一人可兼二职。但警务长及视学员不得兼任他员,或兼任他职。

第三十条　各直隶州、直隶厅及州县佐治员之补缺,由司道考取国文通畅、科学熟达之人员;凡佐治等官之职,以举人五贡及中学以上之毕业生,皆经试验,由督抚禀请,得以委用;视学、劝业二员,参用本地士绅探访各州县之舆论,举贤能端正者,并与考取委用,报告各部存案,其考取委用规程由政治考察馆与各部协定之上施行。

第三十一条　各直隶州、直隶厅及州县之管辖地方分为若干区,各置区官一人,承本管长官之命,掌理该区之巡警事务。裁撤现之分司巡检,酌量改用。

第三十二条　各府、州、厅、县,皆置文庙奉祀官一人(官秩正八品或从八品),掌理有关释奠洒扫之事务,由本管长官统辖考核,以现在之教职酌量改用。

第三十三条　各省依地方之情况,分期设立府、厅、州、县议事会、董事会,其细则由民政部议订奏定后,通达各省施行。

　　第三十四条　各省依地方之情况,分期设立高等审判厅、地方审判厅、初等审判厅,分别管理各项诉讼及上诉事件,其细则另由法院编制法定之。

　　《比利时宪法》第十七条中明定:"教育自由,禁止一切限制其之手段。"《普鲁士宪法》第二十条中规定:"学问及学说为自由。"此乃一洗原有之为政治、宗教而利用教育之陋习之意也。考清国之现情,特尤为应保障教育之自由。所谓学说之自由,既已由言论之自由保明,则无须另作规定,无待言矣。又如《普鲁士宪法》,其第二十一条至二十六条中对有关普通教育之事设有详细规定,性质上无有以宪法规定之必要,故本案将之让与特别法之方针。

　　《俄国宪法》第四十条曰:"于俄国居住之外国人,可与俄国臣民行使同一之权利,但须遵循法律所定之限制。"夫采以私法上中外均等之主义,虽乃属最近之事实,未曾有于宪法认此之事例。固依同条所书,以法律则使其不归空文,虽并非难事,然宪法上特为外人而作斯保障,不仅不存此理,却反难保不有反滋事端之虞。故本案未做类似之规定。

　　《北美合众国修正宪法》第九条明言:"宪法中列举之权利,不得因之而否定、减灭由人民保有之其他权利。"又于第十条定曰:"依本法未委任与合众国、又未禁止与州之一切权利,由各州或人民保留。"然法典既非教科书,故无有设以注释正文之必要。《比利时宪法》又于其第二十五条中揭主权在民之说,近系一八九九年一月所公布。《菲律宾共和国宪法》第三条亦存同样之规定,原出自表明国体本质之意,然此不如说为放任一般之学说者也。又于《清国宪法大纲》中,揭有臣民有遵守法律之义务之旨,然此亦不免为无用之长言。盖凡国法,则无待如斯明文,则自生遵奉之义务也。要之,设以有关法理或学说之明文,终有失为立法之体裁,无待论矣。此为本案排斥一切类似规定之故也。

第四章　帝国议会

　　国会制度,源于古日耳曼民族之民会,堪推为现时代议政体之祖,英国国会亦似渊源于该民会。考往昔部族之大事,必依众议而决行,此为东西史迹之一致,即如日耳曼民族,和战均由民会议定;又于周代,于国危、国迁、立君之事,询于万民,亦是此类。所谓国危,乃关兵寇之和战。所谓国迁,乃系都邑之迁徙;所谓立君,乃君崩而无正嫡,从庶子中选定其继嗣者也。以此等之大事而询公议,终不外为维持团体之和平,巩固其存立之基所故也。于欧洲大陆,随王权之膨胀而民会之制多已废绝,偶有存者,唯呈史上遗物之观;于支那,存国会之制者仅止于周代,后随帝权之昌隆而其迹止矣。然时世几多回转,帝业大成而专制之弊亦达至其极。恰逢革命之炮火爆发于法国之野,自由民权之呼声响于欧洲之天地,应于时势,民会制乃复兴,而终以立宪代议制而普及寰宇。

英国国会由昔之贤人会议(Witenagemot)至今之国会制度(Parliamentary System),迄一千年之历史,同时世之变迁而渐以发达,未曾中废,而近百年之事迹愈达佳境,为今宪政之祖国而为世界各国所羡望。故无有不取英国为其模范者,亦不足为怪也。

注

英国国会(Parliament)之起源学说不为一,今揭其二三,以资参考。

(一)史密斯之说曰:

"英国国会(Parliament)之称,似以一二九五年十一月二十七日威斯敏斯特开会之议会为权舆,然此语之使用实属一二四六年以后之事,其于成法之使用,乃由来于一二七五年威斯敏斯特第一法典(即爱德华一世即位第四年保障国民公权之重要法典)之题。"Smith, P. V. —— History of the English Institutions. Vol 1, p. 3.

(二)斯塔布斯氏曰:

"英国之议会,以罗典语之 Colloquium 表示为通例,此称呼自一七一五年以来为乔丹伏瀚特兹穆氏惯用。Parliament 虽非与其语义酷似,而至以其充用之起源,于罗典史学家争论多年而未解决者也。而亨利三世之御宇第二十八年,即于大典允以 Parliamentum Runimeden 之名称当年之议会,公文中则用 Parliament 之语,此为嚆矢也。"Stubbs, W. —— The Constitution History of England. Vol 1. p. 639－640.

(三)户水博士之说曰:

"英国之国会由何年始称 Parliament 者,学者之言不一,或有人曰一二四六年,或曰一二七二年。原云 Parliament 之语,即以法语 Parler 之动词由来,而当

Parlement 之词。法国之 Parlement 一词,于十二世纪用以集会之议,而于英国,民间此时已用 Parlement 之语。然此语于公文中之使用,乃为十三世纪之中叶也。"(《法律学小史》三十三页、三十四页)

　　熟考社会进化之迹,欧美诸国概由下层,东洋诸国多由上流,如此而成其政治组织。故彼以庶民为其中心,为其主要原素,反之我则以上流之寡人为枢轴,下民仅服其制统耳。是以后来于彼民权之风气甚炽,于我则无存片影,故国会制度发展于彼,而于我则终难见其育欤。然支那固与日本相异,肇国之初,其民主风气甚炽,绎其变通之迹,与西洋不无近似。然秦汉以降,随帝权之昌隆,国势一变,终阻民会制度之发达,与日本同。因袭贵族政治之时,古来支配东洋多数人之儒教及佛教,以服从为美德,秉义务为基本,故与以权利为生命、以个人为本位之欧洲诸国之民,其教养自异,是以社会进化之道程亦难不相异。此概为支那与日本取同一行径之所故也。

　　帝国议会为宪法上之机关,为国家而参赞统治权行用之职,而非代表国民执行其意者。故议会所谓"代表全国之公议""凡议员,为全国众民之代表"者,应注意此仅不过为言表制度之精神耳。然素来有议会于法律上为国民代表之说,于《比利时宪法》第三十二条中有"两院之议员为全国民之代理"之声明,又于《普鲁士宪法》第八十三条中明言:"两议院之议员为全国民之代理,议员以其所信自由判断,不为嘱托、训令所牵制。"《德意志帝国宪法》第二十九条中亦规定:"帝国议会之议员为全国人民之代表者,但不受其委托、指挥之束缚。"此不外如斯学说之反映也。然所谓代理、代表之语,终止于形容之辞句,非于法理上有真正之意义。现尚有不少有力学者主张此代表说,现如舒尔茨氏[1]断定:

　　　"国会非为各自生活之个人集合之代表,而为民性之总存在之代表者……国会非为执行人民之意思者,国会之意思于法律上则当为人民之意思,国会意思之外不存人民之意思,国会从其宪法之形式议决之事,则为国民之意思宣言而有效力者也。故由此意,决不可有云其为人民全体之代表会也。"

————————

[1]　舒尔茨(Schultze Bernhard Sigmund),1827—1919。——译者注

然其未能释义其于法理之根据,是以为憾。如博尔哈克氏亦以"国会为人民全体之代表者"为前说,其论旨更进一步,断定"人民之全体,于国法上无有行为能力,难委任而设代理人,故国会乃为人民全体法定之代理人也"。然其论据无所明示。于此点耶里内克①氏之说似稍得要领,曰:

"所谓代表机关,与国家之机关一同,对其他机关或与机关相关者而立,即代表机关为机关之机关者。于此场合,被代表之原始机关(国民)为其代表机关(国会)之外,不得外表其意,代表机关(国会)之意思于法律上直接视为原始机关(国民)之意也。"(美浓部博士《有关议会于国法上性质之新说》,参照《国家学会杂志》第二百号)

美浓部博士又将其义解为:

"议会为国民之代表机关者之说,纯为法学之思想。议会之意仅于法律上视作国民之意,而非于现实之现象中,议会之意与国民之意同一也。"(同上论文)。

要之,以上之学说,于国会为法律上国民之代表机关之点一致。然予以为无有同意此说之理,盖法理上国民与国会之间无有发生代表关系之余地也。考代表关系须为人格者间之法锁,其关系基于明文,为法理上得以推定之必要根据,故自非偶然发生之事。反据国会与国民之关系,国会自非有独立之人格者,所谓国民更素为抽象观念而无实。然两者之关系基于明文乎? 曰:否。然比利时、普鲁士及德意志帝国等宪法中,代理或代表之文字除仅为一词之形容外,于法理上无任何之价值,应以注意为要。然若退而思之,视作两者之间有代表关系,然仅止于少数选举人之关系,大多数国民与其之间无以而生任何之法锁也。况亦难见由选举而生代表关系之理义也,若假以代表之说为正确,则又应如何解说上院议员与一般国民之关系耶? 据《日本贵族院令》第二条(皇族)、第三条(公侯爵)及第五条(因学识勋劳而敕任之议员),议员并非全据选举之法,是以其所谓代表关系发生之理义何如? 贵族院可谓非为代表机关耶? 则所谓国会能称为代表机关者,仅为由公选之下院

_____

① 格奥尔格·耶里内克(Georg Jellinek),1851—1911,德国国法学者。——译者注

议员耳,是以此意耶?

凡选举人,并非绝对有制定议员之权能,故选举人与议员间无见有生代表关系之余地也。然论者为何以为由选举而生代表关系耶?又以为其指挥训示于法理上有效成立耶?往昔于英、法、德等其他立宪诸国,议员与选举人之间几多情弊,此为宪法史上有显著之事迹。现《德意志帝国宪法》(第二十九条)、《普鲁士宪法》(第八十三条)等中特有明文否此关系,其理何如?否,无关正条之有无,无由认之,事理极明,而论者于今尚肯此等关系,是以为邪。

美浓部博士论定国会与国民之代表关系,于法律上等同于君主与摄政或者君主与裁判所之关系(参照前揭杂志所载论文,以下同),不幸予不能赞同博士之说明,是以为憾。盖摄政及裁判所以君主之名而行其权限,而议会为宪法上之机关,权限之行与其理义相同,然其权限皆渊源于国家者亦一。此为国家机关与君主之间无以有生法律关系之所故,为何唯谓议会之权限源于国民乎?若夫议会为国民权利之代表,所谓国民既非权利之主体,议会又有何由为其代表耶?然代表其意之义难解,不定之群集之意亦难想象。既无权利,又无存意思,终无授权之途,无待言也,亦足以推知两者之关系。

博士于(一)议会之组织;(二)君主有解散权之由;(三)议员有一定任期之由;(四)于议员之任期满时,或于议会解散之时,至其新选举终了之中时期,其国之性质如何等问题,若仅依议会为国民代表之说以说明,似难解其意,是以为悲,无需再置论评。

(一)议会组织之内容如何,无以影响其于国法之地位,无容有疑。两院之构成方法相异,不外基于政治之由,而其构成相异之果,则难以由代表说之理论一贯而得,反生疑问,前既言及,故今于此不赘述。

(二)博士论解散为"以舆论为证国民之行为",论定"国民依选举行一定之判断,以为外表,其判断通由其代表机关之媒介而发",不过为有机观察国家之立言耳。如斯解释,任与政治学者之论说应并无妨碍。然则无须有"除可认君主有解散权之外,不能认其以上之意义,此于法学、国法学之价值极为可怜者也"之悲叹。夫以一学科而解说一切之现象,应属不可能之业。解剖学为医学之一分科,而难以释明一切之病理现象,故即令博士复叹,"于医学,解剖学之价值极为可怜者也",是以为否。

(三)议会之职付有一定之任职,此亦专以出自政治之由,岂又谓之

"得以代表说而解其因"乎？

（四）博士又以为，不认同代表之说则难解"于立宪国之重要现象"，曰："于议员之任期满时，或于议会解散之时，至其新选举终了之中间时期，其国之性质如何之问题。"予怪博士如何对此问题"得以代表说而解其因"乎？博士或曰：

> "立宪国非会依议会之解散而一时变为专制国家，无论如何，于其新选举之间，法律上之选举团体尚亦常续，国民即选举权者，为原始机关，亦为常存者也。国民之代表机关依解散而一时中绝，然其原始机关决无中绝之事，得以说明立宪国之继续者唯此理耳。"

予以为哑然。博士又曰：若依通说"不可使其一时变形为专制国"，则所说愈奇。考议员之任期满时，或于议会解散之时，至其新选举终了之中间时期，非有国家性质之变。盖政体之变革乃随宪法之改废，故宪法既不废止代议制，则其国政体依然不渝，是以议会虽于事实上缺欠其构成之一部，更无有国家因之变更为专制国之由。然博士又何故以之而力主废灭代议制耶？且又为何苦执代表之说而解此般之法理耶？又缘何仅于执代表说之时而生"非能一时变形为专制国"之断定耶？予于法理否认代表之说，然尚与博士为同一论决，甚为奇妙。博士所曰"国民之代表机关依解散而一时中绝，然其原始机关决无中绝之事，得以说明立宪国之继续者唯此理耳"，何以以此为然？夫代议制之存续仅为宪法之果，宪法之现存非为国家意志不变之凭证，然以选举团体（博士所谓原始机关）之存续而"得以说明立宪国之存续"，此岂非本末颠倒之论又为何耶？应知不足以采代表之说耶？

要之，代表之语，表明代议制之起源及其精神，认以适当之文字，而于法理上无任何之价值，概如既述。代表说一派之学者，不外仅为重于形式所出之奇论也。

国民以议会为统治权主体之说，为论说民主主义之宪法学说之主唱，又实存以明文，即《比利时宪法》第二十五条"国权属国民全体"之宣言。又有近之《菲律宾共和国宪法》第三条"主权为人民专属"之声明，亦如此也。据主权在民之说，为正论虽不无不妙，然为法理之谈则断不免有粗笨之嫌。盖人类之群集仅止于社会之组织，故法理上无由以评之。若夫国民为统治权之主体,知被治者亦为同一团体,则终不能示其统治关系耶。况不得以议会为国权之归属,乃为明白之事理。是以英国之国会为统治权之主体之说,难免仅为政治之情势眩惑,法理臆断之论也。凡英国之宪法学者,实地观察法律之现象而下其见解,乃是常癖,他国之学者亦漫然踏袭此说,以国会主权为不动之原则。然甄别法理与实际之立言者,皆齐以君主为统治权之总揽者也,实有托德氏及斯塔布斯氏即如此也。(Todd, Parliamentary Government in England. Vol 1. p. 167. Stubbs, The Constitutional History of England. Vol. 1. p. 620-621.)要之,于英国之实际,国会虽有掌握施政实权之外观,然此于法理之论定则无任何之影响,不得不予以注意。

贵族院、众议院之名,并非必为适当之谓,仅暂假用日本之称呼耳。清国近时置议政府而称为资政院,实不失为恰当之名称。然采两院制自为其欠缺之一,两院皆以通用,并非亦应认同也。而元老院、庶民院之称虽固谓不可,觉如缙绅院、代议员之称为是。名为实之品,必应得以恰好之名称,乃为婆心终及于此耳。

第三十三条　帝国议会以贵族院及众议院而成立之。

〔参照〕《日本宪法》第三十三条,《英国宪法》《普鲁士宪法》第六十二条,《德国宪法》第五条,《法国宪法》第一之一、三之四条,《美国宪法》一之一条。

两院制由各院互为节制,可得以收相对圆满之公议结果,此乃照以历史、由经验所证,甚为明白。彼之德意志帝国、同联邦内之多数邦国、瑞士之各州及希腊等诸国现采用一院制者,反乃属基于特殊国情之变例。多执两院制,非为徒以效仿母国之制度,而不外认其特长之果也。如法国,一七八九年至一七九五年间、一八四八年至一八五一年间及一八七一年至一八七五年间概采一院制,三十余年后而复归两院制。西班牙亦曾采一院制,然终复旧于两院制。以此为证,亦不难解其故也。

英王爱德华一世于一二九五年召集贵族、僧侣,并有士爵及市民议员,此为后世所推称模范国会(Model Parliament),仅止于一院。而至其两院分立,乃为爱德华三世之御代,实为一三三九年之事业。而当时之上院由贵族、僧侣所集,下院由士爵(Knight)及市民(Burgess)而成。盖后者俱系国民之公选,前者与其社会地位相异,并其利害关系亦为异,而终至分立者也。尔后于共和时代(一六四九年至一六六〇年)有废止上院之外,数百年间依然维持两院制,为人周知。

两院制之妙用仅存于节制一事,故议院仅以国势之缩略为其主眼,会同一部虽亦能达其目的,然集一部之优而居以别局,以此与国民公选之议院相对,实为更优。盖使各院之所见归一,比于一部之意见更起调理之妙用,而竭以为利也。而公议之一致,应待各院之反省与交让,由私情而互相反拨或强制舆论归一者,终不外灭却两院制之所长。无论如何,见解之不一非必为不详之事,而妄欲将其强行统一之盲动,乃破坏制度之根本者也。故而为政者应徐图以舆论为指导,待其归著,应有图国务进步之雅量,为眼前之现象而疑制度之精神而至议其废灭者,难不有浅见之嫌,如近时英国之上院改革问题,盖不失为其一例。

考英国上院改革问题之起因不止为一,往年选举法改正案、谷物条例废止案及爱尔兰自治案等,每有重大案件,则因上院之激烈反对而屡阻其通过,故有上院改革之提议,甚至绝呼其废止。而前内阁之下复又生同一问题,此为世人记忆犹新,即前年六月前首相故坎贝尔·班纳曼氏提出有关限制上院权限之议案至下院,而上院仅将政府所提之《教育法案》修正,几乎废尽提案之本旨,以之为反动。班纳曼内阁自恃有下院大多数党员为后援,以至躁而图以大变革,然终不为舆论所容。盖上院一千年来得坚实之发展而终至今日,每遇有大问题,则昂然而不曲其信,此不失恰为上院有为之资质所故,然可谓证明两院制之利益者,为国家一旦见其任何之不利,断而排斥下院之言议,此不外为上院当然之职责。然班纳曼内阁以上院之反对为自身之不利,便欲缩小其权限以急于施行其主张,然亦不能不感其举措之轻忽,况其提案更有以上院废止为前提之嫌。

班纳曼内阁之提案,期以法案之最终确定权归属于下院。考上院于一六七一年以降,其预算议定权被显著限制,今又限制其法案议定权,如此之事,则上院仅止于再审下院之议定,议院之存在终至失亡。是以该案不以上院废止为前提,确凿无疑。然要得富有常识之英人之赞同,并非容易之业。现有如伦敦《泰晤士报》之绝叫:"此仅为薄弱且短暂之理,或为党派之由,而与吾英国之政治生活应有甚大之影响,实行宪法之一大变革,难不能萌忿恚之念也。"由该案至今日犹然成立,可窥其一端,亦足知两院制之基础甚为强固欤。

反察英国之近情,近日一转而又改革上院构成之议。其改革案之要旨为:(一)削减世袭议员之人数;(二)减少僧正议员之人数;(三)由殖民地参列一定之议员;(四)限制政府之上院议员推荐权,归此数点也。据(一)为排斥从来有名无实之议员,代以选举制,而举有材者也;(二)为政教分离之大本者也;(三)为实现利益共同主义者也;(四)为一洗旧弊者也。其思想之稳健,适合于时运,比于先日之权限限制问题,何止霄壤之差。若本案成立,上院或可一新其面目,愈至发挥两院制之长,为吾人之信无疑,唯英国保守之风甚炽,难出一掷现制之快举,故于较近之将来,难有如本案之成立之事,实以为憾。

第三十四条　贵族院照《贵族院令》之所定,以皇族及敕任议员组织之。

《贵族院令》须改正时,政府奉谕旨提出议案于贵族院,此时贵族院若非得其总员三分之二以上出席、三分之二以上之多数,不得为改正之议决。

[参照]《日本宪法》第三十四条,《英国宪法》《俄国宪法》第五十八条,《普鲁士宪法》第六十五至六十八条,《比利时宪法》第五十三至五十六、五十八条,《美国宪法》第一之三条。

据有关上院组织之立法例,日、英、奥、德意志诸邦、意、西等国执敕任主义之原则,美、法、挪、瑞、丹、比等国执公选主义。其选择皆应依各自国情,不可一概断其可否,无待言矣。而为清国图之,上院以(一)皇族,(二)于家邦有功勋者及富有学识经验者,(三)地方之政务练达者构成应最为适当欤。盖网罗此等优族对立于国民公选之代议院,于取得两院制之利益,而尽无遗憾。允吾论其构成法之一斑:

第一、皇族

以皇族为上院构成要素之一,不仅为期皇室安泰之意,实由其兼备为社会师表之地位及素质也。而清国之皇族,其爵分为(一)和硕亲王、(二)多罗郡王、(三)多罗贝勒、(四)固山贝子、(五)奉恩镇国公、(六)奉恩辅国公、(七)不入八分镇国公、(八)不入八分辅国公、(九)镇国将军、(十)辅国将军、(十一)奉国将军、(十二)奉恩将军之十二等。不论其阶级,若达成年,无待敕命而自然有议员之权,应以为可[资政院虽不应与上院同视,然据光绪三十四年(明治四十一年)六月十日发布之《同院章程》,宗室觉罗(指直系、旁系之皇族)限定为五人,其数不失为过少,故他日于上院之构成,切望其不为限制]。意大利之皇族及比利时之皇太子,达成年则有参列权,不至二十五岁则不得行投票权,设以限制(参照《意大利宪法》第三十三条,《比利时宪法》第五十八条)。然无投票权之议员岂非木偶? 故不应有如此一切之限制。

第二、有国家勋功又富有学识经验者

此为上院组织之主要原素者也。或于立法例任有一定之官职者,又于一定之年限内从事公务者为要,然立法政策上则应止于概括之规定即可。如文武百官皆有一定之品级,故假有或曾有三品以上之职者,于京官自应包含尚书、侍郎,于地方官,督抚自不必说,布政使、按察使亦应包含。然于立法上特制定其品级或官职,则聊有胶柱之嫌,是否应当此本项委以内阁大臣之所见,特举有用之才。

第三、练达地方政务者

支那之地方行政多依其土著之缙绅、耆老之协赞,为施行千年来因袭之古俗,此习惯应为政体变革破坏,其理由已经前论(参照本案第三十二条之说明),而予以为,此坚实之成分应由上院包容,切欲永以保留。盖清国地域广阔,不以朝廷之政令而动,实以为憾,固为人所知。故以地方有德之长者常居议政之局,以之为疏通中央地方之情意之楔子,颇得机宜,为吾所信。或于下院,既以其代表者,则无有以同一成份为两局所包容之要。虽如此,然考察地方之情形时,可知参酌此特殊之惯习并非无稽之举。若至夫议员选出之方法,各省(本部及东三省)咨议局每省公选五名至八名,其最大多数之得票者当选之,以为可欤。而依一定之条规,应预设法定名簿,至于是否皆应放任选举者自由之疑问,然依后者之方法,则有混同两院议员选举标准之虞,第一之方法应以为可。要之,上院包容此特种分子不仅为期政局圆滑之方便,亦因议会为国势之缩图之途所故也,并非仅恋旧习、保守之意者也。

议员除皇族外,皆为钦选,地方选出议员与下院议员任期相同,遇立法期则行总改选,其他之议员应终身居其任。而议员之定数,终身议员(包含皇族)不得超出地方选出议员之二倍至三倍,设此限制是以为可。二者得以权衡,不得恣意奏荐,以此为要。年龄除皇族外,下院议员应相当三十岁,如比、法、西,特有以比下院议员高龄为要件,此除视为立法者之臆断外，难见其为何等模范之由也。

　　据日本现行之法，有公侯爵位者，达一定之年龄则自然为议员；反之，伯、子、男爵者，不由其各同族互选则不得，此非立法者弄器之致欤？盖选举之要，何以依爵位而区别乎？既因勋功之大小，认世袭之制，比较之标准无之奈何。由其数之多少，何以预断其增减乎？学识、财产之有无，亦无视作与其品级相关之由，故不应通以一律，未有以之为其资格得丧之原因也。加之，如多额纳税制断不能免为无稽之识。立法者虽无有以之代表富豪之意，然事实上依如何利用财产，富豪非必为多额纳税者，多额纳税者亦非必为富豪。然此思想已动摇立法之基，府县依税额多少之差而有失公平，为有权者人数之多少则以私情决其进退，而实为玩弄公器，若非终为制度之罪而又为何哉？况本制度于普鲁士及其他，属出自一时权略之立法，日本尤为特殊，无存其故制之祖，然有漫然移植之嫌。此为予犹豫其采用之故也。然此非欲于上院排除富豪，乃难认特为富豪而开放门户之必要者也。盖有资产者不仅有为下院议员之便利与机会，作为地方之缙绅更存推荐为上院议员之余地，其于国家有功勋乎？又为有学识经验者乎？亦应自存入上院之期望。然仅以财产为唯一之标准，无须赋予特别之权能，赋予之事断非为时世所适，放任富豪人格与公众之所见耳。于此见解之下，先前公布之《资政院章程》何以一百万元以上之资产家为其要素，予难不能以为憾。盖依该章程，各省咨议局应选出一定之议员，若富豪其人为有德之缙绅，则自应入院，无有为之开特别之门户之由。况资产之凭借不仅非为容易之业，其定员不过十人，不难想象大弊随之而生也。是以立法者以富豪为特立之要素，非为深究情理之果，不免仅唯徒移外法短处之识也。

　　关于改正上院令之立法例，各国非一，有依与宪法改正手续同一之方法者，有从一般法规改正之手续者，有仅依上院之议决者，此三种也，而本条采最后之法。盖随政热之昂进易更其规，非为国家之恒利。其改正发议之权应保留于大权，依特别决议之方法为可，即改正案以上谕而附上院之议，上院不得三分之二以上出席及三分之二以上之多数，则不得为改正之议决。或虽无须特以认此变例，然政热之奔腾往往有逸常规，英国几多事理证明无余。此只为参稽国情特以限制所故也。

　　本条第二项设定之结果，各院虽不能提出改正案，以其为必要之时，上院自不必论，下院亦应依上奏或建议之方法，为陈疏所思之途。

政府亦应尊重议院之言议，无空其希望，此为予之深信不疑。

第三十五条　众议院按照选举法所规定，由公选之议员组织之。

［参照］《日本宪法》第三十五条，《英国宪法》《俄国宪法》第五十九条，《普鲁士宪法》第六十九至七五、八十三条，《德国宪法》第二十九条，《比利时宪法》第四十七至五十一条。

下院系国民公选之议员而组织，此为立法例之一致。其组织之方法皆依选举法所定，而若要选举法于性质上加以规定，则随时世之变迁而必有改正之必要，故让与特别法定之。

详述选举之性质、主义、法制及其利害，非为本案之目的，故仅述清国之将来所采立法方针之大纲于左：

第一、直接选举制

据清国《咨议局章程》《天津自治章程》俱执复选制，予下院议员之选举与《城镇乡自治选举章程》同采直接选举制也。盖直选法有直接指定欲为选举人之士之利益，自符选举之精神。反之，复选法为原选举人仅止于选举选举人，故自有对选举冷淡之果，则弃权者多，且徒为浪费时间，消耗诸费，难不以为憾。此为各国渐归直选制之所故也。（方今除俄罗斯、普鲁士及拜仁等其他德意志联邦中数国之外，皆执直选制，尽为人知。又北美合众国及法国之上院议员选举，执一间接选举制。）

第二、无记名投票制

投票之方法有记名、无记名之两式，俱有利害相半，理论上似难绝断其可否，然熟考社会之情形与选举之精神，则无记名式优于记名式也。盖选举基于选举人之自由意志而行，则始得其真髓，故贯彻选举制精神应据无记名式之外无他。此为各国多采用无记名式之所故也。若据夫记名式，则选举人难抗百般之诱惑，终至扭曲其信者之多，为吾人屡屡见闻，如此则可谓毁灭真之选举精神也。议者曰：选举为公事，断非由私情而行。然社会既为凡俗之集团，则不应仅以理论推之。或曰：秘密而行选举，于理有违制度之精神。然此为贯彻选举制精神，又何有必问其手段之要耶？议者复曰：无记名式有贪贿赂之弊，虽有所谓行自由意志之利，然法律非得，反助长收贿之弊也。然贿赂原属选举制通弊，不得仅归于无记名式之罪，具考选举所伴几多之情弊，应见采无记名之式为不得已者也。于选举场中之一般惯用手段，贿赂外，更有亲族关系、借贷关系、雇佣关系、从属关系、职业关系及其他百般之诱惑，则选举人终难自由执其所信。故若仅着眼于贿赂之弊而采记名式，则自应觉悟将伴其他之大弊也。况由之不仅难廓清奇弊，反或更有助长之虞也。

第三、单记投票制

单记、联记之采否，要为牵连选举区大小之问题，此亦不得一概论定其利害。采联记之制，则不仅各选举人之权利难以均等，更多有为多数压制之事，故觉不如采单记之制。盖由之则深选举人之选择之念，自以其责任为重，故达选举之目的，此为方便也。

第四、选举区

选举区域依其议员定数之多少而自定，除藩属地，若于支那本部及满洲选出五六百名之议员，则应合并适宜二三州县为一选举区。要之，投票区、开票区皆应参酌行政区域及各地方之风气而立案也。而人口约五万以上之都市应以独立之选举区为可。盖如清国之国情，议员之大多数应由农民选举，若不独立都市，则难以保护工商业者之利益。或取得选举权之一条件须依合纳税，权衡彼此者，并非须认此特例，然不如并以行之便益。若并合都市与村邑为一选举区，则商工业者终难超农民之数，其结果则议会终至地主会议，故清国现占世界经济之地位难保不有危殆之虞也。况独立都市尚有为地主压倒之倾向也。

第五、议员定数

假定今都市与村邑人口五十万选出一人之议员，则由支那本部出八百十四人，由满洲出三十二人。更无关人口，若每省皆均选出二十至三十人之议员，则对应满洲之六十至九十人，本部应出三百六十至五百四十人。地方代表主义虽非必为不可，然则不如人口配当主义之公平。今比照由两主义选出议员之比例。

区分　主义	地域	议员定数	百分比例
人口配当主义	本部	814	66.2
	满洲	32	3.7
地方代表主义	本部	360(540)	85.7
	满洲	60(90)	14.2

［备考］

一、宪法为仅于支那本部及满洲施行之案,藩属地皆除外。

二、人口为一九〇七年发刊之 The Statesman's Year-book 之数据。

三、议员之人数有五、六百名以上时,应感议场整备之莫大困难,采人口配当主义时,则七、八十万人中选一人之议员,不应为能欤。本表仅供察其大体之便也。

无论采何主义,可见支那本部与满洲选出议员之比例差异显著。至此应考,所谓满汉平衡之遗法,随议院政治之采用则终应废弃。盖满汉人口终难匹敌,且若每省均一选出议员,则难为其权衡;若两者选同数之议员,则理义难容。下院多由汉人所制,则政权归属其手,此为自然之理数。故若逆行大势,强收多数满人于上院,容其对抗下院,如有此事,则两院之轧轹中难保不为社稷倾亡之因。此似甚为不祥之言,若冷静而推究情势,则可确信此决非妄断。而今若尚墨守祖宗之遗法,以少数之满人抑多数之汉人,实属谬见,可谓断非为立宪本义相容。故若有意死守遗法则难谈立宪,若欲宪政则应有一掷陋习之觉悟,否则终以为弃,事理明晰。若夫虚心惮怀,国民享有均等之权利,不仅终有举国一致之途,亦不失为国运发展之一策。

第六、选举权

所谓选举之精神,应以予任何人以均等之选举权为理想,然于实,由政策之由难能普遍赋予之,无待言矣。是以采所谓普通选举制,则尚须一定之限制。然其程度须随社会之情形而变,故于清国之现情,不应采普通选举制者,无有辩明之要也,今主举其应限要点:

(一)满二十五岁以上之男子;

英、法诸国达二十一岁者则享选举权,然不能不疑其未有公务处理之能力也。又于丹麦,须满三十岁以上,然则稍有过于高年之嫌。凡男子满二十五岁,思虑渐定之时则赋予公权,不可谓不可。是以其效日、比、荷等国之立法例,以二十五岁上为要件所故也(清国咨议局亦有同例为据)。

(二)纳税额设一定之限制;

特以地主、商工业者之纳税额由之得其权衡,须以注意无怠为要。《咨议局章程》曰:"省内有五千元以上之财产者;他省籍而于省内居留十年以上、有一万元以上之财产者。"然至于如何评定财产,依其方法如何则伴几多之情弊,恐官宪难堪其劳费。故立法以纳税额为标准虽简捷,然其弊害不少,殊难为采。

(三)设有关住所之限制;

《咨议局章程》及《天津自治章程》采本籍主义为原则,虽加以住所主义,莫如说以非本籍之住所为据,是以为可也。

(四)被选人须得自署其姓名;

以无笔者推定无识者,并非太过欤。然除外无笔者之举,于清国之现情虽聊似难容,然若认代笔制则情弊随生,却有坏选举权赋予本义之虞,姑且省之。且由之可间接助教育之普及,并非不可也。

(五)于省内从事学务等公益事务满三年以上者;

(六)毕业于相当中学之学堂者;

(七)举人、乡生以上之出身者;

(八)文官七品以上、武官五品以上之本官者。

(五)以下之四项,系现之《咨议局章程》所定,如斯则最为选举之理想,特此对立法者之勇断聊表敬意。

以上为获得选举权之要件。当下记之事项者,不得赋予选举权及被选权:

(一)现为僧道及其他宗教师者;

(二)现服役于军务者;

(三)现有学籍者;

(四)现任宫内吏、司法官、督察院检察官及监查官、审计院检查官、巡警官、税务官之职者;

(五)受一定之刑罚者;

(六)禁治产者、准禁治产者、受破产处分犹未清其债务者;

(七)吸食鸦片者(参照《咨议局章程》及《天津自治局章程》)。

第七、被选资格

年龄三十岁以上之男子皆有被选资格,应以为可。然如《天津自治章程》,除设教育及财产上之限制外,曾任学务或办地方公益事务者、曾出仕或得科名(进士或举人)或在校者(志愿考试而未受验者),皆为要件。然本案欲放任一切选举人之自由选举。盖教育上之限制,于过渡时代之清国应为有害无益;加之财产上之限制过高,强以行之则无避其限制之途；干预公共事务之一事，亦应无有置之之要。其以进士、举人或应科举者为要件，此终为基于得有教养之绅士之法意者也。然以此缺其代议资格，无有其理，不知其尤带有官臭之嫌也。反之，《咨议局章程》以户籍上之条件为要之外，无一切限制，此无疑为立法之一大进步也。然稽其于理，又以实验为证，户籍上之限制无立法上任何之价值也。盖以具备其条件与否为代议资格得丧之原因，理义自无存，强以行之则有避其限制之途终，归空文也。是以特设其限制终非为求才，故难不能希冀其大开门户，网罗国士之所故也。

第八、选举诉讼

有关选举之诉讼，是应归裁判所之管辖乎？亦或应委以下院之专权乎？乃须一考之问也。于英国，初由大法官庭管辖，然恐王室之利用，于一四一零年法律以之属巡回裁判所（The Justices of Assize）之管辖，至伊丽莎白朝则复移至下院，其后詹姆斯一世之代终归其专属，弗朗斯·古德温氏事件则不外其果也。迩来二百余年间，下院之判决往往为党略左右，难言为其专擅，然至一八六八年复归通常裁判所之管辖，则始脱政党之关系，以至今日。若以下院审判选举诉讼，则终难期判决之公为实所证明晰，英诸国之现行法制自终为顾虑此点者，当立法之局者应以一考。

第三十六条　凡法律，须经帝国议会之协赞。

［参照］《日本宪法》第三十七条，《英国宪法》《俄国宪法》第四十二至四十四条，《普鲁士宪法》第六十二条，《德国宪法》第五条。

本案为前述之规定，行立法权须经帝国议会之协赞者也（参照第四条）。然则本条之规定为何？盖不外以之昭明立法权之意义，并确定其协赞权之范围也。

注

考议会协赞立法源自王侯之好意，然英国国会以参与为职权者，实属爱德华二世朝一三二二年以降之事业。然当时非为国会自以议定法律之正条，司法官及枢密顾问会以下院之请愿（Petition）为基本，常参酌其敕答之旨而编条例，然难堪其弊，议会于一四六一年以降始至以法案为议题也。于德意志诸邦，十六世纪时概以厚意许其参与，其后于二三之地方以职权认之，然此仅属一部阶级之利害关系者,其他则单止于咨询耳。以之比于英国国会,可知其权限甚狭,且发展颇迟也。

立法之良否与国民之生计密切相关,故其设定及改废皆依舆论而决,乃国家统治之理想,并预算之议定归于议会之权,非为沿革之由也。

本条之所谓法律,与命令相对,与本案第七条之敕令(所谓紧急敕令)及第八条之命令(所谓行政命令,即学术上所谓行政命令、独立命令及补充命令者,并含委任命令)互以并立。然本案第四条之所谓立法权,不外为法律制定之权,议会之协赞权不出其范围,由彼此对照可知也。

第三十七条　政府及两议院均可提出法律案,然为议院否决之议案,于同会期中不得再提出。

[参照]《日本宪法》第三十八、三十九条,《英国宪法》《俄国宪法》第七十条,《普鲁士宪法》第六十四条,《德国宪法》第十六、二十三条,《比利时宪法》第二十七条,《法国宪法》第一之三、二之八条。

于法国,法案提出权曾为政府之独占;于英国,其亦非为议员所有。然十五世纪之中叶,下院先而取之,次之而至上院亦享也。然于今日,以英、法二国为始,日、德、普及其他多数之宪法以其为政府及各议院所属,独有美国,极而固执三权分立主义之果,委以议院之特权,可谓变例。若提案权专属政府,则难全议会之机能,是以为憾,然若归议院之专司,则难期基于行政之实验而改善立法也。此为本案所定政府及各议院同等享之之故也。

凡于一院否决之议案,则不得于同会期中复而提之,此不仅使议事难滞,亦不无侮蔑院议之嫌,此所以必须但书之限制也。然新提案是否与废案相同终任议院之判决,然其实质终非为一,不得不遵本条之限制。是以一旦废案,仅更改其名称或修正其内容一部者,不应许其复而提案。

注

于英国曾存称为 purveyance 之制,为王室之特权,其所用之仓料及他物以实价以下从民间强制买收,下院以其为非理,力图废止,然难达其果。逢一六〇五年下院移交之强买废止案为上院否决,下院愤慨其难达宿望,故于同会期中再又通过同一议案,复而同交上院,然上院无有再议已经院议之案之要,故未用讨论而废之。此为同会期中禁止同一提案之再次提出之嚆矢也。迩来为确定之原则存续至今日，现为各国袭用。

本条止于禁止一旦废弃提案之再次提出，故通过一院而未经他院之议者，及通过两院而未经裁可议案之再次提出，则属另一问题。此二者不得为新提案，无待明文而知也。盖于前者，一旦决可则无再议之要，为他院否决者自应遵本条之限。又于后者，无论是否有有关裁可时期之明文，既已经议定者，则无复又付与院议之要也。若夫依再议而强要裁可，则为不法之举，无须多言也。

第三十八条　两议院均得上奏于皇帝。

各议院如遇紧要事件，有议员三十名以上之同意，虽在议会闭会中，亦得上奏。

［参照］《日本宪法》第四十九条，《英国宪法》《普鲁士宪法》第八十一条。

本条旨为议员应将其所见陈疏君主者也。事关立法、预算者自不必论，拜陈中外之政况、请愿百官之赏罚、上呈庆吊之表辞之类，皆于其范围之内，无所限制。盖议会之要恰在证于公议之处，于其性质难以列举，亦无限制之要。或有学者以依议会之实质职务而立言，主张上奏权不应允许立法及预算之外者，然此于立法解释上无疑为失当之见也。本案自不必言，如《日本宪法》第四十九条、《普鲁士宪法》第八十一条一项，亦无任何限制，不仅于文理上无有容此解释之余地，推究制度之本质，亦不免为不当之断也。若夫议院陈疏秕政、弹劾大臣、奉答敕语、上呈庆吊表辞之类，无关立法又非系预算，则为违法而至越权，此为将议会与机器同视者，强以缩小其职权之陋见耳，应知不足为采也。

所谓上奏，于国法乃止于陈疏议院之所见，其采否皆以圣虑，故其效力似甚微弱，然议院之奏闻应常为君主所敬重，故于政治，此不失为议院最重之利器也。即如论施政是非、纠弹大臣等，不赖此利器则无诉于叡鉴之途也。故上奏权之利用为议院最须慎重熟议之要，若滥用之，则不仅冒渎君主之尊严，又实失议院之威信也。是以各国关于其提案虽无设特别之限制，然作为立法政策委之以议院之公德，应为可矣。

议会闭会中于特定限制之下认议院之上奏权，非为不可。盖国家之活动既无一日之止，则及国家紧急事件发生之时，若因闭会之故则议员徒以袖手旁观,则非全其职责。然事态自应以常例为律,故以议员定数三十名之最小限度。处权道则不应无权策也。

往年依外电觉知《朴茨茅斯条约》之内容时,日本之国论沸腾,忧国之士交相而起,捧呈废弃条约之奏请,至尊悉之而嘉纳。恭征日本之现行法,臣民无直接上奏陛下之自由,然固得拜陈所思之光荣者,乃至尊特惠也。窃以为应于立法力扩其范围也。是以无关无存各国类例,特设变例之所故也。

第三十九条　两议院均得以意见建议于政府,唯未经采纳者,不得于同会期中再行建议。

[参照]《日本宪法》第四十条,《英国宪法》《俄国宪法》第六十五条。

所谓建议,乃将议院之所见启陈政府者也。于其接受义务者相异之点虽与上奏相异,然其性质相同。然特付之以建议之权,终不外为全议院机能之意,其范围与上奏权同,亦无一切之限制,即不论事关政务或仅系仪式之间,抑或有关将来之处理,皆属建议之范围。例如于立法之改善陈其所思,或关交通机关之设备,或关灾害之救济方法,或于结盟国大礼之大官参列,或冀望军舰之差遣,是如此类,皆可谓于其范围之内。故若仅止于攻击既往之失政,又或列举异事奇闻,则非有建议之性质。盖所谓建议,由之则政府可新其经营施政,又或应出于冀望事项撤废之意,非为单纯以事实之陈述,无关将来之处理也。

本条以此为设,终与第三十七条所书法意归一,然关于上奏权无有限制,而本条为何特以设之? 盖彼为事态重大,议院自应慎重其行,故无设机械限制之要,然此为政热昂扬之结果,往往难保不有威迫政府之虞也。

政府采纳建议之旨而于议会提出之议案,与普通议案等同,议会有论议评决之自由。盖建议权与协赞权分属个别之关系,故由建议之提案自应以协赞权限制之。或有学者以之为“道理”所不许,主张议院无有否决建议之自由,然恐为误。除明文外不应有对议院协赞限制之理,所谓“道理”无以承认,故提案虽由来于建议,其内容与政府之所见不一时,议院不仅得以修正,否决亦应属其自由,政府无有以建议之故而拒其修正、强求决可之权也。加之事实上多数之建议单纯止于诉白冀望,不涉施政之细节,故难期政府之提案合议院之所见,反不符者反为多,况随政势之推移难保否决之利。是以所谓"道理",于法理于事实皆无容其之由。

第四十条　两议院均得受理请愿书。

[参照]《日本宪法》第五十条,《英国宪法》《德国宪法》第二十三条,《比利时宪法》第四十三条。

一般之请愿权于本案第三十一条定明,本条为其适用之一,定议院有受理请愿之权,彼此照应者也。夫于议院开请愿之道,不外为重国民之权利,以期护其而无遗之意也。然于国法,议院无受请愿之任何拘束,其处分皆于议会之权内,无待言而以之为至当时,则有建议政府取适宜之措,或于立法补足缺漏之事为当面之急务而应,此吾人屡有见闻。要之,本权之利用无疑应助善政也。

第四十一条　帝国议会每年召集之。

[参照]《日本宪法》第四十一条,《英国宪法》《俄国宪法》第五十六条,《普鲁士宪法》第七十六条,《德国宪法》第十三条,《比利时宪法》第七十、七十九条,《法国宪法》第三之一条,《美国宪法》第一之四条。

议会有议定预算之职,为竭其责则应每年召集也。故其召集原基于国法上之要,解释上虽无待本条规定之须,然不外主以沿革之由为鉴,而特以宣明也。

注

考英国议会为国王之任意而召集,无存特定之成例。然依爱德华三世(一三二七年至一三七七年)之即位第四年及同第三十六年之条例,虽初为每年召集,然有未必为励行之事。詹姆斯一世(一六〇三年至一六二五年)统治之七年间,查尔斯一世(一六二五年至一六四九年)统治之十一年间,曾有无召集之事,应为最显著之异例。然至一六四一年《三年法》(The Triennial Act)之制定者,终不外为其反动。盖同法中规定,国会每三年应必有一次之召集,若无国王亲以召集之时,大法官或一定之上院议员应代而召之,于特定之场合,议员应自以会同。然其后不经王命而可召集议会、议员自以会同者,视为有犯君主之尊严,而依一六七五年,即查尔斯二世即位第十六年之条例,其终至废弃。然《三年法》之精神依然存续,实于一六八九年之《权利典章》(Bill of Right)中存有以国会屡次之召集为要旨之项。所谓"屡次",不外踏袭《三年法》之精神者也。其后威廉三世(一六八九年至一七〇二年)即位第六年之条例亦可为据。迩来前后二百年间,经几多变迁而终至以每年之召集为恒例。盖主为预算议定之必要,现时各国宪法特存明文者,多基于沿革之由也。

第四十二条　帝国议会通常会之会期为三个月,如遇有要事,应以上谕而延长。

[参照]《日本宪法》第四十二条,《英国宪法》《俄国宪法》第五十七条,《德国宪法》第十四条,《法国宪法》第三之一条。

通常会之会期为三月者,乃以之为议事解决之期间,临要事而须延长会期者,皆由谕旨。议会之开闭既由大权专属,则事理自然。或将会期之始终让与议院法之规定。

第四十三条　如遇临时紧急之事,可召集临时会。

临时会之会期,以上谕定之。

众议院解散后再行召集之议会,按照临时会办理。

[参照]《日本宪法》第四十三条,《英国宪法》《普鲁士宪法》第七十六条,《德国宪法》第十四条。

所谓临时会,为因紧急之须而于常会外召集者,出于便宜,其会期依议案之性质而临时敕定。

《资政院章程》于第六条末段中定临时会之会期为一个月,难解其故。盖于理,临时会不仅无有应比常年会(其会期定为三个月)短期之由;于实,时既无以觉知附议案件之内容,则不能断其会期之长短也。是以本案待以适时之决定也。

因众议院解散而新召集之议会为临时会。盖基于临时处分之新议会属临时之会同。故适用本条第二项,无疑其会期应以上谕定之。然学者或主张,解散后之新议会无临时紧急之要,既因法定之必要而召集,则应非为临时会;又因非为每年定期开会者,故亦非为通常会,此为一种特别之议会也。日本之先例亦以本说为据,然此断为失当。盖凡临时会,指称因偶然之事而召集之会同者,应不问是否基于法定之必要或是否出于临时紧急之必要也。是以是否为临时会,非以此召集是否基于临时之必要,更无关其原因如何,故解散后之议会其性质应为临时会,无须多言也。况若为所谓特别之议会,然于其会期不存明文(参照《日本宪法》第四十三条),无有明文则可为否认其之反证也。然其会期自应适用本条第二项,故第三项则聊似蛇足,然欲不容存疑之余地而设耳。

第四十四条　帝国议会之开会、闭会、停会及会期之延长,两院同时行之。

众议院解散时,贵族院须同时闭会。

［参照］《日本宪法》第四十四条,《英国宪法》《普鲁士宪法》第七十七条,《法国宪法》第三之一条。

议会之始终为两院同时行之,此乃以全其作用所故也,然解散为下院特有之事,一旦其事发生时,上院除同时闭会外别无他法。

第四十五条　众议院解散时须以上谕选举新议员,自解散之日始,五个月以内召集之。

前项之期间内若至召集通常会之时,得与通常会合并,会期照本法第四十三条之所定。

［参照］《日本宪法》第四十五条,《普鲁士宪法》第五十一条,《德国宪法》第二十五条,《比利时宪法》第七十一条,《法国宪法》第一之五、五之一条。

命众议院解散之时,因议会之构成有缺,则生选举新议员之要,然于特定之期间内召集之,不止为预防政府之私擅,亦不外为保障议会之存立所故也。

夫解散之要,须得舆论之判决,固正当之判决仅由公平之选举得之,然古来政府屡有干涉其选举、动摇其基础之迹,此实属宪政之痛叹也。于英国,干涉之实例甚多,不堪枚举于此,又有德意志政府历代之遗策,始于对社会党之迫害,如近期我松方内阁及俄国政府累次之干涉,此为显著之事例,盖为污染宪政者也。干涉选举虽似能满足政府当面之要求,然则损害国家永远之利益,为古今实例所证无余。实于英国,詹姆斯一世、查尔斯一世相继而行干涉之事,然随其程度倍增则民心反归国会,议会终于多数国民后援之下通过《永久条例》(Permanency Act),以至设无国会之同意不得解散议会之规定。对政府之怨恨一转而向王室,终至革命之惨剧上演,应以为戒。应知正义为最后之胜利,一时之权略不足以乱国民之恒心也,是以政府应全其无为之天职,不干涉无疑应终为国家永恒之利益。此非为政论之号,仅由拥护宪政之念而及此耳。

众议院解散后至新议会召集期间内,应召集通常会之时,召其之一即足。议会须每年召集一次,基于解散而成立新议会亦须于一定之期间内召集,于解释上二者皆应召集,即本案第四十一条所指之通常会。故会于临时会召集期之际,两者相通乃因便宜之故,不外藐视法理者也。或曰:宪法仅止于要求每年议会之开会,应不问会议之性质。此为拘泥文字而无视法意者也。盖每年召集议会主因预算议定之必要与便宜,于本文相并而定通常会之会期,足以窥其法意也。加之,若认同本说,政府于应开通常会之时,仅召集临时会,短时间内定议会之始终,不能责其违法之果,则议会之存废终至由政府之好恶而定,此论岂为得宪法之意乎?

明治三十一年十一月七日所召之第十三回帝国议会,乃其前期议会解散后承之者,尽管其性质为临时会,然政府始终以通常会认之,此不免为拟律之误也。盖临时会之会期不应拘于敕定,自然不仅得以常会会期拟之,更可依需要而相通二者也。虽离法理之天地,然观此实例亦不失为一教训,即同时相继召集议会者,乃拘泥于形式、顾虑其实益者,如于明文而许其合并,则不无一举而负违法责任之愚,亦不免为胶柱之识。此为本条第二项之规定也。

第四十六条　两议院之议事须公开之。但依政府之要求或其院之决议,得以为秘。

[参照]《日本宪法》第四十八条,《英国宪法》《普鲁士宪法》第七十九条,《德国宪法》第二十二条,《比利时宪法》第三十三条,《法国宪法》第三之五条。

公开议事,则议员可自重其职责,公众可知施政之一斑,有此便宜者,乃各国执公开主义之原则之所故也。然如有关军事、外交之机密,有或关人之私事者,固非以公开。盖公开之利益不如以之为秘也,于此点各国之成例亦一致。

注

（一）于英国，至十八世纪之中叶，以公众之旁听构成犯罪，其后至自而废绝其制度，不外为政治思想变迁之果。

（二）英国之现时虽为议事公开，然此原基于议院之厚意，公众无有旁听之权。于北美缅因州外之数州，亦存与英国同一之惯例。

（三）现以明文声明公开者，为日、法、普、德及北美新汉普郡等其他多数州之宪法也。

第四十七条　两议院之议员于议院发表意见者，于院外无负其责。然议员自以其意见公表于院外者，非为此限。

［参照］《日本宪法》第五十二条，《英国宪法》《普鲁士宪法》第八十四条，《德国宪法》第二十二、三十条，《比利时宪法》第四十四条，《法国宪法》第三之十三条。

两院议员居协赞立法及预算之大任，故当其议事时，须叩其底蕴，开其心胸，竭尽公议，不留遗憾。是以须特别之保护。

注

关于议员自由权之观念，发达于英国，明文保障其自由者，实以一五一二年关于理查德•斯特劳德之法律（Statute anent Richard Strode）（亨利八世即位第四年之第八号法律）为嚆矢。此法为否认斯坦纳里裁判所对庶民院议员理查德•斯特劳德氏之处置，并宣言曰：将来议员于议院发表之意见，于院外无负其责，故不受裁判所之干涉也。此为英国关于议员之自由最早之法律，一六四〇年及一六六七年发生类似事件时，两院均以同法之保护为由，排一切之干涉；至一六八九年《权利典章》（Bill of Rights），更踏袭同法之精神，终成各国宪法之渊源也。

议员于议院发表之意见，不论其于本会或于委员会，无问其纯为事实之陈辩或为演述推理之结果，皆应如此。人或主张：事实之陈述乃非意见，故非受本条之保护，此恐为误。盖所谓意见，乃基于事实之判断结果，事实与意见本有不可分之关系，并非相互独立，故前后之陈述不得分离，应常以一体而观之，不容有疑。况若采此说，不仅无视沿革，而终至破灭立法之精神也。

或有立法例中分别规定意见与表决，又因议案之提出或撤回非为演述而将之除外，然其性质则不外为意见之发表，故于本案所谓"意见"

之内,应知其于解释上皆有含之之意也。

本条所谓责任,无任何之限定,故刑事自不必说,民事及惩戒法上之责任亦自含之。今示其所适,例如于院内漏告他人隐私时,一为抵触刑律,另于民法有损害赔偿之责,然因本条之故,则自应免责。又如官吏为议员者,因泄露官府之机密而抵触惩戒律者,亦依本条之规定而免责,是为此类。然须注意,本条将议员自于院外公表其意见者,非为基于本条免除惩戒责任之限。盖议员自于院外发表意见时,无问其是否具议员之资,无有特以保障其地位之要,是以自应受一般法令之支配。又因院内属议院之自治,议员为维持其秩序而服从纪律乃当然之理数。例如若议员于议院内行有辱议员体面之言行,或有对皇室等不敬之言论,虽于院外无负其责,然于院内或应由议长命其取消,情重者应以除名也。又如议员于院外以文章侮辱议院或议员者,不仅应依一般法令不得免其责,于院内亦应依其规则而受罚,是为此类(明治二十五年稻垣示事件、二十六年星亨事件、二十七年田中正造事件,一六〇六、一六〇七年英国之卢瑟·克里斯托夫·西格特事件,为前揭第一例;一五八一年亚瑟·赫鲁事件为第二例)。盖本条之要,为保障议员于院内言行之自由,而非保护其绝对自由之法意,亦无认之之要也。

第四十八条　两议院之议员,自召集发令后至闭会或解散时,无其院之许诺,则不受逮捕。然现行犯罪或关内乱外患之罪者,非为此限。

召集发令前被逮捕并尚须继续拘留者,审判厅应立即请求其院之许诺,若无其院之许诺,则应立即释放被告。

[参照]《日本宪法》第五十三条,《英国宪法》《普鲁士宪法》第八十四条,《德国宪法》第三十一条,《比利时宪法》第四十五条,《法国宪法》第三之十四条,《美国宪法》第一之六条。

本条与前条似,以全议员职责之精神为胚。今一考其保护范围,为召集发令后至闭会为限,以此最为适当。盖闭会中应无保护之要,又因开会时其期间过短,是以为憾。然虽为召集发令后之开会中,现行犯罪或有关内乱外患之犯罪时,非为其庇护之限。此一为自以招之之所,另一于性质上难认以待议院之要也。

注

于英国,古来虽存有关议员身体自由权之惯例,逢詹姆斯一世(一六〇三年至一六二五年)之统治,受庶民院议员托马斯·夏露利之牵连,国会有感确保其特权之必要,而可决新法案。考议员之免除逮捕监禁之权,既已逮捕监禁者之放免请求权,及现已逮捕监禁议员或有命者之处罚权,皆宣明为议院既得之特权,并有关于其执行之细则规定,乃英国于立法上保障议员之身体自由权之最初法律者也。迩来几多实例中可见变通之适用,然无有变更其基本原则,依然至今,现为各国宪法之模范也。

议员于召集发令前既已逮捕而现属拘留中者,议院应如何奈之乎?若止于本条第一项之规定,则于解释上议院应无以奈何;若以其有进而拘留之必要时,裁判所须求得议院政治许诺,则为得以贯彻立法精神之切望欤。曾于日本之第一期帝国议会中有决议曰:"众议院议员于会期前逮捕、开会之后仍于拘留中者,非有众议院之许诺者,则不得继而拘留之。"此于解释上失当。司法大臣复书曰:"本大臣从宪法之明文而行司法权之外,无有停止既已着手之形式诉讼之权,是以不能因其他权势之诺否而张弛司法权之必要处分,故此与议会之议决无任何之关系。"此为得其正解者。盖《日本宪法》第五十三条中以"会期中",是以不得及以会期之前,乃文理上无疑之所。然或有学者曰,以众议院之议决为得法意者,为立法上之特别,无以从解释上认其之由。此为参酌彼此事理而设本案第二项之所故也。

得议院之许诺自不必论,若不得议院之许诺时,则缺拘留之前提要件,裁判所除释放被告外应无他途。虽似无有特以明文之要,然或难保无迷,故明示其结果耳。至夫之手续,则让之与特别法之规定。

西历一五四三年于英国庶民院议员乔治·法拉斯事件终结时,国王亨利八世诏曰:"议院之特权不止于议员之一身,其院所属之职员自不必说,给事、烹丁亦享之,故若有不法而逮捕监禁之时,议院有对当事官衙请求其释放之权也。"迩来其范围渐次扩张,终不仅至其议员,其家族、仆婢及财产,皆浴其恩惠,其弊至极。盖其特权之滥用难避公私之义务,更有甚者,触犯刑律之所为尚不以为耻,一七七〇年乔治三世即位十年之法律第五十号,将其特权限制于议员之一身,其他皆遵一般之规定,以至今日。然现时各国之成法及官吏皆蹈袭英国之成例,固无更新者,乃于实践上复无有扩张之要也。

第四十九条　国务大臣及政府委员可出席各议院及发言,但须遵循各院之章程。

各议院可请求国务大臣及政府委员之出席。

[参照]《日本宪法》第五十四条,《英国宪法》《普鲁士宪法》第六十条,《法国宪法》第三之六条。

国务大臣及政府委员出席议院,演说施政之方针、辨明提案之趣旨、驳论异见者,为竭尽其职责所故也。故保明其出席及发言之自由,乃属立法者当然之义务也。然于院内,国务大臣及政府委员亦应服从议院之自治权,自不能无有些许之限制也。然学者或曰:察《日本宪法》第五十四条"国务大臣及政府委员可于任何之时出席各议院及发言"之规定,则得以绝对行使之。此论失当也。盖该条规定之权能,不论议院请求之有无,止于政府可任意示其行使与否,故若以绝对而释义,则不免有无视议院法及各院内章程之嫌。如国务大臣及政府委员行使发言权时,统理议事之职权归由议长所属,不经其许可则不得发言(于第六国会有先例。参照《众议院规则》一〇三、一〇四条,《贵族院规则》八一条、八二条);讨论终结之动议既已成立,亦不得发言[参照《众议院规则》第一一五条,《贵族院规则》九五条、九六条。于第一议会,贵、众两院具存反对之先例,此于解释上失当。然其后贵族院改其议事规则,此场合应视作讨论之再开,故今日仅于上院讨论终结后仍可发言,无待言矣(参照《贵族院规则》第九六条第五项)]。又与该议事无关之发言,有紊乱议场秩序之虞,是以议长应以制止(参照《议院法》第七八条,《众议院规则》第一〇八条,《贵族院规则》第八七条。于第六议会,井上文部大臣虽为问题外之事项而不妨发言之论,以为失当也)。此与议院法及各院议事规则对照无疑,故本案第一项所书虽聊似蛇足,然鉴素来之异论而设之耳。

国务大臣于宪法上无限其所管事务,故有横贯百政发言之权限无待言矣,否此者大为谬误。盖国务大臣为宪法上特立之机关,是否为行政长官非为宪法之问。如日本之现行法制,虽有国务大臣兼为各省大臣之时,然于法理,不应混淆国务大臣与行政各部大臣之地位也。故例如于日本之法制,递信大臣有答辩大藏大臣之主管事务者,应知其于宪法上无碍。各省大臣于官制上所掌事务各异,然国务大臣无存主管之事务,是以国务大臣有各以独立发言之权能,国务大臣相互之间无存委托或代理关系之余地,又固无授权行为之必要理义,道理明白。是以于日本之第二十五次帝国议会,桂总理大臣及安广政府委员以为,国务大臣仅限于主管事务有答辩之权能,于其他所管事务发言时,与其主管大臣间须有代理关系而答辩,此断为失当,应知其终为混同国务大臣与各省大臣之地位及权限之谬见也。

政府委员与国务大臣同为宪法上之特立机关,法理上其发言与国务大臣之发言毫无轩轾。然依日本之法制,政府委员有二种,一有一定主管之事务,另一则无。于前者仅限其职务范围内,于后者可以全般之政务发言。故政府委员于其职务之范围内自有发言权,无有凡事皆受国务大臣委托之要,亦无代理之要也。两者之间无存代理关系之理义,由其互于宪法上之地位所证应可知也。学者或主张:政府委员仅受国务大臣之命,止于有代国务大臣发言之任务,虽无自己独立之权限。此以行政法理而拟律政府委员之地位,恐不免为失当之见解。盖日本之现行官制上,政府委员作为行政官各隶属于其长官,虽无待言,然政府委员非立于国务大臣之司令权之下,此有遗忘特立之国家机关之嫌。或曰:政府委员为宪法上特立者,则奈国家之统一何焉? 此虽非无理,然凡宪法上之机关互为特立,其间非必然为统属关系,论者之疑义自应云散雾消,岂何独以政府委员为怪耶? 况政府委员作为行政官既有统属关系,则无生阻碍国权统一之果,此不难想象,反论终不过为杞忧耳。是以实际上政府委员虽有依国务大臣之命令而进止之观,然基于行政法上之统属关系,为政府委员之资格非隶属于国务大臣也,此须注意为要,应察知不应混淆二者也。

议院多依国务大臣及政府委员之陈辩决其可否,若议院无请求其出席之权,政府以本条第一项为借口而拒绝其请求,议院则无有责其违法之由。实于日本第四次帝国议会,众议院要求国务大臣之出席,然政府以无明文为由拒绝,此为实例也。此则终非圆满而举议政之实之途也。是以本案推究其情理,特以本条第三项设之而得其权衡。

第五章　内阁

现于立宪诸国,内阁制度多为英国之滥觞者,故于此聊以一考其起源。考于英国诺曼胜王之御宇,有大会议(The Great Council)之制,盖为最高咨询府。国王渐而增加其员数,因于施政上多有不便之感,遂举小数之委员新组常置顾问府(The permanent Council)。随一二一五年《大宪章》(Magna Carta)之发布,大会议渐而变形,构成国会之基础。次而国王于常置顾问府中选拔复数之人组成枢密院(The privy Council),后世更于其中组织委员会作为至高顾问,此即今日之所谓内阁(The Cabinet)之起源也。然其发端为斯图亚特王朝之初期,即于詹姆斯一世(一六〇三年至一六二五年)之统治,而其顾问府一转而至行政府之枢轴,实属查尔斯二世(一六六〇年至一六八五年)之御宇格兰雷顿执权以后之事。次而威廉三世(一六八九年至一七〇二年)之统治渐启政党内阁之端,随乔治三世(一七六〇年至一八二〇年)之亲政,一时有中废之观,然无几何而复旧,及十九世纪贤相相继组织内阁,所谓责任内阁制度渐次确立,以至今日。要之,内阁制度之发展应如麦考利卿所谓,半出于偶然,半归于贤相之效,今日应得以内阁称为宪法上之机关,此不惮为事实上不磨之典例也。盖英国之内阁非为基于宪法及法律之规定而存立者,乃为数百年来自然进化之不朽产物也。故于法理上观之,行政各部大臣、内阁大臣之资格非为参列阁议,可谓作为枢密顾问而参与大政者为当欤。于实,英国之大臣宰相,必以行政各部大臣兼任枢密顾问者,此为基于沿革之由者,非以有枢密顾问之资格而取得行政上之职权也,不难视其此般法理。故一言以蔽之,英国可谓虽有以枢密顾问之合会,却无内阁会议之存。然于今日,施政之实权全归内阁所属,枢密顾问近乎空名,争论其名义如何终为无用之辩也。

第五十条　内阁以国务大臣组织之。

[参照]《英国宪法》《俄国宪法》第七十八至八十二条。

于立宪诸国熟察政府之组织,其制虽非为一,然莫过于会合行政各部大臣评议大政之方寸而设一专局也。盖今之政务甚为复杂,各科主管之事务多为不待朝议而难行之事。本案乃稽政治之趋势,以内阁为宪法上之机关,由国务大臣组织之。

内阁为宪法上之辅弼机关,凡基于大权,百般政务皆为内阁之奉行,然内阁由国务大臣组织之,其职司之执行应依大臣合议之果,不得单独辅弼之。《日本宪法》执国务大臣之制,不认内阁制度,故各大臣以单独辅弼为原则,此与本案终不外制度本质相异之果。然于日本另以敕令认内阁制度,且以国务各大臣组织之,法制上虽似无异,然应不忘法理之归结相异也。盖日本之内阁非为宪法上之机关，故其存废不过为官制问题，然于本案则属宪法改正之问题。应知二者之地位相异也。

据本案所执之主义，国务大臣于宪法上为内阁之一员，止于辅弼大政之任，固不问行政大臣是否于各部执权与否（参照本案第四十九条之说明）。然于各国之实际，兼任者近出一辙，主为以期政务统一之实益也。曾为清国官制改革委员兼总核大臣之奏议中曰："行政之事则专属之内阁各部大臣，内阁有总理大臣，各部尚书亦为内阁政务大臣，故分之为各部，合之皆为政府，而情无隔阂；入则参阁议，出则各治部务，而事可贯通，如是则中央集权之势成，政策统一之效著。"此可谓道破各国实情之善论也。

学者通例分类内阁制度，有帝室内阁制、政党内阁制之二种。或以前者为大权内阁制，称后者为议院内阁制，皆由政治之外观所证而区别之。然两者性质差异之论说，断不免为皮相之见。盖不论何种之内阁，无政党之后援则难有一日之存立，此属自然之趋势。其虽有谓帝室内阁者，然既存于同一情形之下，政党内阁无有可择，不过为程度之差。此如德意志诸邦及日本，虽称为帝室内阁制者，亦难脱政党内阁制之味，进而不外近似于英国之制度也。然而依政府与政党之关系厚薄而区别二者，其标准应谓有误。或曰：君主之大臣亲任权之存否，乃为两者甄别之基本点。此为辨别事态之僻见耳。盖凡后继内阁，于任何国家皆为斟酌当面政情之结果，以多少政党员入阁，则以政党缘故之人组织之，此为必然之理数，以大臣任命权存否之论，此断不免为不稽之言。今于英国，依大臣亲任之情况，君主通例依宰相之推荐，于下院以多数党之首领所命而组新内阁，奉党首之大命亲择阁僚而请敕裁，君主幸而嘉纳其奏请时，以辞令书交付诸员，于此各员复而参见，亲吻国王之玉手，称 Kissing hands。盖由亲任之仪式则大臣就其职。以此察于法理，则党首之阁僚奏荐为亲任大臣之预备，辞令之交付为敕许之凭据，然亲任之仪式为大臣就职之形式，此皆不难视为其职权授受之要件也。故应知英王不拥任命权之论，终不过为臆论耳。或有援以君主常以嘉纳党首推荐之实例，而疑任命大权之存否者，然此为拘泥于外观而无以究明其本，即君主无自由意志之谬见也。假若从论者之说，则虽与英国之情形稍异，然采酌重臣之奏荐者皆同，难不得各国之君主亦无任命权之论断也，此岂非混同法理与事实者又为何焉？是以英国特有之事实而吹嘘,漫弄异同之辩,若非为自欺欺人者,则为嫉视政党而顽迷之流耳,况本说终为无视伴随制度之必然趋势者也。

注
　　于英国,百般政务非经君主之裁可而不得执行,此为古今贯通之原则。故虽如阁僚之选择,非皆任予新任首相之人,若为不协圣虑者则应有否决之自由,此谓事实。此为英国宪法史家之所告,非为予辈之私言也。此唯系内廷之密议,亦关首领其人之信用,故性质上其真相难至漏于外部,无有文献为证,仅以为憾。然实现未得裁可而恣意行动,终失君主之信任而被罢免者,前有大宰相威廉·彼得(一八〇一年),有外务大臣巴纳斯坦恩(一八五一年)。虽难知最近有无恰好之事例,然现时内阁大臣自应负上奏君主百政要务之责任,更担议会开会中每日上奏议事经过之义务,由此亦不难推知帝力之一斑。

　　夫憎恶政党、嫉视其达者,理义正然而破坏立宪政体,至于独裁政治下压制言论,禁止集会结社,然尤不能弹压政党之勃兴,何也? 盖不外因政党为基于人类自然性情之产物。况立宪之制于四周之情况,乃最能促其发展者。是以若执立宪政体,则应自觉政党为其副产物,培养其果,实乃为经世家之不应有怠之任务,又为其天职也。既以政党为必然之产物,则其势力浸润于议院,进而波及政府内部者,为当然之理数耳。然因政党政治与立宪制有不可分之关系,憎恶政党政治者亦咒其基本政体,否则即为单嫌忌其结果而终难解其意也。

　　政党政治为自然之趋,区区权略难抗其势,此素为常识之认,然或有学者论定英国内阁制为基于自然之进化者,而独以日本之趋势为疑,此终不免为浅见之识也。盖进化之原则不容国境之观念,不得以彼此国情相异一事而无视自然之大势者,事理明晰,于日本之进化路径历有所证而无余也。实之日本政府当初曾以害物而视政党,执奋力压迫之态度,觉知政若无后援则无有一日之存立时,一转以操纵之,再转而提携之,三转则终至树立政党内阁,所证明晰。然具以追其变迁之迹时,应知不应不察政党政治之趋势。即有如于明治二十四、五年之交,大隈伯因会见党首板垣伯之故而解其枢密顾问之职之事;有如隈、板二伯为推荐议员后补之广告而招刑事问题之事;有如二十九年隈、板二伯相继入阁时,吹嘘以元勋参列之事,由此足以推知在朝者对政党有如何顽迷偏执之思想也。然二年后机运一转,宪政党首领大隈、板垣二伯入而组内阁,除海陆二相外,阁僚皆以其党员充之,以及所谓政党内阁树立之观也。此乃吾国未曾有之现象,亦为自然之情势使然也。迩来历次之内阁无不与政党因缘,特以三十三年之伊藤内阁尤甚,党首伊藤公外,有数人之政友会会员入阁;三十九年西园寺内阁成时,复有首相以下数人之同会会员入阁,由之可察其倾向无余。然去岁七月第二次桂内阁成立之时,大同俱乐部一派不满下院议员之十分之一,曾自以一视同仁为主义之现内阁终难固执其见,思及此处,则此消息亦非难解。据所谓一视同仁主义与伊藤公曾标榜之超然主义乃异名同质者,不偏不党而仅以所信咨公议者,是以其眼中有议会而无政党也。此于男子之抱负而言虽应聊值赞美,然此亦不免为不解时世之论也。盖若否定政党之存在,则无有行自家政见之意则已,又将愈须政党之后援,此理易见也。伊藤公一掷超然主义,亲而创立政党者,终不外为此故也。以桂侯之聪明不能不知其理,又何以标榜一视同仁耶?仅欲不失多数党之欢心耳。果然,政友会供给其于阿里山问题之官商托请之事,复又于电话中几度讽刺政府之态度,桂内阁遂弃先日之宣言而终至屈伏于多数党之膝下,此为自然之理数,暴露丑态者反可谓乃自招之祸也。不以议员政治之大势推之,不以同情之异同论之,无论政府如何标榜之,亦应知其终难脱政党内阁之臭也。

第五十一条 国务大臣以辅弼皇帝为其责。

国务大臣须副署有关法律敕令及有关国务之上谕。

[参照]《日本宪法》第五十五条,《英国宪法》《俄国宪法》第二十六、八十一、八十二条,《德国宪法》第十七条,《普鲁士宪法》第四十四、四十九、六十一条,《奥地利宪法》第四之九、四之十、四之十二条,《比利时宪法》第六十三、六十四条,《法国宪法》第一之三、一之六、二之九、三之十二条,《美国宪法》第一之二、一之三、二之四、三之三、十四之三条。

内阁大臣于百司之上,居辅弼君主、定大政方针之任,其职责之重无待言矣。然所谓辅弼,横贯政务之全体无所不及,性质上不止于宪法之责任,政治之责任亦包含之。然因宪法无涉政治公德之范围,故于宪法上之责任止限于违法之范围。然于实际,政治问题占有大臣之责任之最主要之地位,即若有失政,议会则用其权限问责不怠,君主依察众心所归,临机处置而不误,至此始可谓尽政机之妙用,是以本条之效用主系大臣道心之厚薄者也。

大臣之责任常须由政、法两面分而观之。若示一例，评定有关预算内容之利害得失乃为政治家之任，其计划是否为杜撰乎，议会不应失此问责大臣之机，然其所问乃为政治之责任而非法律之责任也。法律家之任则异，以预算之编成于形式是否适法一事而存是否有违法之迹乎，责任问题终无发生之余地，是以二者之根据相异也。大臣应负违宪之责固无待言，然失政之责非必由其所负，故若有亦以失政之责含之之论，则非为法理之断，应以注意。然熟察实际，大臣主负政治之责任者属立宪国之常例，其范围非如法家所论之狭小，盖为活用法文之所，宪政之妙趣亦可谓存于此也。

大臣负辅弼之责而非代君主之责。盖君主既有不可侵之地位，则无存代其责任之由。是以《普鲁士宪法》第四十四条中有"各大臣代任君主其责"之规定者，难免法理上之批难。大臣亦非基于与君主共同行为而负担其责也。盖无责任者之责任不仅难以想象，更无以分担也。或又有以为君主虽为统帅然非政治，持大臣独担责任之说，此论不仅无视君主之地位，亦实可谓误解法理者也。盖君主统治而无负其责者乃其地位之使然，大臣之责任以其固有之职务为胚胎，此乃必然之果也，是以凡大臣有过，无问是否出自故意应负辅弼之一切责任，于法理之一般责任亦不为例外也。

大臣对君主负责，议会又对国民负责之说者，虽于政论不无妙处，然此断不免为失当之见也。盖百司皆应对君主负责，此应无待注明，而议会与国民于法理既无独立之人格，则自然无有推定问责主体之理也。学者至此又生一说曰：本条为规定议会之问责权者，是以无关其有无也。然议会之问责权依本条之有无而无任何之消长也。本条乃鉴大臣之地位与立法之沿革而特以规定者，非关所谓弹劾权之事，文理明晰，故徒然援引外国之学说，强以忖度本条之法意者，未知其可也。

君主问责大臣乃以本条为据，于其制裁既另无规定，则应依其亲裁。然议会除有批评大臣言行之自由外，止于陈疏其是非而仰圣鉴之事，无有直接惩戒大臣之权，故于此点，二者之间可谓相异甚著。故单以制裁之有无为标准，则议会之问责不过为空名，唯有以政治上之重大效果而认耳。若夫予议会以惩罚大臣之实权，则大臣终至隶属于议会也，鉴于国体之本义，尤不应赋予制裁权也。

因大臣责任制裁,不可超出惩戒范围之外,故轻而谴责罚俸,重则免官或停止及剥夺就职资格,应以之为限度,不应如英、美、法等其他诸国有刑事裁判之性质。盖失政之责任,夺职应已达制裁之目的,虽有所谓政治犯(参照注),然其性质属纯然之刑事事件,既有司法权之特立,则不应复以议会等特别机关而审判之,是以无有移植欧美诸国所行弹劾(Impeachment)制度之要也。议会自应利用其上奏之权而达其目的,而事关刑事者应由审判厅裁之,此为无有遗憾之切望。鉴以国体与政势,尤应避免偏重议会之权力也。

注

所谓政治犯,非为意义明确者,一般为因议院之弹劾而应审判之犯罪之总称。仅细考其内容,凡(一)有失政者、(二)牵连职务者(例如受贿罪)、(三)与职务无直接关联然事态重大者[如叛逆罪。《美国宪法》之所谓叛逆罪,与日本新旧刑法之关于外患之罪、清律之所谓十恶中之谋判罪同(参照《北美合众国宪法》第三节)],含此三种。然据英国之主义,政治犯主要以第一种之犯罪为重点,有多数之实例所证无余。反之据美国之主义,多限为第二、第三之两种,照宪法之明文而明。第一种纯属政治问题,故应议会评定之,其他之二种为法律问题,应皆由司法厅之审判专属。然定有罪之判决时自然应免其职,依其罪之轻重而停止其一定年限之公权,不应采剥夺之制,此无疑为最符理论且最适国体之制度也。

内阁为合议之体,理论上应常以负连带责任为原则,然于实际,内阁大臣多兼居行政各部之首长,故作为行政长官,于其主管事务负个别之责任并不为稀,然至政治上之责任,固应以一定之理论而规律之,无待言也。要之,唯参酌事件之性质与当面之政局以定其负担外,别无他途。凡内阁大臣以为民信既去时,应连带辞职;有见议会非为舆论之代表时,应断然奏请其解散,此为常例。盖辞职乃由君民负其责,故解散乃由来于以所见之是非而问舆论之政理也。此于最近五六十年之英国得最善之遵奉,既已论说(参照本案第六条之说明)。于日本虽仍未存确定之惯例,然亦自有不文之典则。实如第四议会,内阁不信任上奏案虽以一八一对一〇三之多数而通过,然伊藤内阁未辞职,议会亦未解散,而于大诏之下弥存于一时;亦如第十一议会解散之时,松方内阁亦未瓦解。虽不无此等变例,然如第三议会闭会后,松方内阁崩溃之因乃为其不信任案之通过也;如三十一年宪政党创立之时伊藤内阁联袂辞职；如三十三年政友会创立后，山县内阁立行总辞职；亦如第一次桂内阁于《朴次茂斯和约》失政以降自以瓦解；又有近如西园寺内阁于下院非系为最大多数执政党拥护而终至崩坏。依民信之向背而应足知其进退，更足见所谓责任政治之原则于冥冥中支配之所。负个别之责任而辞职之实例亦然。实于第五议会中，由有关官纪振肃之上奏案之通过而牵连，后藤农商务大臣辞职；三十三年由东京市参事会员收贿事件而起，星递信大臣挂冠；于第十八议会，因教科书问题及交易问题而通过失政决议案，而至各主管大臣之革职；近而有三十八年因与日比谷事件关联，芳川法相辞职，受所谓大学问题牵连，久保田文相被罢免。可知舆论之反响非必为徒劳，法、文以外亦足可尝宪政之妙趣也。

所谓副署，即于上谕或法令之公布时，国务大臣于皇帝之御名、御玺之下署名者也。依副署之制，渊源于欧洲诸国之宪法，由之为大命奉行之规准之意也〔达寿氏之立宪考察复命奏疏中有"察中国自古封还诏书及署纸尾之事，数见为史家所传之谈"之语，故支那素存副署之制度，然至国法附有一定之效力者素系欧洲立宪诸国之创始，应无待注明（参照《清国摄政令》第九条）〕，故以数人副署则诏命之真伪应无疑念之余地，自生遵守之义务，此为本制度所伴之实益，又为宪法上之要件也。故若有副署之缺，即使公开，则其效力无生者无待言矣。此非将发令或上谕本身无效化，而不外诏命颁布之形式要件有缺者。盖发令因裁可、上谕因亲裁而有效成立，则无将既生之效力而废灭之由，此属自然之归结也。既有副署之缺时，应知诏命无有颁布之效力，随之亦无遵守之效力耳（参照本案第五条之说明）。

副署属国务大臣之职务，因大臣有应奉行一切诏命之义务，若欲绝对拒以副署，则唯挂冠之一途耳。或曰：所谓职务即为权限，故副署与否皆由大臣之自由意志所存。然明文不仅无有特以担保其执行之自由，更于一定之事项中以副署为要件，亦不难推知副署为大臣之义务也。况大臣有拒绝副署之自由时，上谕之颁布及立法之实权则终应归于大臣之手。副署既为大臣之义务，则不得以之为君臣合约之凭证无待言矣。基于命令权之作用而执行职务者，无容契约观念之余地也，若强以之为契约，则法令之成立、裁判之宣告、行政之处分，亦不得不与其同论也。是以难谓职务之执行乃合意之结果也。

注

或有学说曰："宪法既予国务大臣副署之权限,则与裁判所或议会独立行使其职权一般,大臣亦应有执行之自由为至当。"此不免为误解制度本质之论也。盖裁判所及议会若以逢事必奉诏命为法定义务,则终无用之长物耳,其职权之自由执行乃为制度之精神所赋者也。副署之制与之相异,单为诏命颁布之公证方法,则大臣无职务上拒绝之自由,此不外由制度之本质而得自然之果也。是以二者不应一律而论之也。或曰:"国务大臣与行政大臣相异,保有独立于君主之地位,故不仅无奉行诏命之义务,反有不应副署不法诏敕之义务。"国务大臣与行政大臣其地位相异者,予亦素而认之,然所谓"保有其独立之地位",则为其非君主所隶属之意乎?无关君命如何而有副署自由之义乎?虽聊有不明,然解之,其皆不免为无视君主之地位,又为破坏制度本质之识也。况本说终有混淆副署与辅弼之嫌。盖大臣居匡救奖顺之任,若思其为不法诏命之时,极力谏诤者自为辅弼之责务,无待言矣。然凡大臣自无节制君主之职权,在职中亦无免去副署义务之由,故大臣终无阻止其之能,是以但不辞其职,则虽为不法之诏命亦应奉行,别无他者。是以可知此为不通之论耳。

凡大臣之责任,以辅弼为原则,无关副署之有无也。盖副署为辅弼之果,仅止于公证其事实也。故副署虽亦不妨谓之为辅弼,辅弼却不应谓为副署者,由之推究,应知其互为本末之关系,且其范围相异。是以如有以副署为责任制基本之论者,终不外为混同其因果关系者也。故《德意志帝国宪法》于其第十七条规定由副署而负责之旨,终难免法理上之非难(参照注)。然依副署而推定责任之有无者,不过唯图举证之方便,固应注意其与责任制本义无关也。大臣若有辅弼之事实,无关副署之有无,自然应负责任。是以一般之副署不过为责任之外观,不应忘辅弼乃其原本也,故应知大臣之责任不由副署之有无而消长也。

注

以副署为责任发生之唯一原因,仅归不以副署则无责任之法理耳。无有须以副署之政务皆不存责任之论。凡责任,与行为之全局为本则。今夫大臣,居综核百政之重任,然若仅由副署而生其责任,则将其职务之大部埋没于无责任之中。考上谕之颁布、法令之发布,实际上仅为机械之政务,此不妨放任胥吏之处办,然为何特以其归属大臣执务之范围耶?此仅为沿革之由耳。然责任若及其外,大臣责任之正条则并非必有问其有无之要也。盖事实上,施政之大半皆须副署,无论事由如何,无有以违宪而问责之由。大臣责任素为政治公德之范围,予虽亦知其妙趣，然尤其不应依一般之违宪而问其责任，无论为立法观或解释论，无见认此之理也。是以副署唯一责任之说，终为误解副署本质之谬见也。

大臣责任于表示奉行上谕之决议时生之，故无关大臣知诏命为不法与否，亦无关是否谏诤其颁布，凡于事实上表奉行之意思者，即不外为责任发生之时。例如大臣于副署前之时日奉答，则于其奉答之事实而同时发生，是如此类。故其时期非与副署同时，莫如说相异者多欤。然其责任非于其决意时生之，乃于其表示时生之者，乃因法理无以推定保留心中之事实也。

枢密顾问之职司，为应君主之咨询、审议重要之国务者，以期为政之慎重而特设之，虽非为不可，然其性质上为对外无任何干涉之孤独机关，故无特以之为宪法上之制度之要也。考清国初肇而存内阁之制，以至高之行政府兼任顾问府；雍正年间设立办理军机处；内阁之职权渐而归军机处；于北清事件之终局再设督办政务处。现今此三大衙门并立而综核施政、询谋之事，故不存顾问之专局也。然稽其地位，又以各国之实际所证，未有视此为宪法上要紧制度之由也。

注之一

现时之立宪国存有枢府之制者，不过为日、英、普、巴伐利亚、萨克森、威斯特法伦等数国，然英国之枢密院隶属于实权内阁，仅不过存有空名，既如所述；普鲁士之枢府于一八四八年以降曾一度废灭，至一八八四年再兴，是以不能不有徒拥虚器之惑也；现在占有重要之地位者，唯日本之枢密院耳。

注之二

清廷以先而特设枢府为紧要之事，听闻有以南书房（皇帝指派尚书、侍郎、京堂、编检而查其书、写其字之处）充之计划，由其后公布之立宪预备年表可见；宣统八年（明治四十九年），即于宪法宣布之当年，有设弼德院顾问大臣之计划，盖与我枢密顾问相当。故枢府之设定于今乃确定之问题，所剩之处乃此是否为宪法上之机关之一事，希其先于政法两面俱究其得失，徐而定其取舍为望也。

第六章　督察院

督察院者系历朝因袭，其制度之滥觞，远可追于如汉代之御史大夫，后汉以降之史台、兰台寺之谓，梁、后魏、北齐南台之谓。至隋唐，则有御史台、宪台、素政台等称，后复而改为御史台。宋以降渐次踏袭，至明一旦废绝之后，又复以督察院之名而再兴，清则继承其遗制。然督察院以整肃庶政为主要官能，行政之监视、会计之审查、百司之纠劾自不必论，终可至干涉终审裁判之事，其职权之广大，各国无存以类例也。于立宪制下是否有此官府之必要，聊非无疑。本案欲以国情为鉴，以其为宪法上之机关而存置，然现制自有施行大改革之必要，即将素来保有之会计监查权割与审计院（同我会计检察院，参照本案第九章）所属，再将其审判权归属于大理院下之司法厅，故本院应纯为行政监督之机关也。盖其权限广大而应个别专司之。或曰：行政之监督自为议会之任，无有特置常设机关之要也。然鉴制度之沿革又稽官海之常弊，纲纪之振肃不应有一日之忽，与其废灭督察院，不如应利用之。况议会之开设，于其性质，收以实绩近乎不能之业，是以存置督察院，为官纪维持之支柱，伴与议会之监督，以资行政之刷新，此断非无稽之举也。

第五十二条　督察院直隶于皇帝，监察庶政之执行及百官之行状，其组织及权限以法律定之。

督察院直隶于君主，于内阁、议会及审判厅之外特立，监察庶政之执行及百官之行状为其职司。故其不行政，不立法，亦不司法，唯以从侧面纠察施政为宗旨耳。其由君主直隶，于百司之上执行其职。其权限乍似有过大之观，然其既以庶政之纠察为职司，则自应以审查百官之行状为要也。

督察院为官界最要之支柱，谏官鉴其地位，若不能有以身殉职之赤诚，则难期纲纪之振肃。然于事实，此往往有营私魔窟之嫌，历朝焕发之上谕立证无余，然是否应惩其弊而裁撤乎？曰：否。夫善之制度则大弊随生，此属必然之事理。故本案一为缩小其职权，二为更改其内部组织，尽力而防弊害于未发。出于此意，与向来议会之严正监视相伴，可期一新本院之面目也。然尤有"竟有以奏事为利媒，借以窃弄威福、私纳财贿者，坏法乱纪莫此为甚"之叹，他日复曰："此实台谏之败类，朕不能不执法惩治矣。"此非为制度之罪，仅为时代之堕落、风教之问题耳。事至于此，则法家之笔舌终失其用也。

督察院比之西洋，似弹劾审判或惩戒委员制度，然欧美之制度不堪于此详述，右仅止于述论与本院将来构成之考案相关联之事。

　　查欧美多数之立法例，多模仿英国之制度，弹劾权由议会专属。本案非为移植所谓弹劾制度之果，而以督察院为弹劾权之主体。考议会于实际自可达弹劾之目的，其主体与否终不过为法理之论，应以注意。然督察院分为检察部与监查部之二局，检察官以原告、监查官以审判为专任，此不仅为补足从来之短处，更为贯彻立法本旨之切望欤。于立宪诸国效检事局之制，以检察官为事实搜查之机关，其下隶有一定之巡警，常为其手足，且凡公诉，非由检察官之提起而不得由监查部审理，改为此制，不仅无如现行法之轻举圣虑之虞，亦自可绝偏听之弊也。于事实之搜查收集固由检察部不懈之侦察，然依一般告发而觉知者亦为其基本（为弹劾原因之事实若缺乏究明其之手段，则无疑为本院构成之一大缺点，盖或有狐疑逡巡之虑，亦易行私曲也。若奏虚事而蔽圣明，纵死亦不能赎其罪，此虽出于善意，然终不免为不臣之识。本案鉴其情理，为上下而期其弊根之绝）。审理之方法应据书面为原则，必要时自以审讯被告，依事宜如现行之特派吏员亦无妨，若广为审判厅之共助，则应有节约时间与费用之便利也。至于其制裁，主要为惩戒之范围，应以谴责、罚俸、休停职、免官及剥夺就官资格为限度，若事关刑事，则应移送审判厅。然休停职以下之罚，宣告后应以上奏；若为免官及剥夺就官资格者，应经敕裁而后宣告也。如此，则督察院虽有裁判所之观，然审判不过为行使其固有目的之手段，其为监督机关之地位与职责无有变更。要之，不外为期以督察院为维持官纪之支柱之意也。

　　如左既述，督察院素来之制度终有改革之必要，故其组织自应一变，所变者即长官及次长现行之制[素来为左都御史（总宪）二人、左副都御史（副宪）四人，依三十九年之官制改革而各以减半，改为长官一人、次长二人，以至今日]。考检察部置检察官，监查部置监查官，由其隶属，各部局居特立之地位，部内设分管中央、地方之所。检察部为一体，监查部为一部三人至五人之合议组织，限于国务大臣以下、三品以上者为被告之时，须附以二部以上之联合会议；检察部置约十至十五人，监查部置五、六部为专任，外以附属相当之杂职。叙述至此，应以一考本院之地方所辖之关系。素来地方总督兼任右都御史，巡抚兼衔右副都御史，督抚亦自归本院之所管。其兼任应全废，代以各地方审判厅之检事局为法定之共助机关，于一定之事项应为本院之手足。望以举秕政刷新之实欤。

凡弹劾事件之审判机关制度有三：以上院充之为其一，原起源于英国，现为美、法、意、葡诸国所踏袭；以司法裁判所充之为其二，为比、荷所采用；设特别裁判所为其三，奥及德意志之普鲁士、巴伐利亚等国为此属。今依其利弊，上院制若非如英国一般，于沿革上保有最高裁判所之地位，则无有效仿之由；司法裁判所制虽非绝对不可，然于其性质须评定施政之得失，故难为适当；特别裁判所之制于理论上似为最适之制度。然本案所采之制弹劾、审判皆为所辖，故皆非属此三者，于性质上可谓近似最终之制度。然其为常设机关并特以专任官吏而组织者，与西洋之制度相异。

第五十三条　督察院可随时上奏于皇帝。

保明督察院上奏之自由，乃为保其职权之执行所故也。若无附以上奏之权，则难免行政诸官之干涉，终无以支持其固有之地位，故应知其特有声明之要耳。

第五十四条　督察院每年须将院务报告书提出于帝国议会。

缺乏究明事实之手段乃为议会之所短，拥以搜查事实之利器实为督察院之所长，故既相助，应全监督机关之名实，又于政法两面竭尽其作用为盼，此为本条规定之所故也。

第五十五条　督察院检察官及监查官，除法律所定之场合外，不得反其意而免其职。

督察院之检察官专任公诉之提起，监查官专司其审判，若以此配于司法审判厅，则其职掌及地位前者与检事似，后者与判事似，然原告官之地位则大相径庭。盖检事须以上官之命令而进退，检察官则不羁而独立，此不外因督察院之地位使然之自然结果也。若检察官如检事一般隶属上司，则公诉之实权将归上司之手，自行不法之干涉，则终有动摇制度基础之虞也。

所谓法律所定之时，乃为除刑法之宣告或依惩戒条规之外无以革职之意也，此乃昭明其终身官之意，保障其不被漫而被罢免，亦无停职、休职、转官之事，无待言矣，其细节皆让与特别法之规定。

第七章　司法

　　司法与行政一概委以行政官之掌管,此为古今东西一致之法制,启其分立之端者,实以英国为嚆矢。即于同国一千年前既已分别二者,复至一○七八年而置宗教裁判所与普通裁判所之区别,及一七一六年以至大略组成巡回裁判所。然明确裁判所之构成及管辖者,实为一八七三年之《裁判所构成法》(Judicature Act)及同年以降一八七五年公布之同附属法也。于大陆诸国,法兰西之一七九○年八月二十四日之法律为二者甄别之起源也。考司法之权与公安之维持、庶民之生计有直接之利害关系,属古来统治者最为看重者,存有王侯亲以审判或由重臣裁理之制,是以屡有滥用之以至民众疾苦之事迹,散见于各国之史书,不知君民为此而互有几多冲突,于英国一六八九年之《权利典章》(Bill of Rights)特存一宣言应可为其证。现时各国至以司法为特立,终为其反动,乃终不外鉴以史绩之果也。

　　第五十六条　司法权以皇帝之名,由审判厅行之。
　　[参照]《日本宪法》第五十七条,《英国宪法》《普鲁士宪法》第八十六条,《奥地利宪法》第三之一条,《比利时宪法》第三十条。
　　所谓司法权,乃依审判厅所行国权之作用,然司法权非为审判厅固有之权力,其权限乃以君主为本源,须特以注明。本条所谓"以皇帝之名",不过唯效二三之立法例者也,于解释上可谓无关其有无。
　　委审判厅以司法权之行使,乃期裁判之公正所故也。盖以命令而规律其活动时,国民之生命财产终难免于威权之干涉。审判厅之独立乃文明德泽之一,又不失为立宪之美果也。
　　以审判厅专管裁判之事为近世政治之趋势,如英国之上院作为上诉裁判所有审判之权,此属基于沿革理由之变例,不应为一般之范。然于《清国地方官制》第三十四条,依地方之状况欲分期渐以设立审判厅,此实为适宜之举措,由此若幸得裁判面目之一新,则不仅为国民之利福也。
　　清国现行之司法制度,其组织错综复杂,虽不易知其真谛,然据《大清会典》及几多上谕、事例等推测,应可分其审级为:(一)耆老之私审

（应视之为第一审判所，或有反对之说）；（二）州衙门、县衙门；（三）府衙门、直隶州衙门（应视为所属县衙门之上级审）；（四）提法司（提刑按察司）；（五）总督衙门、巡抚衙门；（六）大理院之诸级。然依次受其直近上司之监督者，无异于行政上之统属关系，是以如有所谓司法权独立之形迹，具以情理而无认之之由，无待言也。今无关典例，姑且依其实际，民事、刑事皆以至提法司为终审。于国法，提法司以下有流刑以上拟律权而无判决权，虽渐由上而控以至大理院为终审，然于实际，若拟律无错，则提法司之审判即可谓为终审。察其实质，提法司之直近上级审判为督抚，仅止于监督司法行政，可谓无以干预一切之审判。盖除以特例，督抚之干预不过为一片之形式，于事实则可谓放任上下级之审判者也。是以现行之审级虽于典例上有六级，然实际为三至五级，应可谓太过欤。

　　注

　　右记第一审及第五审为今尚据旧例者，第二审至第四审为参稽外省官制改正之结果者，第六审即终审。唯举大理院者，乃据光绪三十二年（明治三十九年）九月官制改革之上谕而正其顺次也。至此应一考，从来法部（旧刑部）所保有之流罪之审判权、死刑之拟律权，及度支部（旧户部）所保有之京城与外省之民事审判权自不必论，依于最高裁判所地位之所谓三法司［刑部（现时之法部）、督察院、大理寺（现之大理院）］、九卿［六部（吏、户、礼、兵、刑、工之各部）、大理寺、督察院、通政司之各部院长官并称九卿］之合议而成之秋审及朝审制度之存废如何等问题也。于此点虽无典例所证，予对照上谕之"刑部着改为法部，责任司法"与"大理寺着改为大理院，专掌审判"，可知前者专管司法行政，后者专管裁判。由此谕旨拜察之，可推知清国特有之会审制度全废。盖究改革之精神且稽上谕之文义，又照查各部院之地位时，固可知其非为失当之论也。然九月之改革乃对肇国以降所纷纠之司法行政组织，即审判组织之基干加以斧钺者，为将来司法制度之革新故，此应谓至善之素材也。

　　通常审判所之审级，各国制度非一，民、刑之审级各有异者，亦有同者，亦有二级、三级、四级之审，又有折中混淆者，通以三级审为最多。然理论上非以三级审为最优之制度，终为诉讼之利便及依其国情而决定之问题耳。然于清国，未有法院编成法之公布（据立宪预备年表，法院编成法有于本年内颁布之预定），虽无以知其详细，姑且以既存之法规而推察。凡审级分为三,以大理院为最高裁判所,各地方置高等审判厅、地方审判厅及初等审判厅。初等审判厅所受理之诉讼,上至高等审判厅为终审;以地方审判厅为第一审受理之诉讼,至大理院为终审,似为此案。此虽似无异论,然于初等审判厅之构成,应有一言。盖无以参稽任何国情,徒以继受外国之法,断非予之所兴,故初等审判厅应据以周秦以来之遗制之私审制度(参照注),更应参酌各国之始审裁判所之制度,于刑事则限于轻微犯罪,于民事则含和解事件、仲裁事件、督促手续、执行手续之全部及一定金额以下之请求,皆由之管辖。其裁判应许其渐次上递,且其职员应为帝国之官吏,其选任据旧例为可。

注

本文之所谓私审,指清律所云"凡各处人民令设耆老,须于本乡年高有德、众所推服人内选充,不许罢闲吏卒及有过之人充应"之耆老审理也。于现行法制,民、刑诉讼应先经由私审,若直诉州、县官,依清律之规定而应处越诉之刑,是以于实际,其无疑具备第一审判所之地位与性质,此为本案欲特以参用此因袭之惯例所故也。

高等审判厅为第二审及终审裁判所者,恰同我控诉院,于此虽往往难保判决之一致,然于疆域广阔、交通不便之清国,主为顾虑其实益也。予于此点,难不踌躇于赞成政府之预案,至夫将来法院之构成方法及诉讼手续之详论,暂让与他日。

第五十七条　民事、刑事审判厅及行政等其他之特别审判厅,其构成及管辖以法律定之。

[参照]《日本宪法》第五十七、六十条,《英国宪法》《普鲁士宪法》第三十七、八十九、九十一、九十六条,《奥利地宪法》第二之一至六、三之一至四、三之十四条,《美国宪法》第三之一条。

以法律定审判厅之构成及管辖,乃不外为政府不得任意改废,从而担保其独立之故也。然所谓特别审判厅,为民事、刑事审判厅之对称,指称行政、军事、权限、商事审判厅之类,其构成及管辖亦以法律定之,此制度之基本,二者同一也。

依清国现行法制,成特别审判厅之体者为皇族裁判所、宫职裁判所、旗人裁判所、于京城及盛京之各特种裁判所、藩属地裁判所也,其皆非为独立之法衙而多执会审之制。然其组织徒以繁缛,难见其实益也,故他日至各地方审判厅之完备时,宜应全废而归普通法衙之专管。然其皆为特种之沿革,固非得一律无待言也,即关于皇族之审判应由京城之高等审判厅所专属;及宫内官吏及旗人归京城地方审判厅之管辖,与皇族一般,诉讼上应止于与凡人而行分别之特权;于京城及盛京各种特别法衙,相关之典礼皆应撤废,除有军籍者外,悉应由普通诉讼手续而规律之(藩属地之特例今特无言及)。盖墨守现行法制,再无期其审判之统一与公正也。盖所谓司法权之独立非为学者之空言,实为公私维安之良策,当立法之局者切不应息其抉择为盼。

第五十八条　行政审判院管辖由行政官厅所发之违法处分。

[参照]《日本宪法》第六十一条,《奥地利宪法》第三之十五条。

行政裁判以期行政之公正为目的。因行政官厅之违法处分而伤害人民之权利时,无有救济之途,是以宪法特以保障民权也,由此而起者,亦无疑为法治国必须之制度也。

行政审判院管辖由行政官厅违法处分而生之一切诉讼,若有侵害权利者,无问其是否有生实害,皆可求其救济。故其诉讼之原因须为违法处分,如有单因不当之处分而伤害利益时,应依诉愿之方法耳。仅局限于违法之时者,其范围虽难保不狭,然理论仅为理论,于实际则有其他诉愿及请愿之自由、议会之监视、上司之监督,并非无有自以救济之途,故并非为不当。然事若非违法,请求其处分之取消、停止或更正自不必说,亦可请求其损害赔偿者,无待论也。盖限制于特定之事件,终不过为立法者之臆断,更有如不受理损害赔偿之诉求者,不仅阻碍裁判之统一,更不堪其劳费。

司法裁判所有如英、美一般,以之为行政诉讼审判之机关者;有如法国者,以行政厅充之者;亦有如日本及德意志诸国者,特设以独立之法衙者。盖以司法裁判所审判行政事件,有以司法权掣肘行政权之嫌,更有甚者,司法官未必为通晓行政之实情者,审判行政厅时,终难期其裁判之公正。

行政审判庭虽可分置于京城及各省城,然其性质上如司法裁判,诉件不多时，须有庞大之费用，故于京城设单一之法院足以，而地方下级行政厅之处分由各省长官裁决，地方长官及中央各部大臣之处分直接出诉于行政审判院，有不服地方长官之裁决者，更可上诉于行政审判院，则裁判之目的可达欤。然仅于下级官厅之处分予以复审之利益聊似失当，地方长官之审判原有预审之性质，不止为节约时间与费用之便法，更不外以期许其上诉并维持裁判公正之意也，而对上级官厅者，自始而享此利益，故非为不公平也。

第五十九条　有关审判官之任免及惩戒事项，以法律定之。
审判官除法律规定外，不得反其意而免其职。
［参照］《日本宪法》第五十八条，《英国宪法》《普鲁士宪法》第八十七条，《奥地利宪法》第三之五、六八条，《美国宪法》第三之一条。
审判官居保障国民生命财产之重任，故为防其不被漫然任免黜陟，有设一定规律之要。是以审判官卓然立于时流之外，执公平之柄，此不外为由其地位所伴必然之要求也。
清国司法之官吏，巧弄威权，营私为事，存有依财贿之多少而左右判决之实情，难以为蔽，是以难不疑本条之保障反为助长积弊。盖于支那，收贿之弊属因袭之古俗，不仅官民俱见而不怪，反不以罪恶视之。因存此奇观，故审判官恃其地位而难保不愈恣贪欲也。或以宪法之施行为机，如英国一般，以优俸待之，应不失为革新之一策，然现情如斯，难断言其结果也。至此应知，制度之改革与人心向背有莫大之关系，终赖于教育之振作与宗教之普及，此外无他。观向来清国之改革，不止于政治、法律之问题，又实不失为社会政策上之一大问题也。

第六十条　审判公开之。唯有妨害公安之虞者，依法律之规定或审判厅之决议，可停止审理之公开。
［参照］《日本宪法》第五十九条，《英国宪法》《普鲁士宪法》第九十三条，《奥地利宪法》第三之十条。
裁判密行之弊害由清国之现情所证无余，将其公开，乃期宣明审判之公正也。然因公开而煽动众心之犯罪，又有暴露丑事反有伤害风教之虞时，不如密行之利也。故特有停止审理公开之自由。

审判之公开为诉讼之要件,故审判厅无故而密行,其诉讼手续应视为全部无效,此不外为无视本条保障之果也。是以当事者若发现于诉讼有违反本条之规定时,无论何时,自得以谴责其不法并主张其无效,要求其更正废弃,此无须特以详言。

第八章　会计

会计为国家至重之政务,系于国民直接之利害,故宪法揭示其规准,以防生计基础之动摇。盖与本案第三章之规定相照,不外为明确臣民之权义之意,此亦不失为立宪之一大美果也。

第六十一条　新课租税或变更税率,须以法律定之。然有报偿性质之行政上之收入及其他收纳金,不在此列。

[参照]《日本宪法》第六十二条,《英国宪法》《普鲁士宪法》第一百至一○二、一○九条,《美国宪法》第一之八条。

于往昔诸国,所要之经费随时以特定之人贡纳或献馈为常,不仅有倚重偏轻之弊,更有纳税赦免之特权。然于欧洲诸国,以纳税为国民一般之义务,确认无议会之承诺而不得课税之原则,渐而一洗旧来之陋习。然至以之为立宪国之通则,乃属法国革命以降之事实,皆以英国之制度为模范,本案亦不过踏袭之。

注

于英国,以国民有限之资财无以应王家无限之诛求,终至国论沸腾,不经国会同意而不得课税,确立所谓"无承诺,无租税"(Without the consent of the people there shall not tax)之一大原则,由一二一五年之《大宪章》(Magna Carta)宣明。一二六五年国会复取课税协赞之权,继而于一二九五年爱德华一世时,至以凡有影响国民之事项皆应经国会之同意为论旨,终至确定代议制千古不磨之基址,此为后世所称模范国会(Model Parliament)者也。詹姆斯二世恣意征收租税,国会以之为侵犯其职权者,于一六八九年之《权利典章》(Bill of Rights)宣言其非法,终永成后代之洪范。

熟考清国之现情,无税额之定,其负担之不公难以言尽。试举一例,地租以米纳为本则,为便宜而许金纳之制,然金纳为一石米兑换为银何，因普通圆银仅于重要都市流通，又有以地银或钱文代之之例，其换算标准非关市价，由官吏定之，而其地银之良否皆委以官宪鉴定，多于此而肥狡吏之私腹也（为银两时，征税官以种种口实对一两诛求二、三分之增金；为钱文时，依于时价，多时七、八分，少时五、六分之增金，皆收以私腹，此为通例。由此足知其流弊之如何乎）。且人民除租税外尤有缴费之要，例如以地银为之时，须缴纳检查费、改铸费此类，然皆无存定额，乃为诛求之便利也。纳税已毕而未交付发票者，该当官吏因无凭证之故，称其为未纳而再三强征者，非为稀奇。是以清国政府之岁入，表面上虽大约不过为一亿两，国民之实际负担应为三、四倍以上，其大部分则入上下百官之私囊，消息灵通之吾人可誓也。此虽似奇异之现象，一旦考虑官吏待遇之一事，且窥知官海积年之情弊时，亦不足为怪也。于知县而视之，其俸禄并以养廉银，一年仅不过一千余两，故法定之食禄终难维持其体面。此乃自生献金、贿赂等其他情弊之由，无之则官吏无自给之途，乃至不得不有之也。故无关地方官之薄俸，此乃"三年清知府，十万雪花银"之谚之因，亦为着用值数千两之职之故也。故该当官吏征收正数以外之租税者，莫如说乃属自然之情理，不仅官僚互不为怪，国民亦多屈服而惯于诛求者，非为奇态也。然虽于新政施行，不应许此不法之举，然若不于税制之革新时改良官吏之待遇，则本条自将归属空文，无须多言也。

注

于此应以一言，租税皆应改为金纳也。盖以金钱以外之物纳税时，国库不得不负担因其市价变动之危险，故于其性质甚以为厌，且伴与换价之几多情弊，自应一扫。而今虽终采金纳制时，然于改良现之弊制却终归有名无实，切盼其虽币制之改革而渐以决行也。

本条所书之所谓有报偿性质之行政上之收入及其他收纳金者，乃指要求官府之行为或使用官有物之报偿也，例如请求旅行证明或申请版权登录等，亦或为对使用一定之物而征其报酬者也。此等事项素异于租税，然非必有以法律而规定之要。盖于性质上，放任行政官府之所见不仅不无不可，反多有便宜之事。然察各国之实际，事态稍为重大者，无论为何，皆有经议会而定之倾向，例如铁道之费率，邮政、电信费等类。要之,明文之活用偏委以当局之手腕也。

凡税法既无特定有效期间,则应保有永久遵守之效力,此一点无容有疑。然《日本宪法》于其第六十三条中声明:"现行之租税但不以法律改之,则应依旧而征收",清国宪法大纲亦存类似之一项,却不免为无用之长言。盖虽以沿革之由为鉴,然宪法既非为教科书,解释上亦无相关之明文,故应无设此之要也。

第六十二条　起国债时,须经帝国议会之协赞。

［参照］《日本宪法》第六十二条,《英国宪法》《普鲁士宪法》第一〇三条。

因起债与课税为因果之关系,租税承诺权既归议会,则起债一事自应咨于公议,乃为法意之一贯也。

清国素来无问内债与外债,于中央各部及地方各省各自独立而起债,此虽因同国财政制度之组织使然,然如此则于国家经济酿莫大之损失,无待多言。故自今起,凡国债,须经帝国议会之协赞;地方债经咨议局之议决之外,亦须度支部之认可,盼能于划一之政策下一扫旧弊欤。光绪三十四年(明治四十一年)十二月公布之《清理财政章程》于此致意者,实可谓之幸。

所谓广义之国债,设定于同年度内偿还之一时债务亦包含之。此应委以《会计法》之规定,自于本条范围之外,是以此非须个别经由议会之协赞。

第六十三条　国家之岁出岁入,须经帝国议会之协赞,以每年预算定之。

有超过预算之款项或有预算外之支出时,政府须提出于次期之帝国议会,求其承担。

［参照］《日本宪法》第六十四条,《英国宪法》《普鲁士宪法》第九十九条、一零四条,《德国宪法》第四、六十九至七十一条。

预算之编成乃为国帑之有效利用,盖若欲以最少之经费而收最大之效果,自应稽查其要否、利害及缓急,以至支其于有用之途者,为自然之情理也。然于立宪国,预算非委以政府之专权,皆任议会之查定者,不仅因其施行乃于国民之生计有莫大之利害,更不外因其实与国运之消长有甚深之关系耶。

　　清国有关岁计之法制素来非为甚具,故吾人仅止于以中央及地方财政收支为推其一斑。否,纵为财政当局者,亦恐无以知其实数。盖于清国,虽非无存预算之制,自实非为行政之准绳,且特以正数为秘密,或其迹有搅乱所故也。如地方大官举省内岁入之一部贡献与帝室,存此遗制,无人得知其正数,以皇室费混同于一般政费之收支,于事实则其收支共为预算之数倍而仅止于计其一部,此乃破坏预算基础原因之一。此原为制度不备之果,亦应归为当局者之罪也。是以随新政之施行,中央及地方之财政制度应从根本改善,切盼预算实应俱为施政准绳之实耶。

　　预算仅为基于事实推测之计数,为其施政之准绳者乃由来于宪法及法律之明文,计数本身非有绝对之拘束力。是以岁入应以法律为据而征收之,不得因超过预算之故而拒其收纳,若有不足时亦不得追征,是以其根据为法律而非存于计数也。岁出亦然,依当时之情形,既属不用,或无必要时,不仅无有强用既定额费之义务,无可奈何时支出预算之外亦无妨,应可见预算非为施政之绝对束缚也。是以预算止于指示支出之最大限度,终不外仅为防止冗出滥费之意也。此与保有绝对效力之法规从根本相异,故应知以彼之预算与法律同视之说,不外为诡辩也。

　　政府应有预算之各款项之准据,不得流用于其目的外之用途,无待言也。此由来于英国国会之成例,即依一六六五年英国庶民院议员乔治·图宁氏之发议,议定军费之金额时,附有其金额不得流用于目的外之条件。以此为胚胎,继而至一六八九年《拨款法》(Appropriation Act)之制定,共同确认此原则。盖若许预算之流用,则自有废弃其基础之虞,因而禁止,终不外为确保预算议定之效力也。是以虽无明文,然法理之归结非为一,故须以注明也。

　　超过预算之款项或于预算外支出者,于事实此属应避免之者,故各国多设预备费以此充之为实例。盖人事之复杂,不仅难以预见百般之情状,更不应拘泥于预算而旷废必要之国务。然预备费支出之原由与细则非为议会之关知,故后日政府应证明其必要且求议会之承诺,此应为至当。此不外为议会监督预算执行之故,审查其支出当否之要也。政府之举措若有违法或失当之时,议会应利用其职权,无怠问责于政府也，然议会无有废灭政府既成行为之职权，是以其不承认仅生政治上之效果耳。

第六十四条 关于财政之法律案及预算案，应先提出于众议院。

［参照］《日本宪法》第六十五条，《英国宪法》《普鲁士宪法》第六十二条，《比利时宪法》第二十七条，《法国宪法》第二之八条，《美国宪法》第一之七条。

财政诸案之先议权归于下院者，乃因代议员之地位最为痛切感应国民之利害者，其事实起源于英国。考英国之庶民院，于一四〇七年（亨利四世之统治）已取得其特权，迩来常见确保之迹。实于一五九二年三月，庶民院议员培根氏于下院断定："凡财政诸案应于本院先议之后回附于上院，此为素来之惯例，又实属本院之特权。"又于一六〇九年二月，议员海德氏于同院有同旨之论证。后一六四〇年四月，下院议员彼姆氏于两院协议会中之演说曰："下院保有财案先议权，乃得上院诸卿之承认，无须本员援用理论及先例于此立证也。"以此则足以窥知其为传统之特权，而至今为立宪诸国之恒例者，非徒以踏袭英国之典例，莫如说乃由代议制度之精神而生自然之果也。难知学者偏而冷笑之意也。

本条仅止于以财案先议权归于下院，故于其协赞权无任何之影响，无待言也。盖两院于同等之职权下，竭其协赞之责者，乃最能利用两院之所长者。考英国之制，上院对财案无有与下院同等之协赞权，即一六七一年四月，上院变更砂糖税率时，下院以之为侵害其特权者，曰："于庶民院通过之财案，贵族院无有修正之权限。"又于一六七八年七月三日，下院之决议曰："凡确定财案者，属本院之特权，上院无有修正之权。"据尔后几多之事例推知，上院可谓无有修正及废弃财案之权限，是以虽有修正或废弃之事，止于以事实而促上下院之反省，绝不应对抗其议定权。此自为数百年之政势使然，扶植新议院制度者，信不应以有此种特别之沿革而为拘束之理由也。如普鲁士于其宪法第六十二条第三项中规定："关于财政之法律案及岁计预算案，应先提出于众议院，贵族院仅得裁否其全体。"不无模仿英国典例之嫌。盖代议政体终有归著于政党政治之趋势，此已于前论证（参照本案第五十条之说明），是以因其地位而恬淡于政党之上院，于职权上对抗下院者，无疑为补足宪政必然短处之一策。然特赋予下院此特权者,亦有助长权力偏重之弊,或于将来,此意断非所与也。特以此念察清国之国情时,不应采英国主义者,应无须特以注明。

《日本宪法》于其第六十五条中有"预算应先提出于众议院"之明言,然于《议院法》第五十三条有"除预算之外,政府议案之赋与两议院之内以孰为先者,应依便宜"之规定,难贯立法之趣旨,是以为憾。盖预算乃与法律形影相伴者,预算案与财政法案并以先议者,往往不免生矛盾之果。然于日本财政法案亦存先于下院提出之惯例,故于实际虽特无矛盾,然作为立法则断不能掩其不备。此为本案俱以彼此而先议之所故也。

第六十五条　皇室费照前年度预算之定额每年自国库支出,除须增额外,不必经帝国议会之协赞。

[参照]《日本宪法》第六十六条,《英国宪法》《俄国宪法》第七十三条,《比利时宪法》第七十七条。

皇室费用乃属为维持天子之尊严而无可避免者,无怠其献纳,可谓为国民奉公之第一义。故各国以之为国库最先之义务,且置其于预算议定权之外,存有每年以定额供奉之惯例者,实不失为宪政之美事。然此制度实渊源于英国,即于其国之革命以降,威廉·玛丽即位时已开年金奉供之例,至乔治三世之御世改为世袭基金之制,后又复兴旧制,迩来经数次之变更终至每年从固定基金(Consolidated Found)中支出定额,除须增额外置于议会言议之外,改为此制而至今日。现时踏袭此制而由宪法保明者,日、俄诸国亦效仿本案。

清国之制虽以皇室费计入每年预算,然其实际之纳入额则数倍于计数,无人不知。如此则从根本上不相容于法治之主义,故随新政之施行须以断然废止。是以应依既往之经验,算出一定之费额而公开计入预算也。此乍一看虽似不利皇室,然收纳以定额乃强固其会计之基础,并以全废地方贡献之制,其结果则无疑自有减灭诛求之弊之效也。夫宪政之施行,乃关帝国兴废之大事,是以至尊躬亲示先,模范天下,则众心自归帝室,虽前途有几多之难关,应不足为介也。是以应一考赤诚改革之所故也。

本条所称之国库,指国家为财产权主体,司掌其现金出纳者称为金库,今于任何之国家皆以一定银行当此任,于日本为日本银行,于英国为英格兰银行(然于爱尔兰为爱尔兰银行),即为如是。然虽现于大清银行(旧称为户部银行)有中央金库,然其制非具,此与一般会计制度皆早晚应须改良也。此中一切之出纳由大清银行司掌,除迫不得已之情况外,官吏不得触以现物。现时之谷纳制因输送之耗损与劳费,为国库莫大之损失,应渐次废止而改为金纳制,并以从前之官仓制皆应裁撤。又以特定收纳为特定基金之制,不能强固财政之基础,故凡流入国库之一切岁入,皆应视为同一之基金而自由通用,且应正国税、地方税之区别,并以明中央、地方财政之关系,此应为必须之施策也。

注

英国曾与清国一般,执以特定收纳为特定基金之制,然依十八世纪末彼得之主张,将一切岁入视以唯一之基金而至今日。

第六十六条　关于本法第一章之规定及法律上而生之岁出,于前年度之预算已定费额者,若无政府之统一,帝国议会不得废除或削减。

前项须于议定前得各院分别之同意。

[参照]《日本宪法》第六十七条,《英国宪法》《俄国宪法》第七十二条。

基于君主之大权,因一般政费及法律而生之当然支出之费额,因其性质为不可避免之费用,故国民应任此负担,议会亦应不息其供给也。盖国家既非为假设之产物,则不应拒否其存立所伴费用之负担,此属自然之情理。是以漫然闭锁金库,又有拒绝其支出之事者,不仅损国家之威信,更至政府之旷废。此乃依本条之规定而特以限制预算议定权之所故也。

于英国,凡国费分为二者,其一称为固定基金之固定负担(Fixed Charges on the Consolidated Fund),有不变之性质,即国债利息、其偿还金、其事务费、皇室费、抚恤金、裁判官之俸禄等,为之所属;另一称为供给费(Supply Service)(最先因下院之供给委员 Committee of Supply 之附议而得其名),海陆军费、诸官省之常费及收税费而为之。而第一种之经费属所谓既定之岁出,每年无须经议会之协赞,仅于第二种之经费执自由探讨之制。于日本,如官制、军制等基于君主大权之岁出自不必说，如帝国议会、会计检查院所须费用等因法律而生之岁出，以及如国债之元利、辅助金等法律上属政府义务之岁出，议会无废除、削减之自由，应以既定经费而安固其供给，俄国亦执同一之制。本案以此等制度为鉴，特存本条之规定。

宪法保障既定经费之供给，乃仅为确保政务之运转也，故但其无碍，则伴随时势有关诸般之设备，政府、议会不应有代其随时之协定也。滥费冗出乃政府之常弊，废除削减乃议会之所长，为各自特性。故政府常据既定岁出之城塞而排斥议会之言议者，则此为本条之保障终至戕害国家也。因有如此埋没法意者，故政府及议会不能无有互以和衷协同而拥护本条精神之觉悟也。然两者之协定之成否，则无系现行之法令应得自由废除削减之，无待言矣。或曰：预算之议定应以法令为准据，预期其改废而以议决无效。此不外为遗忘本条为合意条件之一而担保预算修正自由之谬见也。或又曰：依预算议定权自由变更官制或军制，宪法上之大权则归于空文，而至行政之实权归于议会。此论仅为杞忧耳。盖不以政府同意之自由者既非前提，则自无以而生此结论。

议会因与政府之协定，预期法律之改废而议结预算之时，后日不得改废者乃与预算龃龉之果，虽难保不能执行法律及预算，然此于预算之效力则无任何之影响。盖预算依本条之规定一旦有效成立，则无因事实上之障碍而归于无效之理。然或有学者主张，于此场合自应复启政府之原案并无扞格不入之由。然除有事先议定条件之时以外，既无存任何之明文，则应无有如此推定之由也。

预算之效力限于当前之会计年度者乃为原则，然本条仅限于特定经费时至翌年度仍保有其效力，是为何故？乃仅为供给国家必需经费之一念耳。是以前年度既定之费额可谓为政府得以拒绝议会自由讨论之最大限度也。故依政府之所见，又为法令改废之结果须前年度之定额时，政府自有废除削减之权义。然前年度预算确定后，因新布法令而生之经费及伴随新计划所生之经费，无问其乃由君主大权或法律而生者，自属本条规定范围之外，故皆应委以议会之自由讨论，无待言也。

至于政府要求同意之时期与方法，于解释上虽无存以明文之要，然因素来异论颇多，故本案特设以第二项，使无有疑义之余地也。其于议定前须各院独立而得之者，此乃最恰合情理之故也。

第六十七条 因特别之须,政府可预先定以年限,以继续费求帝国议会协赞。

[参照]《日本宪法》第六十八条。

本条规定因事业之性质而经预算总额之协赞者,可于既定之年限内保有其效力。是以政府一旦以继续费而经议会协赞之时,仅限于因物价腾贵等其他事由而要求增额,或因变更既定计划者,无须复经议会议定之烦累,应得以期悠然完成其事业。

凡岁计之剩余,应编入翌年度之一般岁入。此虽为原则,继续费有剩余时,至事业之竣工年度为止复为使用者,于其性质上应为至当之举。故于《会计法》制定之时宜设此例外,应以为可也。

第六十八条 因维持公安之故而有紧急需用时,限于因中外情形而不能召集帝国议会之场合,政府可为财政上必要之处分。

于前项场合,政府须将之提出于次期议会以求其承认。

[参照]《日本宪法》第七十条,《俄国宪法》第七十五、七十六条,《普鲁士宪法》第六十三条,《德国宪法》第七十三条。

国家于非常之际自不能无非常之策,故本案具以之而稽立国之本义,又照法治之精神,特设以本条,以期无万一之遗算也。盖缺以明文之时,政府难保不迷其归著,且其虽为至当之措施,则不免生违宪之结果。

本条适用于紧急需用之时,仅限因中外之情形而不能召集帝国议会之场合,例如为国内骚乱而有镇压费之需时,又为防御外寇而有军事费之必要时,恰逢因交通遮断而不能召集议会之时,议会解散后待其召集之时,紧急需用与不能召集之事同时发生时有此之要,若缺其一,则政府难免违宪之责。预算之议定乃属议会本然之职务,不外为以期强力而收公议结果之意也。是以政府据本条之精神,应以慎重之审议而期其适用无愆者,可谓为其对君民之自然之职责也。

宪法无有限定处分之方法,故依政府之所见而执如何之措施非为本条之所关。例如募集国债、一时借款、汇入支出剩余金,或缔约补给、起征新税、增税等等此类,皆属其自由,然若同时须有法律之时,应以本案第七条之紧急敕令而代之,无待言矣。盖本条仅止于规定财政上之处分权能,非为保明于之而附带立法之自由者也。故例如规定关于国债募集方法之细节,又或制定有关补给契约之准据法之类者,但不改废既存之法律,则据命令行之亦无妨,然起征新税或增税时必须以法律为据,故应以紧急敕令而代之,此点无疑也。即所谓法律事项,不据法律或可代其之敕令则不得规定,此乃本案贯通之原则,本条亦非例外也。

政府请求议会之承认者,乃不外为使其行监督之实之意也,然议会之诺否,无有消长既行处分之效力,其否认应仅生政治上之一定效果耳。

附带于本条之处分,政府发布紧急敕令时同时须提出于议会并求其承认。盖两者自分属个别之法而彼此牵连,故不允省略也(参照本案第七条之说明)。

第六十九条　国家之岁出、岁入总预算于帝国议会不被议定,或总预算不能成立时,政府应施行前年度之预算。

[参照]《日本宪法》第七十一条,《俄国宪法》第七十四条。

预算于帝国议会不得议定,或因其他之理由而不至预算成立时,政府应如何处理当面之急务乎?若执以预算同视法律之制时,预算之不成立即与法律之不存归一,则将得一切之收支不得为之之果,而政务皆至旷废也。而政府应执行原案乎?若许此特权,则议会之用自必至废止也。故本案规定施行前年度之预算。盖由此既无碍于国家机关之运转,又可避滥费冗出之弊,故此应为最符理义者也。

所谓前年度之预算,指相对于新会计年度而称之当年度之预算者,相继有两年以上不成立之事时,应依次施行其前年度之预算,即于其不成立之第二年之所谓前年度预算者,乃指其第一年之预算,以第二年为基点之前年度预算者,不外为前年度之预算。而本条仅适用于岁出、岁入总预算不成立之时,特别预算、追加预算自于本条范围之外,于性质上对其影响甚微也。

政府于施行前年度之预算时,无关其项目与费额,原则上应以之适用于新年度,虽无待言,然于事实则难免多少之扞格。例如虽于预算上存有剩余金,若前年度实无,则政府无有以之为收入之由,然限于前年度法令废止,或因事业完成而于新年度失其用途之经费者,自然可由政府以之为剩余金而编入一般岁入,是如此类。故政府于预算面上不得以属同一款项之事而自由流用之,无待言也。试举一例,前年度预算中某筑港补助费有若干之计额,该工程于前年度完成,而新年度恰逢天灾,若生有同一费额补助之事实,政府因预算中存有同一款项之故而不得支出此费。盖其用途一旦终了之经费,于法律上确定其性质,自不应流用之,新补助金之给予乃属议会之专权,政府不得擅行也。

要之,于前年度预算施行之时,政府应依其款项之性质收支,必无须拘泥于其项目与数额也。故彼一派之学者谓临时费皆不应适用于当年度,继续费应据前年度定额之论,聊不免为粗笨之说。盖临时费乃指相对较短期间内结束之经费,理论上无有断定其效力限为一年之由,而继续费应据各年度之额,非限于仅据前年度之预算也。

第九章　审计院

于清国,会计之检查虽素来由督察院综核,然本案以该院为纯然之行政纠察机关,故不得不另设专局而司掌之,即以审计院(该当我之会计检查院)充之。

考会计检查权与租税承诺权互为表里,乃由防国帑滥费之至情而自然发达之制度,如英国一三四一年已有审计院之创设,一六八九年随《配当法》(Appropriation Act)之制定而会计制度有诸般之改正,迩来成为立宪之一大原则,贻至今日。然本制度虽素非为立宪国特有之物,而至全其名实者,实以英国为祖,此由历史所证。

第七十条　审计院直隶于皇帝,检查确定国家岁出、岁入之决算,其组织及权限以法律定之。

[参照]《日本宪法》第七十二条,《英国宪法》《普鲁士宪法》第一零四条。

审计院特立于行政各部之外,乃为全其本能之第一义也。其职责、地位酷似于督察院,是以置于同列也。

审计院之职司,乃检查确定国家岁出、岁入之决算也。决算与预算互为始终,严密之预算后若无严密之决算,则不能强固岁计之基础。盖纵前期之监督得宜,若粗漏其后之监督,则收支自流以放纵,进而难期财政之安固也。此乃宪法特对预算之议定致以慎重之意,并对决算予以特别注意之所故也。决算于事后检查预算之遂行时,于其议定之际,应以周密之查定为前提,故其利用状况无疑将为迫切之财政政策之渊源。例如于决算有庞大之剩余金时,自不得不究明其原因,由之而生,政府是否于年度内遂行其预定之事业乎?或乃因岁入之计过少乎?或于岁出有过大之预算乎?抑或由三者之并发乎?其因应居其一。是以应依其原因如何而思救济方法,此属自然之情理,不难想象政府、议会皆应由此而得一大教训,故决算于财政上占有必要之地位者,终存于此也。故彼之决算于形式上为一报告,如有以之为无味干燥之数字罗列者,不仅为不谅其立法之精神,亦实可谓不识决算真价之论也。

审计院为检查预算是否适法而执行。其计算是否有误者也,其检查于国法上有确定之效力。是以一旦检查确定,行政各部自不必说,议会亦当然为之羁束,关于其内容无有异议之余地。故议会虽往往有反复审计院检查之外观,然此仅止于因政治上之见地而判定政府处分之当否,非为废弃审计院检查之本身也,应以注意。盖无有动摇于国法上既已确定之检查之由,议会亦无此职权。纵于同一决算有两见解并立,然因政法两方面各异,故无以相互妨碍。是以如有以议会于审计院之上有最终决定权之见解,此不外为不辨理义之谬见也。

凡于检查上应提出必需之簿书,如有需辨明者,或因必要而须实地临检者,或对无故而应其请求者,应移牒于所属长官而惩戒之,等等此类,审计院之职务执行上应有必须之权能。而若于会计上有生争论之时,审计院自应判决其当否,于其审理必要之权限,亦应有赋予之要。其详细让与本院构成法之规定。

审计院之判决自应羁束当事者,至于其执行,其法制概为有二,即为归于行政厅之专管者及由裁判所之干预者。前者为法国所行,后者为日本及普鲁士所执。本案采用法国之法制。据日本之现行法,检查院行有责之判决时,应移牒于本属长官而求其执行,本人若未尽任何赔偿之责时,诉于通常裁判所而求新之判决,依次而强制执行,别无他途。是以吾人难以想象有二者判决互相抵触之事也。盖因无有检查院之判决对裁判所之判决应有前提效力之明文,故裁判所应仅视其为单一之事实也。是以检查院之判决不仅于事实上恐有名无实,更有滥用庞大之劳费之憾。若采法国主义,因检查院之判决有绝对之既判力,则自无生如前述之失态,其执行由行政官专管之果,有以最少之劳费而简捷终结事件之实益,此乃欲舍彼取此之所故也。人或据日本现行法仅止于求执行判决之劳,虽不足以称为法国主义之善美,所谓执行判决既仅为外国裁判所之判决或仲裁判断者,则应无以认论者之说(参照《日本民事诉讼法》第五一四条、五一五条、八〇〇条、八〇二条)。

是否应允许对审计院判决之上诉或再审,聊须一考。于法国可上诉于参议院,其驳回事件可复审判于检查院。比利时虽亦允其上诉于大审院,于驳回事件时,以下院特别委员会之附议为终审。反之,于日本止于不允上诉而仅存再审之制,而予欲采日本之法制也。盖若容异系统之机关干预判决,则自与审计院之地位难以相容。因事件之性质多为单纯,故难见应许上诉之由,且若于后日发现判决凭据之证据乃为伪造或变造之时,计算或事实有误时,判决有违背法令规定之事实时,仅于一定之年限内许其再审亦不无太过,切望此也。

审计院之院务分为数部,应于各部定其所属之专任执务,如担任计算事项者、检查预算执行之适否者及司掌审判之事者,等等此类。而一部为三至五人之合议组织仅限于一定之事项,应可采附以联合会议之制。

第七十一条　审计院可随时上奏皇帝。

以会计检查之结果上奏,及依职务上之经验陈疏庶务之改良意见者,乃竭尽审计院之职责也。是以本条之规定,无疑为其地位所伴之必然要求也。

第七十二条　政府每年应将审计院之检查报告书与岁出岁入之决算书俱提出于帝国议会。

[参照]《日本宪法》第七十二条,《普鲁士宪法》第一零四条,《德国宪法》第七十二条。

政府将有关每年决算之报告书提出于议会者,乃为告知其结果,更非以之为复审之意。盖决算之检查确定专属于审计院之职权,故议会不能复以之如何也。是以报告书之提供于国法上虽近似无用之形式,然由此则自可得财政政策上之重要教训,更可谓为纠弹大臣、惩戒政府之资料,其实益颇大。此乃不能轻视本条规定之所故也。

第七十三条　审计院检查官除法律所规定外,不得反其意而免

其职。

　　［参照］《英国宪法》。

　　若由检察官进退于行政威权之下，则审计院终至隶属于政府，应知本条之保明乃不得已之事耳。

第十章　附则

　　第七十四条　本法改正之发议除有谕旨之外，不得行之。

　　政府奉谕旨提出议案于帝国议会时，两议院须有三分之二以上出席，且有三分之二以上之多数，方得决其可否。

　　［参照］《日本宪法》第七十三条，《俄国宪法》第八条，《普鲁士宪法》第一零七条，《德国宪法》第七十八条，《美国宪法》第五条，《法国宪法》第一之八、五之二。

　　法应为社会实情之调和，又应为其反映，此乃原则。故法应伴随而不应隔绝世运，是以不能不认法之改正。然宪法于性质上，不许其屡次改正，故立法者唯揭以大纲并将细节让与附属法，以尽力避免动摇国家之基础为要。是以保留宪法改正之发议权于大权，难能不感此为极紧急之要事也。盖如普通法案一般，政府及议会有发议之自由，则难保无有为眼前之利害而变更国家永世之组织之危险也。

　　宪法之改正，依英国之普通立法手续而行之之外，更须必要之手续，即于法国及北美合众国，须构成特别议会；于比利时、荷兰、丹麦等诸国行改正之议决时，须先解散议会而复由新选议会附议；其他或有须特定之定数者，有隔一定之期间须两次或三次同一议决者等等。而本案仅止于依各院三分之二以上之出席与三分之二以上之多数决，唯以一次决议而足也，盖得繁简之宜欤。

　　于宪法之改正是否应赋议会予修正权，须事先一考。修正不持于理论上变更之目的，自当可也，然往往为超其范围而没其本旨者，乃吾人实之见闻，故本案仅使议会止于表决其可否也。盖其有保留提案权于大权而废灭修正自由之虞。学者或主张：修正权为发案权之附带，故发案权既保留于大权，则议会自无修正之权。然发案权与修正权于性质上自为分别之关系，两者之所在非必归一，无有预算发案权之议会仅有修正权，可以为证也。况无特别之禁止时，议会于职务上自应推定有修正权也。

议会可决宪法改正案并由君主裁可时，改正案即应为尔后之宪法而存在，是以复有改正之时亦应履践本条之手续，无待言矣。盖因改正案于其成立时自然构成宪法之一部也。而议会否决改正案时，君主尚得以行之乎？考以改正案由议会附议者，乃以万机公论而决之精神为胚胎，是以君主自应羁束于议会之议决，此点无容有疑也。或有学者以此为移主权于议会之暴论，然其遗忘此乃拘束于宪法之明文，不外为谬见也。试举一例，议会否决预算之时，君主不能命原案执行为何？发紧急敕令时而不得议会之承认之时，君主尚有敕令之效力是为何故？此岂非为君主羁束于议会言议之结果，又为何耶？素来君主以宪法为准据，乃敬重国法之故也，然若无任何之拘束，则此终为废弃宪法之论耳，何须特以议会之议而言之也。论者曰：制定宪法者亦有废止之自由。哑谈何其易也，若既有撤废之自由，则区区条章释义之争仅为末耳。勿仅以事实之能否为前提而漫然臆断法理，止于此言矣。

第七十五条　《皇室大典》之改正，不必经帝国议会之协赞。

不得以《皇室大典》变更本法之规定。

［参照］《日本宪法》第七十四条。

凡关皇室之立法，可分为二大类，即关国家之公务者及关宫廷之内事者也。定皇位继承之顺位及摄政上任之次序等类，属于前者，自应为国宪之一部；设皇族之管理方法及定有关其岁费给付之事项之类，属于后者，可谓为纯然之家法也。家法依皇室之自治权而能自由制定者虽无待言，然至事关国宪者，聊不能以一言。皇位继承或关摄政之事项由宪法规定者，于其改正时，依前条虽自须附于议会之议，本案则皆以之让与《皇室大典》之规定，欲置于议会言议之外也。盖此为欧洲多数之规例所证，又稽以纯理，事关国家之大事皆以公议处决，虽似为可，然反察清国之情形，今举国尚于严重之家族制度之下，且皇族特立于民籍之外，而存臣下不得私议帝室大事之惯习，故如日本之主义，无问其属国宪或事关内廷，皆保留于帝室之特权，委其自治权耳，此莫如为最适其国风者也。

《皇室大典》实质上乃为宪法之一部，其重同于宪法，若得以之自由变更宪法之规定，则宪法终至归于空文也。此乃须有本条第二项之限制所故也。

第七十六条　关于国务之上谕,不论其名称如何,凡与本法不矛盾之现行法规,皆应遵循。

［参照］《日本宪法》第七十六条。

清国素无一定公式之例,是以仅由法规之名称而难知其系统。今于宪法之实施须一正法律、命令之区域,故应于其实施前先设一定之准绳。然依于宪法而一一正之名者,徒不免为好事之识,故无关其名称,若不抵触于宪法,则现行之法规皆保有其效力,于将来须以改正时复正其名,亦应不迟也。

《大清宪法案》终

清国之中央集权问题

清国之地方行政组织,乃法学上之奇观。盖于殖民地、新领地、租借地等等,皆须特别之权策,而于单一国家,统帅文武两权之地方长官,尚有与中央政府并立者。夫清之地方总督及巡抚,虽原则上遵行政府之令,然其本非属统属关系也。故虽系政府之咨行筹办事件,然督抚依其所管地方之情形认为有碍之时,有咨商于政府并酌量变通或请诉敕裁之权限(参照《新定地方官制》第三条)。政府以督抚之议为非时,不仅可反驳之,亦可具疏皇上而请其旨意。其上奏权各为特立者,乃因其直隶于皇帝也。两者之见解相异时,除仰圣裁外而无他途,此不外因其地位平等也。此乃行政无以统一之由也。近年北京政府孜孜不倦以集中权威者,亦可知其故也。

明治四十八年八月公布之《新定清国地方官制》第一条曰:"一省或数省设总督一员,总理该管地方外交军政,统辖该管地方文武官吏,并兼管所驻省分巡抚事,总理该省地方行政事宜。"其第二条曰:"每省设巡抚一员,总理地方行政,统辖文武官吏,惟于该省外交、军政事宜,应商承本管总督办理。其并无总督兼辖者,即由该省巡抚自行核办。总督所驻省份不另置巡抚,即以总督兼管该省巡抚事。"其第一条与《大清会典》中"直省设总督,统辖文武,诘治军民"之内容相对,第二条与"巡抚综理教养刑改"之内容相应,可知其地位、权限新旧无所改易也。考因督抚之过大权限而至今日之颓势,政体一新后若尚维现制,则立宪终至空名耳。试举一例,政府虽立有国防计划,又以其费用经议会之协赞,然政府对督抚既无强制之实权,则议会之言议不过依督抚之好恶而左右,是以政体改革不免徒为好事之识也。凡立宪之制,举国权而由政府总揽者,乃为专念国家统一之故也。然清之情形与立宪国家之主义正而相反,故若欲固执现制,则应莫论立宪,若欲政体一新,则不应无打破现情之觉悟。是以应知地方制度之改革乃立宪之先决问题也。

考清之军权原为皇上所掌,然嘉庆年间有白莲教之乱,因依民团助力稍有削平而渐启下移之端,后咸丰至同治,起发匪之大乱,终至举兵柄以委督抚,宛然联邦王国之观也。反观立宪国家之制,兵马之权莫不由中央总揽,未曾见有执分权之制者。盖若放任其由地方各部节制,则将有旷废国防之虞。清国先之制定摄政令时,保明军权归于君上大权之旨,实可谓为适得机宜之举也。

督抚保有外交权者,乃随军权之下移而得自然之堕势。夫外交之事,于性质上不容地方官宪之办理。然清国委之以督抚者,以其与现行外务部之组织相合,故有推让责任之便,亦难立划一之政策。是以现有弥缝之观者,亦不足为怪也。如北美合众国政府,因各州强大之权利而于外交多有障碍者,虽为不得已之国情,然于单一之国尚分行外交权者,难解其情理也。至夫收归财权于中央之一条,予辈举双手以赞成。盖今政府所需之经费由各省割赋上纳,执此制则常难免督抚之掣肘。改革现制之时,亦为一扫官场积年陋习之机也。北京政府先以财政改革为立宪筹备之一项并实有进步者,实可谓为贺事。

将于阴历九月一日开院于北京之资政院,有议定国家岁计之职权(参照《资政院章程》第十四条)。然其决意与政府之所见不一时,政府可具以事由再议(参照同上第十七条);资政院尚固执于前议时,政府、资政院可皆陈疏意见而仰敕裁(参照同上第十八条)。其规定之当否姑且不论,然按实际,岁计诸案若无督抚之赞同则难行之,故断难评定案件之命运也。是以资政院亦终为无用之长物。资政院既如此,亦应知立宪之前途也。此皆为督抚权限过大之失，而政府权威薄弱之由。故削其权限，自可谓符治道者也。

两广总督袁树勋氏，以地理习惯各异之论为反中央集权之由，然此不足以动大论之基址也。盖由立国之大本而观，中央无权之制，自不免有尾大不振之虞。按德意志政府累代之政策，频频鼓吹帝国主义；英国以关税协议、国防联合等政策，腐心于殖民地之一统；北美合众国热衷于门罗主义之扩张；亦有俄罗斯、法兰西、西班牙等国，皆执强固国权基础之政策。是以清国现之地方制度，自应须一大改革也。

考明仿元制，分地方二置行省，洪武九年（西历一三七六年）改行省之制为承宣为布政使司，置布政使一人为其长官，后复又改为置左右二人，专以总理一省之行政。外有提刑按察使司，置按察使、按察副使各一人及佥事（无定员），掌理刑名按劾之事。又另设都指挥使司，置都指挥使一人，同知二人，佥事四人，总辖军政。故明朝之地方行政，可知其分为民、刑、兵之三途，将之总核。然清代明后，新设督抚之二大官，其下有藩、臬两司（布政司、按察司）隶属，除裁撤都指挥使之外，道以下概依前代之遗制而及今日。故督抚为常设官厅乃系现朝之创定，以之为千古不易制度，不免为不通之论，况其为阻碍国运者甚明于今日。

袁氏之奏议又曰：集权于政府，而以庶政之实绩为地方官宪之责者，即不与督抚其权，而仅使负其责。亦曰：责任政治与议院制度关联，故政务无责之今日，难见集权之可。盖依过渡时期之情形而立言，其不得其当者无待论也。凡责任伴于职务，依议会之存否而不知应有轻重之理。及议会之开设，制度自应完备者，虽如论者之言，不存以其而关责任有无之理义无须多言也。应知其理论之粗笨也。

袁氏又曰：将来地方各官若立于政府监督之下，则督抚终为无用。举外交、兵马及财赋之三大权皆集中于政府，则自可推知督抚之地位、权限，盖属自然之归结也。按因袭之习俗难易，何况当局之人乎。然熟鉴以中外之情形，又特考立宪之前途时，则应有废弃现行官制之觉。虽不知北京政府是否有加斧钺于根基之勇气，然立宪之兴废系此一断，不应踌躇也。且盼有司深甚考之（清国地方官制改革案曾于拙著《大清宪法案》第一六八页①以下论述，敬请参照）。

（《日韩合邦条约》公布当日记之）

清国新内阁官制之公布

清国之新内阁官制，于清历四月初十（我五月初八）颁发之事，为读者耳目之一新。今一览其成条，具比照于光绪三十二年（明治三十九年）九月之改革，进步之迹历然。考旧设之内阁、军机处及会议政务处之三大衙门，其地位职权均居行政各部之首脑，其掌管之所彼此无大差，故以其一而无妨于大政之奉行。故识者素主张其改废，清廷亦曾立军机处改并于内阁之案，然终未至施行而及今日。今新设内阁而一律裁撤旧之三大衙门者，实可谓为一大英断（参照《内阁办事暂行章程》第十二条）。是以政务统一，责任自明，为新改革当然之果，且置吏部、礼部于阁外，国务大臣于原则上，限为总理大臣以下外务、民政、度支、学务、陆军、海军、司法、农工商、邮传、理藩之十大臣者，可谓为全责任政治之本义也（参照《新内阁官制》第二条）。然各部官制及附属官规既未颁发，则无以细评也，其应有一新现行法面目之举，为吾之所信。虽如此，新官制亦不乏有批判之余地。特设协理大臣（其定员为一或二名，参照《内阁办事暂行章程》第一条）者，尤为显著。按配总理大臣以协理大臣者，乃复活六年前之改革初议而置左右副总理大臣，此终采总理单独制，不外有背逆清室传来遗法之钳制主义之嫌。夫应敬重祖训者固无待言，然无关其性质如何而盲从之，则终为不解时世之论。若以祖训为不可更改之典则，则立宪之筹备于会典之规定终应为破弃，故其应以废止为情理。夫因总理独任制而至大权下移之渐启者，不过为杞忧，各国之实例所证无余。况协理之制生责任推让之弊，且其归属有暧昧之虞。更由实际所证，百般之政费非由首相专行，必与相关主管大臣合议，又依内阁会议之果。并置以总、协理大臣者，为泯灭制度之特长，此

---

① 此处为原书页码。——译者注

言亦非为过。政府简化外务部之组织，至此终难免为矛盾之识。加之新内阁之首脑为特立之合议体，军机处与会议政务处毫无相异之处，国务大臣列阁议者，亦酷似于各部尚书为政务大臣而有参与国务之资格，故新旧具非单纯之合议制，其性质应可谓为一种联合团体也。特设以协理大臣者，应视为有损新官制之眉目者。于此次之改革，足知其于实际多有损益之处也。

新内阁大臣总有十三人，其中满人九人，汉人四人，满为汉之数倍。此属不应忽视之事。阁员除梁氏新任于外务外，无任何之变动。今虽似无有论满汉平衡之要，然亦不得不以一言。夫光绪三十二年九月之上谕中，撤废有关任官补职之种族障壁者时日已长，迩来窃观大官任免之迹，朝廷依然墨守两族钳制主义，当年之明诏终不过为无用。凡此偏颇之政策，早晚将至废弃者极为明了，然尚固执于此，终不免为浅见之识。盖议院政治之权威自有偏重于庶民院之倾向者，东西同出一辙。下院既有归汉人独占之趋势，则应无保守祖宗之遗法，以一部种族而垄断政权。无关于议院形式如何，自背逆于舆论，不仅阻碍国运，更难保不为国乱之由也。然满人九人之内，宗室亲贵实有六人之多，是何故耶？此属清室多年之惯例，今虽难迅而废之，然既发第二期资政院之召集令，国会之召集亦迫于明后年之今日，政府却无考虑此点之迹，实以为憾。他日宗亲亲立于议政坛之上，汉族专占于下院，应屡以包围而攻之，议员之锋芒往往及此。特于政局多难之今日，既难保无有万一之失政，应觉悟议员之纠弹终难以避。无论通过弹劾案，抑或止于皇族一人之进退，非必为其忧。然若永远维此现状，应知其响应之言耳。此为情理必然之归结，非欲特言不详也。然于今仍言旧习、欲下移政权者，甚为嗤然，他日将及其噬，难豫此断言。呜呼哉，清廷终无一人之诤臣耶！

庆亲王为宗室之名门，为军机大臣之首班，中外俱以敬仰者，总理新内阁应无人有异，然寿龄已过古稀，素有隐退之意，是以为憾。或有曰：庆邸之就职，乃为博其初任之名誉而出醇邸之特旨，他日如有见庆邸之挂冠，以阁中济济之多士不难推测，应无难寻后继之忧。事已至此，亦不难推知大政方向应无显著之变更。新内阁因以执亲美政策之前提而任梁氏为外相，此为过信新外相之手腕，稽梁氏及其他阁僚之阅历，此恐不过为一片之杞忧也。而至现内阁与资政院之关系，因其责任已具而规定,故应无如前期一般,酿以纷扰之事。唯至借款、币制、铁道等诸问题,虽可见朝野之战,然由既往及现情推之,可信其无有招致大冲突之事也。是以足知新内阁制之制定补充制度之不备,并于政机之运用可添甚大之光彩也。至夫新内阁官制声明之事项,则让与《内阁办事章程》之规定。彼此有重复之规定者,而于条文之先后亦无有其意之迹,且两者皆多有无用之长言,如此等等立法上之缺点,应无于此评论之要也。

（五月终日记之）

检察制度

［日］冈田朝太郎　松冈正义　小河滋次郎

［日］志田钾太郎　口授

郑　言　笔述

蒋士宜　编纂

整理者按:《检察制度》全一册,铅印本,为清政府聘请的日本法律顾问冈田朝太郎、松冈正义、小河滋次郎、志田钾太郎等人于光绪三十三年(1907 年)冬为京师地方各级推检官进行讲义的汇编,由华阳郑言笔述、云阳蒋士宜编纂、慈利姚生范校正,宣统三年(1911 年)五月由中国图书公司印刷发行,定价大洋 1 元。

该讲义封页从右至左分三行手书"宣统辛亥季春付印""检察制度""程德全题",且有程德全签章。扉页有江宁杨年用篆书书写"法权活动之枢机"并钤印。正文前有"序"和"编纂例义"。据其可知,该讲义由时任高等检查院长徐季龙发起,为期 1 个月,分为刑事法与检察制度、民事法与检察制度、行刑法与检察制度三大部分,书末附有冈田朝太郎和小河滋次郎在毕业式上的演说,以及在刑事案件上使用的耳廓和指纹的识别方法。

据该讲义"编纂例义"所言,检察制度方面各国均少有专著,故而该讲义对法制尚在建设过程中的清国来说意义重大。不仅如此,冈田等人在讲义中还就当时清国所面临的现实问题,就各国流行的派别、主义等进行分析,并结合清国实际状况提出了意见。另外,冈田等人在讲述此讲义之时,《法院编制法》等法律尚未交付宪政编查馆核定,因此在相关方面有些许见解同清政府的主张不同,这又从另一个视角为研究者探讨法律顾问与清末法制建设之间的关系提供了线索。

该讲义现藏于日本庆应义塾大学图书馆,目前学界研究不足,仅吴迪在《近代中国的法制整备和冈田朝太郎》(载《法学政治学论究(庆应义塾大学)》2017 年第 114 号),中就冈田围绕公诉而提出的法国主义和英国主义的问题,以及在毕业演说中提出的清国将来应采取的司法制度和审判制度的问题,进行了初步探讨。

序

　　戊申春杪，归自东瀛时，为南海戴文诚公鹭法部，初矧京师各级审判，造端规画，鞠具模型。惟法律不完，多部中现审旧贯。是时，奏定《各级审判厅试办章程》一册，为司法人员之圭臬，大要范采日本，兼裁判构成、民刑诉讼手续为一，而多阙略，不能贯彻。参与规定之役，率皆海外负笈之士，削草尚颇完备，但囿于吾国政治习惯、民情惰力，凡他国司法精神所寄闻，皆芟除以趋简易。惜哉徐季龙厅丞，方与开创京师地方审判厅之役未竟，厥诣而升高等检长，每谓法律不备，办事尠依据，即形式亦难渐进文明，且以检察职务同僚多未谙习，临事每有龃龉，乃发起检察研究会于京师法律学堂，请之修律大臣沈敦老，即以法律学堂教员担任讲演。都凡一月，蒇事，于是在京司法人员乃益谙知检察职务。余适以地方厅民庭推事得与会员之列，即以讲堂教授之语随笔录记，非敢谓速记能尽其旨，然自信挂漏尚少。盖检察为司法重要之职，检察得人，裁判未有不公且平者。曩在日本曾于书肆搜求检察之书，以资研讨。该国人士谓非独立一种科学，故无专门著述，盖散见于刑诉裁判构成法中。现在筹设各级审判厅，钻研司法之人所在皆是，而检察一门，坊间亦无他本行世。因亟取曩日笔述稿本，嘱云阳蒋练骞别驾排比而纂辑之，藉以饷遗世之问途于检察职务者，其于司法前途或稍有裨欤！

　　　　　　　　　　　　　　　　宣统三年三月中浣
　　　　　　　　　　　　华阳郑言倓忱识于金阊法院

编纂例义

　　本编系丁未冬间，京师高等检察长徐季龙先生所发起，邀同京师地方以下各级推检官，开检察研究会于法律学堂，延请日本法学博士冈田、松冈、小河、志田四先生，以一月至短之光阴，讲授刑事、民事、行刑、对外四种检察制度。诸博士就其专门擅长者分编讲演，洵为研究检察制度者唯一无二之本。

本编为江苏高等审判厅厅丞郑傥忱先生于听讲时笔述原本，编纂者诠次其义，分别配列于编中、编末，全书菁华尤在乎此。

本编笔述精萃，原本散见于顶批、旁注或篇端句抄。编者详加寻释，衡其文简而义近笺释者，系之句中；文繁而义近推论或考证者，列之段末。系中者别以括弧（　），列末者加以"案"字或"例如"，并低二格以醒眉目间。有讲述所及引征宏博，出乎编义之外者，亦并附列以供参稽。

检察制度各国均少专书，四博士分授此编，不惟检察义法言之綦详，即审判职权亦因文见义。惟编出四手，章节体制颇多歧出，编纂者僭加审酌，或划段为章，或断章为节。其款式分合高下，务归一律，以符体例。

编中所引条文仅载某国某法某条某项，加以符号《　》而不录其文。此皆各国现行法典，阅者欲窥全豹，原书具在，自可参照。

冈田博士主张预审各节，与吾国现行制度不符，所引《法院编制法》各条亦多歧异，盖因此编之出，适当《法院编制法》起草而未奏交宪政编查馆核定之初，所引纯属草案。凡于此等不符之处，僭加附记以资说明。

本编所举西历年月，均按中国年代比较注明，以便观览。冈田、小河两博士毕业演说意颇殷肫，且略示法学涂绪，亦自可人，特录编末，以昭原委而作纪念。

编中附列识别法，因关于司法作用甚夥，我国具结等事辄取指头箕斗，是即识别法之一义。冈田剖析微茫，参以图解，亦颇精妙，兹亦并录于末以供研究。

我国法权甫立，检察制度特具雏形，此编之出，或于司法前途不无小补，但讲述原涉简单，编纂亦出仓卒，纰缪之处知所不免，闳雅君子幸有以教之。

编纂者识

第一编　刑事法与检察制度

绪论

第一章　刑事诉讼之方式与检察制度

刑事诉讼有二大方式：一曰纠问式，二曰弹劾式。纠问式者，不待他人起诉，得由审判官审判刑事案件之方式是；弹劾式者，以他人起诉之案件为限，得由审判官审判之方式是（纠问、弹劾不专在此用，因日本翻译刑事诉讼之方式，始定此名词）。盖纠问式者，乃无告而理之主义；弹劾式者，不告不理之主义是也。弹劾式亦有三种细别：一曰个人弹劾式；二曰公共弹劾式；三曰国家弹劾式。个人弹劾式者，必待被害人或其亲族起诉（如命盗案件）而后审判案件之方式是；公共弹劾式者，除未成年者、有心疾者、妇女、奴隶等之外，其他不问他人，皆得起诉（如对于国家、对于社会犯罪），如由国民起诉，即须审判案件之方式是；至国家弹劾式，则惟国家专有起诉权，以由其机关起诉者为限，得行审判之方式是也。

案，公共弹劾式，例如罗马，将军出兵如有不当不法行为，人民皆得控告，即公共弹劾式。以全国有利害关系，其对公罪弹劾是也。罗马法有所谓"フオロム"者，即公开地"ロストテ"者，即法庭是也。公开地即一空地，裁判官至空地而设一案，即"ロストテ"。如有公罪，准国民赴告；如裁判官准理，则定一期裁判之。此罗马行弹劾式之方法也，希腊、埃及亦用之。

希腊之用弹劾式者，因国民不能尽通法律，必觅一能言之辩士，以起诉公共之罪（即オラトオレ）。此即开后来用律师之端矣。

前述之纠问式及三种弹劾式，于其时代纵横，经过及分合并无一定之原则，其例如左：

甲、经过

关于纠问式及三种弹劾式之经过，法国硕儒ガロオ氏曾于其所著《刑事法要论》中论，个人弹劾式（第一期）乃未开时代之法，其起源最早，后则变为公共弹劾式（第二期），又其后乃发生纠问式（第三期），至国家弹劾式（第四期），乃最终发达者。此说虽似近理，然实未必然也。盖多数之国，其最初或并用个人弹劾式与公共弹劾式者有之，或专用纠问式者有之，或并用此三式者有之，固无最初专用个人弹劾式之例（其理由俟讲分合时言之）。惟国家弹劾式为最后发达之说，实为不可变更之事实，但至今尚未采用此制者，如英国是也。

乙、分合

纠问式、弹劾式者，非惟于其经过上无一定之原则，且亦于其分合上亦无不变之原则也。按犯罪有二大区别，一即以一个人为直接被害人，如谋故、杀伤、强盗、窃盗者是；二即不以一个人为直接被害人，而以侵害团体之利益为准者，如谋反（指内乱外患而言，与《大清律》所用之谋反二字意义不同）、渎神（希腊、罗马代表全国之主必达神，有毁其庙宇，则谓之渎神火罗马之火神，凡国民得分火神之火者，皆为罗马国民，故渎神之罪为对于罗马全国之犯罪）、背伦（即奸非，害罗马全国之风仪罪，皆无直接被害之人）等是。但国家思想未开之际，凡侵害个人之罪，必须待个人起诉而后审判之；害团体之罪，则必待团体员起诉而后审判之，固不必其由何人行之者，遂至有并用个人弹劾式与公共弹劾式之例，此说似较得当。考西洋上古史，则知多半采用此两种矣。

案，罗马之公罪、私罪与中国不同，有直接被害之人为私罪，无直接被害之人为公罪。日本自输入中国法律，亦有公、私罪名目，其义与中国同；其未输入以前，有天罪、国罪名目，与罗马之思想正同。

苟采用限于私人起诉之主义，则或因恐惧（加害者势力大），或因私欲（贪私人利益而私和），或因冷淡（谓已受害而放任），不即起诉者有之，虽有犯罪而不得行其审判。个人弹劾式及公共弹劾式俱不免有此不便之处，此不必考察历史，即以中国情形论之，已可概见。故或关于一定之犯罪，使被害人或其亲族担负起诉之义务（例如父母被杀，子必起诉之规则），或由公共选定适当之人委任起诉之事务（常置起诉人，如辩士是），或特派一定之人监督私人之诉讼，或不待他人起诉，由审判官用纠问式审判案件。此等制度均由补救私人起诉主义之缺点而设，检察制度即胚胎于此主义之中。此非历史上之沿革，即该制度于法理上，因欲完全行使刑事诉权，代私人弹劾式及纠问式而自然发生者也。

第二章　法国检察制度之沿革

凡值犯罪之际，或由公共起诉，或由临时公共所选定之人起诉，此于古代已不乏其例，如前章之所述者。然现今多数国所采用检察制度之发端，实在中古之法国。按之西史，方西历一千二百年代之末（即宋末元初），法国国王有所谓"代理人"者（如国王所用之仆人），代国王办理其一身上之事务。虽其初之资格无所异于私立会社之代理人，其事务亦仅限于国王之私事，后竟代国王赴审判厅，提起其民事诉讼矣。诉讼等之公务在昔本有"奉行""地方官""临时高等法官"等称号之官吏行之，至是，王之代理人得该官吏之许可，遂有提起民诉之例。

当时法国法制南北各异其趣，南部依成文法令，多采用罗马法之主义；北部则不用成文法令，而实施其地从来之惯习法。前所述代理人之思想本胚胎于罗马法，故一千三百十八年中（元之延祐五年），君临北方之腓力弗第五世曾一时废"代理人"制度，复"奉行"之制度（奉行者，日本昔时所有官名，如裁判官、警察官之事务皆办之），使行诉讼等之公务。

案，法之南北风气不同，其原因于政治地形不同，故生此差异。南部何以用罗马法？因罗马分东西为二，西罗马先亡，经法国人占据，因此法之南部用罗马法因与西罗马相近；而北部则罗马之势力未及，故用惯习法，大约三百种之纷歧而不能一律，故北部惯习不能统一。

逮一千三百年之中叶，"代理人"制度复蔓延于法国全部，乃使参与诉讼，特于有关刑事案件等，得不由被害人之起诉，于一定之情形（如命盗案件之情形，被害者不出而起诉，代理人则起诉之是也）使为国家之机关，行后世检察官类似之职务，遂成惯例。此实于一千三百五十五年（至正十五年）、一千三百六十七年（至正二十七年，元亡之岁）、一千三百七十一年（明洪武四年）等所布告之条文中常见之。虽然，代理人制度非因此等布告同时施行全国，乃各地各以惯习，渐次普及者也。

一千三百年代之中叶，"代理人"制度二次蔓延于法国（此言代理人之私人而变为国家官吏之理由）。其事实上之理由，乃以当日"奉行"之数少而职务日多,因之国王一身使用人之性质一变而为国家官吏之性质(因法国当时封建制度,战争之事日积,虽有司法官吏而无暇为之,因之代理人遂代官吏之职)。其法理上之理由,一在刑事诉讼方式之变更,一为王政状态之迁移是也。

刑事诉讼方式之变更者,指法定证据主义之个人弹劾式为自由心证及发见真实主义之纠问式所压倒也。前此法国所采用者,为法定证据主义之个人弹劾式,依此方式之诉讼法,非经被害人或其亲族之起诉,不得以刑事案件审判之(此指法定证据主义而言之),当依决斗(在法庭上两造决斗)或探汤之类,断定原被告之曲直(当时法律非有一定之证据或口供,不能决谳)。故是时无肯就原告官之职,为刑事诉讼之当事者行决斗、探汤等举动者(使官与被告决斗、探汤,则此时代决无人为检察官者)。其与检察制度不能两立也明矣,且此法对于被害人(指原告)亦有所不便。盖前者既因犯罪受其损害,及提起诉讼复须决斗、探汤,若有不利,则时或有诬告反坐之处分。似此背理之法,又乌能永久继续之耶(以上言法定证据主义之弊害)? 更由他方面观之,有起于罗马之帝国时代,依中古之寺院法而发达之自由心证及发见真实主义之纠问式存焉(罗马分帝国、王朝、共和三时代,纠问式起于帝国时代)。此方式之诉讼法,于案件之审判上不以被害人或其亲族之起诉为必要(非个人弹劾式),苟欲报知犯罪(不为原告人而为通告人),仅使其依告诉之方式。退决斗及探汤等类之法定证据而调查证人及证据物件,力求藉此获得自由心证,舍形式的之裁判而取真实为本之裁判,彼此相较,利害得失一目了然。不知不觉之间,法定证据主义之个人弹劾式遂为自由心证及发见真实主义之纠问式所压倒。此王之"代理人"于刑事案件亦得有参与诉讼之情势矣。

案,寺院法者,即奉耶稣教之庙宇,有管理诉讼事件之权。起初不过人事诉讼,如结婚、生死、亲子、离婚之类,后则范围推广,民法上之事亦管理之,故其僧侣最知法律。盖其时战争甚多,无人能从事文学,惟僧侣独能之。故当时古语云:"士手剑,僧手笔。"法国封建时代僧之行裁判也,以罗马法之罗马式,如自由心证发见真实主义行之。

王政状态之迁移者,指因权力之集中,变霸主之地位而为国王言也(法国封建时代并无所谓国王)。当时德意志之霸王常与大诸侯争,因此其势权渐杀;法兰西则不然,其霸王转有推倒诸侯权力之势。在一千三百年代,既目法兰西霸王、为全法国之摄政及代表者变霸为王,其一身上之事务即变为法国之事务。因此变化,从前为霸王一身之代理人者,此时自带有为国家之代理人之性质;从前为作霸王私财所监督之收赎及没收,此时遂作为国库之收入而实行之矣。

在西历一千三百年代,因诉讼方式之变化与王政状态之迁移,生为国家官吏之"代理人"制度,是为检察制度之第一期,如前段之所述者。但当时之刑事诉讼仍采用密行主义及书面审理主义之纠问式,刑罚多用没收及罚金,故此国家代理人亦不似后之检察官,得提起一切之刑事诉讼以原告之资格而参与之,不过为监督赎金及没收之执行是否正当、确实起见而参与刑事诉讼耳。

案,检察制度分为三期。密行主义者,不许案外之人自由入庭而听之也;书面审理主义者,据裁判官之下级官吏,如司法警察所报告,裁判官即据此以审理之也。现在所用,则须原被两造出庭,口头辩论而决其是非;若书面审理,则不须原被出庭也。

前述之制度,在一千四百年代之中叶尚未以成文法规定,仅就实际上以惯例普及之而已。一千四百年(明永乐十一年)之第五世之布告,一千四百五十三年(明景泰四年)第六世之布告、虽具有改良法律之宗旨,而关于代理官制度之规则,则未加入也。

案,东罗马帝国之灭亡,在一千四百五十三年,当其未灭亡之先,僧侣虽管理民、刑诉讼,此外亦设有专官。

至一千四百九十三年(明弘治六年)之第八世之布告及同年之第十二世之布告亦仅加入二三规定,余则委之于实际之发达。

逮一千五百年代,始有成文法设与较后之检察制度相似之职官,名曰"公共吏",实等于今日之检察官。而其规定则一千五百二十二年(明嘉靖元年)、一千五百五十三年(同三十二年)、一千五百八十六年(明万历十四年)等数次之布告,及至革命之时止,有效力之一千六百七十年(康熙九年)第十四世关于刑事之布告是也。自是,先设检察官上下之阶级。一千三百年代之中叶,配置于上级审判厅之检察官名曰"总检察官",以下各级审判厅设相当之检察官,又有为其补助之检察官补及代诉人等职。

一千五百年代以后,检察官之主要之职务,在实施刑事诉追(诉追者,即公诉之准备提起实行);检察官补监视诉讼之开始及进行;全体代诉人专处理起诉之事务。然职务之范围决不止此,除确保诉讼上之国库收入外,又代国家保障一般之公益,拥护法令,保护国民,对于寡妇、孤儿加特别之保护。有时为补终审审判厅推事之不足,王命代诉人行推事之职,且使为与其性质全异之事,如监视图书馆及法科大学、检查度量衡、决定面包代价,并有干与纯乎私事之例。

前条所谓检察官所担任之刑事诉讼之权限,比之今日制度尚多差异之点,而为法国今日制度之基础者,共和三年六月(名为风月)二十七日之法律、一千八百十年四月二十九日之法律,及一千八百八十三年八月三十日之法律与其他附属法令是也。

案,由法国发达之检察制度,除英国法系之外,大概采用法国主义之检察制度。今中国新定法律,究竟应用法国法系之检察制度与英国法系之个人弹劾之检察制度? 此问题在第二章公诉之提起再详言之。

本论

案,检察制度者,检察厅之组织,其权限及关于实施检察事务之一切规则是,即包有官厅组织及权限与事务章程,故其顺序之理由如此。

第一章　检察厅之组织

第一节　检察厅之配置

《法院编制法修正草案》第八十五条(原案第三十九条)曰:"凡通常审判厅(管理民事、刑事),应配置左列检察厅:

案,《法院编制法》者,即《裁判所构成法》,因其名不甚谛当而易之。盖《法院编制法》包有检察厅在内,而《裁判所构成法》不能包检察厅在内,其范围狭也。此法起草于前年(光绪三十三年),今又少改易之送至宪政编查馆,明年可实施之。包全国之裁判所而言也。

附记:冈田此编适当《法院编制法》起草之初,故引用各条均属《修正草案》,与颁定《法院编制法》多所不符,今仍其旧以存实也。

第一、初级检察厅；

第二、地方检察厅；

第三、高等检察厅；

第四、总检察厅。

地方审判分厅、高等审判分厅及大理分院，配置地方检察分厅、高等检察分厅、总检察分厅。”

一审判厅必设一检察厅，似检察厅为审判厅附属之官厅（因区域同一，故与审判厅同设一处，日本《裁判所构成法》“裁判所附置检事局”，“附置”二字非也），然审判厅管掌民、刑诉讼案件，检察厅管掌检察事务。《编制法修正案》第九十四条（原案第五十条）曰：“凡检察厅对于审判厅，应独立行其职务。”同第九十五条（原案第五十一条）曰“凡各级检察官，不分如何方法，不得干涉推事之审判事务及掌理审判事务。”可见审判厅与检察厅俱有互相不可侵之权限，为全然独立之官厅也（现在有不得已之情形，或检察官代审判官而行其职务，将来则断不可不区分各别）。

前述《编制法草案》尚未有实施力，故直省中有另定试办章程者。

第八十八条　凡检察厅之设立及废止，由法部酌核奏定，其关于分厅者亦同。但不得违第八十五条及九十二条之规定。

第九十二条　凡检察厅之管辖区域与各该审判厅同。

（前所揭二条之意义再述于第二章中。）

第二节　检察官之定员、官等及俸给

《编制法修正案》第八十六条曰：“凡检察厅，置左列检察官。

第一、初级检察厅置检察官一员或二员以上；

第二、地方检察厅置地方检察长一员、检察官二员以上；

第三、高等检察厅置高等检察长一员、检察官二员以上；

第四、总检察厅置检察厅丞一员、检察官二员以上。”

第八十九条：“凡检察官定员，由法部酌核奏定。”

今法部尚未定一般员数、官等及俸给，故揭日本现行法以供参考。

甲、日本检事定员（明治三十二年四月敕令第一百五十三号改正）

大审院检事局：

检事总长一人，检事七人。

控诉院检事局：

检事长七人,检事二十二人。

地方裁判所检事局：

检事正四十五人,检事九十五人。

区裁判所检事局：

不置长,检事二百九十二人。

乙、日本检事官等、俸给

大审院检事局：

检事总长:敕任二级俸;

检事:奏任二级俸乃至敕任三级俸。

控诉院检事局：

检事长:东京及大阪敕任三级俸或二级俸,其他敕任四级俸或三级俸;

检事:东京及大阪资深者一人,奏任三级俸乃至敕任五级俸,其他奏任七级俸乃至一级俸。

地方裁判所检事局：

检事正:东京及大阪奏任一级俸乃至敕任四级俸,京都、横滨、神户、长崎、函馆、新潟、仙台、名古屋、广岛及熊本奏任三级俸乃至敕任五级俸,其他奏任五级俸乃至一级俸;

检事其他奏任十一级俸乃至九级俸;

区裁判所检事局：

检事:奏任十一级俸乃至九级俸。

丙、日本判事检事俸给金额表

敕任					奏任										
一级	二级	三级	四级	五级	一级	二级	三级	四级	五级	六级	七级	八级	九级	十级	十一级
五千两	四千两	三千五百两	三千两	二千五百两	二千二百两	二千两	一千八百两	一千六百两	一千四百两	一千二百两	一千两	九百两	八百两	七百两	六百两

第三节　检察官之任免

甲、检察官之任用

检察官登用试验以与判事同为现今通例，中国亦不得不然。《法院编制法修正草案》所预定者如左。

《编》第一百零六条　凡推事及检察官，非经二次考试不得任用。

案，《编》云者，《法院编制法修正草案》之略词也。

第一百零七条　凡在直省法政学堂专习法律科三年以上，领有卒业文凭，或在外国大学或与大学同等之学堂专习法律科，领有卒业文凭者，可受法官登用考试。在法科大学专习法律科领有卒业文凭者，以经第一次考试论。

《考试登用法官章程》由法部奏定颁行。

第一百零八条　凡应第一次考试及第者，分发初级审判厅及检察厅学习，以二年为限。

学习推事，应受管辖地方审判厅厅丞或推事长之监督。

学习检察官，应受管辖地方检察长之监督。

第一百零九条　凡学习推事之品行性格，管辖地方审判厅厅丞或推事长；学习检察官之品行性格，管辖地方检察长出具切实考语，启呈法部，法部鉴别其劣者，得随时罢免。

罢免细则于《考试登用法官章程》定之。

第一百十条　凡在初级审判厅学习满一年以上者，得由该厅监督官派令，掌理特定司法事务。但不得审判诉讼及非讼案件并管理各注册事宜。

在初级检察厅学习满一年以上者，得由该厅检察官派令，掌理特定检察事务。但除第九十八条之时，不得代理检察官。

第一百十一条　凡学习人员应第二次登用法官考试及第者，作为候补推事、候补检察官，分发地方以下审判厅及检察厅，听候补用。

第一百十二条　凡为直省法政学堂教习或律师历三年以上者，得免考试，作为候补推事、候补检察官。

第一百十三条　凡候补推事及候补检察官，不拘年限，遇有缺出，即行奏补，惟须先补初级审判厅推事及初级检察厅检察官。如候补逾三年以上者，遇地方审判厅推事及地方检察厅检察官缺出，亦可酌量奏补。

第一百十四条　凡地方以下审判厅或检察厅遇有缺出,由法部得于前条之限制内,以候补推事或候补检察官一时补缺。

第一百十五条　凡有左列事项者,不得为推事及检察官。

一、因剥夺公权,丧失为吏员之资格者;

二、受徒刑三年以上之宣告者;

三、破产而未偿债务者。

第一百十八条　凡补高等审判厅推事及高等检察官者,须有左列之资格:

一、为推事或检察官历五年以上者;

二、为直省法政学堂教习或律师五年以上,而任推事及检察官者。

第一百十九条　凡补大理院推事及总检察官者,须有左列之资格:

一、为推事或检察官历十年以上者;

二、为直省法政学堂教习或律师十年以上,而任推事及检察官者。

第一百二十一条　凡前二条所揭年数,停职及改职中不得算入。

乙、检察官之罢免

检察事务不入于司法事务之内而入于行政事务之内,故检察官罢免之法,有与他行政官不甚差异者。然于实际上,欲厉行检察事务而巩固检察官之地位,不可无保障之法,故中国《法院编制法草案》对于检察官之地位,俾受与推事同等之保障,兹列如左:

案,此较外国法律为进步。盖检察官虽系行政官,使实际上不得如推事之受保障,则安心以办司法之事体者少矣。

第一百二十二条　凡推事及检察官,如因精神衰弱不能尽职,在外经高等审判厅厅丞、高等检察长察实,会同提法使申报法部,奏请退职;在内由大理院卿会同法部,奏请退职。

第一百二十三条　凡各级审判厅及检察厅,如有更改或废止时,所有裁缺推事及检察官,法部奏请给以全俸,遇缺即补。

第一百二十五条　凡法部对于推事及检察官,不得勒令调简、借补、停职、免职及减俸等事,惟有左列情事者不在此例:

一、关于第一百二十二条及一百二十三条所揭事宜者;

二、系候补推事及检察官尚未补缺者;

三、惩戒、调查或刑事控究上律例令其停职者;

四、出于刑法之宣告或惩戒之处分者(惩戒处分即因品行不正而受惩戒裁判者)。

刑法宣告在日本谓附加刑,中国刑律草案则谓之从刑。

第四节　检察官之代理官及补佐员

补助检察官而执检察事务者有二种:一则非检察官而于犯罪上有与检察官同一职权者,一则承检察官之指挥命令(如有紧急事故,可用电话及口头,如关于搜捕及查封等,则非有公式文书不可)而为其手足者是也。兹暂名前者曰"代理官",后者曰"补佐员"。

案,补佐检察官之人有不尽系官者,如日本之警部、警视、警部补等固可称之为官,如巡查则非官,亦检查之补佐者,故可称补佐员,不可称补佐官也。

甲、检察官之代理官

关于此种官吏,中国未有一定规则,今以日本之例言之:

第一、警视总监;

第二、除东京府知事外,余地方长官(即府知事及县知事)等。

虽非检察官,但于搜查犯罪上,各在其管辖地内有与地方裁判所检事局检事同一权限(《日本裁判所构成法》第四十七条)。将来中国采用此类规则与否,今日未得逆睹之也。

乙、检察官之补佐员

日本检察官之直接补佐:(一)司法警察官;(二)司法警察吏;(三)巡警;(四)宪兵卒。今中国采订如左:

《编》第一百零四条曰:"凡各检察厅检察官,得调度司法警察。《各检察厅调度司法警察章程》,法部会同民政部奏定颁行。"

以日本现行法言之,左列各员应承检事之指挥命令为其补佐,而实施司法警察事务,搜查犯罪(《日本裁判所构成法》第四十七条)。

第一、警视、警部长、警部、警部补;

第二、宪兵、将校、下士;

第三、岛司;

第四、郡长;

第五、林务官;

第六、市町村长;

第七、船长（但以海船之船长及船内之犯罪为限）。

关于搜查事务之说，见第二章检察官权限中。

第五节　检察厅书记课

《编制法草案》中有言："凡各审判厅及检察厅，附设书记课。"书记课掌所属审判厅及检察厅左列事宜：

一、往来；

二、会计；

三、文牍；

四、录供及编案。

各检察厅书记课宜酌置之，录事等官亦应据编制法所定。

第二章　检察厅之权限

第一节　概论

凡统治机关，于实施统治作用皆有一定之范围，此即所谓管辖。可分之为三：一曰事物管辖，一曰职务管辖，一曰土地管辖。事物管辖者，指因对象之性质及分量而定之管辖而言；职务管辖者，因执务之方向而定之管辖而言；土地管辖者，指因土地之区域而定之管辖而言。检察厅之管辖亦有此三种之别，大略如左。

第一款　检察厅之事物管辖

检察厅所管辖之事物，有关于诉讼者，有关于诉讼以外者。关于诉讼者之中，有刑事与民事之细别；关于诉讼以外者之中，有非讼事件与行政事务之细别。

案，以下举日本之例言之。将来中国定检察厅之事物管辖，大概不出乎此日本之分类，与西洋各国大略相同。

甲、关于刑事诉讼，检察厅所管辖之事物为公诉事宜及执行裁判事宜之二种（详见第二款职务管辖中）。

案，公诉者具体的确定科刑权之有无及其范围之诉是也。

乙、关于民事诉讼，检察厅所管辖之事物如左。

例如，邮传部所管邮船、电报，则为事物管辖，而邮政之送达、邮件之配置，则职务管辖是也。

第一、代表审判厅为民事诉讼之当事者；

第二、人事诉讼以特定之情形为限，为其当事者（明治二十三年六月法律第十三号《人事诉讼手续法》）；

第三、禁治产宣告之请求（《日本民法》第七条）；

第四、会同下记各项之人事诉讼。

  1. 关于公之法人之诉讼；

  2. 关于婚姻之诉讼；

  3. 关于夫妇间财产之诉讼；

  4. 关于亲子或亲子之分限及其他一切人之分限之诉讼；

  5. 关于无能力之诉讼；

  6. 关于养粮之诉讼；

  7. 关于失踪者及相续人亏缺之诉讼；

  8. 关于证书之伪造或变造之诉讼；

  9. 再审。

丙、关于非讼事件，检察厅所管辖之事物如左例：

第一、干与民事非讼事件。例如《日本非讼事件手续法》第四十六条、第四十九条但书、第五十一条、第五十二条、第五十九条、第六十八条、第九十一条、第九十五条、第一百十条是也。

第二、干与商事非讼事件。例如同法第一百三十四条、第二百七条是也。

第三、得会同外国人遗产之封印或开印之事（明治三十二年七月八日司法省令第四十号第四条）。

丁、检察厅所管辖之行政事务可细别为二：一系检察厅内部之行政事务，一系检察厅以外之行政事务。前者让第三章说明之，此但言以外之行政事务。

纯然行政事务，以属于检察厅之管辖为得策者，虽直就其国其时之情形以为损益，未可一概论定。然如左记各项所揭者，无论何国，使属之于检察厅之管辖，亦无不可。

第一、对于不良少年，令其受感化教育之命令，并监视其实施之事（如私人所设之感化院，检察官虽不能指挥命令，然不监视其实施之事，则其方法之良否不可得知）。

案，监视实施之事，如感化院有国立者，有公立者，然政府所立不如地方所立，或有志者之私立尤妙，何也？外国人考究公立、国立之感化院，经费多而成绩少，因国立、公立办事之官吏不如志士之热心也。费不足国家资补，尤妙。

不良少年有二大区别，一实施刑法上之犯罪行为者，一虽未实施犯罪行为而品行不良、有其危险者是也。凡此等少年之从事于感化教育，本其父兄之义务，且亦父兄之权利也。然就实际上观之，此等少年多无父兄者，否则有父兄而不能与以适当之监督者，若放任之，社会将不免大受其害，故不可不由国家采一切当之处置。所谓切当之处置者，即勒令其受感化教育是也。

案，《大清刑律草案》规定：未满十六岁不有责任能力。故此讲义案有实施犯罪行为之说。此不负责任之说颇多反对之者，然皆不知此立法之义。因未满十六岁之人虽犯罪而不有责任，然非放任之，亦须勒令受感化教育也。

勒令其受感化教育之途有二：一由审判厅命令之，即少年实施犯罪行为，检察官认其已达责任年龄而提起公诉。然审判厅则仍以为无责任能力者时，即由审判厅按其情节，命受感化教育可也。一由检察官命令之，即实施犯罪行为而在检察厅尚未认其有责任能力之少年，及有犯罪之虑而尚未实施之不良少年，按其情节，直接由检察厅勒令其受感化教育可也。

案，使犯罪减少之方法有二，一感化教育，二累犯者之特别处分，皆刑事政策之最要者。

按此事务，使悉属之于警察官厅之处分，则不足以昭慎重（因警察官办事专用、单简敏捷，因使不良少年受感化教育，须审慎而不可轻率也）；属之于审判厅之管辖，又有过于慎重之病；且决定应否即提起公诉须就其情形考察者不鲜，故原则上似宜属之于检察厅之管辖也。

第二、对于懒惰之浮浪者，勒令劳动，并监督其实施之事。

案，减少浮浪者之根本办法，一为教育之普及，一为经济之改良。外国所立公立媒介业务场，不收他人酬谢，或欲谋事者以一信达之，即与谋事，亦减少浮浪者之一端也。

浮浪者，指无可支持生活之资产，并不从事正业（正业者，非道德所许可而法律所许可之，丑业、贱业亦可以"正业"二字包括之)者而言(有资产者而不从事正业，法律上亦不认为浮浪者，惟既无生产又无正业者乃谓之浮浪者)。可分之为三种，一不能执业者，一不得业者，一不欲执业者是也。三种之分别，即处分浮浪者之标准。第一种之浮浪者(身体不具或有病)，不可不设救济场以保护之。第二种之浮浪者(能执业而不能自己谋事者)，不可不讲求授产策以救护之。例如公立媒介场，日本俗语谓之口入业，私人所立为己之念重，不如公立之为愈也。第三种之浮浪者(性情懒惰)，不可不投诸劳动场以改良之。而第一、第二之事宜，检察厅无与之必要；第三之事宜，与前段关于感化教育所述同一理由，似宜属之于检察厅之管辖也。

　　案，西洋历史与日本同，而处分浮浪者亦颇费事。罗马时代曾有优待之法，而给以衣食；至中古时代亦有残酷浮浪者之方法，而合无数之浮浪者而杀之。总之，浮浪之人日多，原于区别处置之法不得其宜耳。以下三种，特就浮浪者之情形治之。根本治法，国家能于道德、财政上注意，而浮浪者可减少之。

　　第三、命令危险之精神病者之监置处分，并监视其实施之事。

　　案，文明各国有精神病者犯罪，均不负责任，因其犯罪之事乃其病之作用。故东西各国均有精神病院之设，其监置处分等归检事任之。

　　此事宜之应归检察厅管辖之理由，与前两段同。

　　第四、从法律所定之区别，干与对于推事之惩戒审判之事(检事仍立于原告之地位，与平日之行职务同)。此点应参照日本《判事惩戒法》(明治二十三年八月二十日法律第六十八号第十七条、第十九条、第二十五条、第二十六条、第二十八条、第三十二条、第三十八条等)。

　　案，检事如有不法不当，无特别之惩戒法，亦用普通行政官之惩戒法。日本如此，中国将来或另定一检事惩戒法亦可。

　　第五、从法律所定之区别，监督律师之事。此点应参照日本《辩护士法》(明治三十六年三月三日法律第七号第九条、第十九条、第二十三条、第二十九条、第三十一条等)。

　　案，日本各地方均有各地方之辩护士会。某地之辩护士即应守某地辩护士会之章程，而所属地方检察长监督之。

将来法律日见发达，人民不能尽知，讼棍虽略知而多舞弊，不如国家明许以法律为业之人为律师，而适可以保护人民之权利。

以上所述关于检察厅之管辖事物列记，应注意之点如左：

甲、凡检察厅牵联审判厅所管辖之事物而实施检察事务时，不问其系刑事诉讼案件、民事诉讼案件，抑系非讼事件，以由配置其审判厅之检察厅检察官担任之为原则（参照第二章）。

例如初级审判厅所管辖之轻微事，则应配置初级审判厅之检察厅检察。如重大之第一审归地方审判厅，则亦归配置地方之检察厅。

乙、然检察官乃上下合体而组织之一个检察机关，非如审判官之人各独立也。故由甲检察厅着手之事务，半途发见属于乙检察厅之管辖时，不用管辖错误之办法，用案件送付之办法可也。由此关系观之，各级检察厅之间，谓其有分业之法而无纯然之管辖，亦无不可（可对照第三章之说明）。

例如，犯罪地在上海，犯人逃至天津，则天津为犯人所在地，北京审判厅不能管辖，但批驳其诉状而已。如检察厅则不然，北京之检察厅虽不能管辖，而必将其文书送付于天津、上海而后可，以检察厅本一个机关也。

丙、关于纯然之行政事务，待法律之所特定，始得知管辖检察厅之所在。按之日本现制，律师之监督，由其所属地方检察长行之；惩戒判事之裁判，由其判事奉职之裁判所之检事局检事干与之。关于感化教育、强制劳动及监督处分之命令，日本尚无完全之规则，但实际上似可用地方检察长之命令。

第二款　检察厅之职务管辖

职务管辖者，指因职务之方向（如何办其职务之方法）而定之之管辖而言。如前述审判厅于诉讼审判厅与执行审判厅，及一审审判厅与上诉审判厅之间，虽有判然之别，而检察厅则如就其事务管辖所述之情形，关于职务管辖亦有分业之事，而无纯然之管辖之事。但执务之方向得分类之如左。

案，讼诉审判厅与执行审判厅就民事诉讼而言，刑事无之。

民事上一定裁决之执行，于区裁判所管辖之。

甲、就刑事诉讼而言,检察厅应执之职务之方向,关于其所配置之审判厅管辖之刑事案件之公诉,得并准备、提起、实行与裁判之执行而分为四种。上诉事宜亦在实行之中,详见本章第二节至第五节。

乙、关于民事诉讼者如左:

第一、代表审判厅为民事诉讼之当事者时,日本《裁判所构成法》第一百四十二条仅准其立于被告之地位。按之中国《法院编制法修正草案》第九十一条所预定,则并准其立于原告之地位也。

案,检察官为被告者,例如夫妇之一方对于他之一方而提起婚姻之诉讼而主张无效者,被告当死亡时,检察官代其为被告之类。人事诉讼法尚未规定,而关系于社会国家者最重。

被告之地位,例如审判厅购买物品而其代价不如卖主之意,则可告诉审判厅,而代表审判厅者则检察官也,故曰立于被告之地位。

审判厅无债权、债务之资格,有之,则国库而已。若于特别会计之范围内亦可有之,而以检察官代表而已。

债权者之原告,在日本惟会计官吏有之,而裁判所不能。但既许其有被告之资格,则不能不于特别范围内许其有原告之资格,此于《会计法》有密切关系。此中国《法院编制法》所以胜于日本者。

第二、干与人事诉讼时,从法律之所定,有为原告时,有为被告时者。

例如夫妇婚姻,检察官以为违背《民法》主张其契约无效,故可为原告;再如夫妇关系,有无应取消或不取消、不应取消而取消者,则可以检察官为被告。

第三、禁治产之请求时之当为原告,自不待言。利害关系人不请求时,检察官代表公益而请求之。

第四、会同民事诉讼时,为公益起见,仅陈述其意见而已,非为原告,亦非为被告。

丙、关于非讼事件,检察官有仅会同其事件而止者(例如《日本非讼法》第四十六条），有立于请求者之地位者（例如同法第五十一条、第五十九条），有受通知而止者（例如同法第四十九条、第五十二条），有为抗告提起时者（例如同法第九十一条、第九十五条、第一百十条等）。

丁、关于行政事务，检察官于可发命令之时，不可不行调查与断定及实施之监视；于判事之惩戒裁判，宜实施恰如刑事诉追之行为（该法第十七条以下）；于律师之监督，得会同律师会及行惩戒诉追。

第三款　检察厅之土地管辖

《法院编制法修正草案》第九十二条云："凡检察厅之管辖区域，与各该审判厅同。"而审判厅之管辖区域，据同案十一条，由法部酌核奏定。故由法部奏定审判厅之管辖区域时，同时其所配置之检察厅之管辖区域亦定。

案，外国之管辖区域皆以法律定之，因法律必经议会协赞，而管辖区域与人民之权利有密切关系。今中国尚无国会，则法律与命令如何区别尚无一定之点，故便宜上则由法部奏定之。

同案第九十三条云："凡遇紧急事宜（详《诉讼法》，即法律亦不能规定之），得于管辖区域外实施其职务。"此乃对于前条原则之例外，本乎检事为一体之法理对于分业法加以限制，使得为紧急处置之宗旨。

案，紧急事宜，例如检察官因临检何事而至其非管辖之区域内，发见一现行犯，则亦可以拘捕而实行其职务。

第二节　公诉之准备

检察官之职务，涉及民事、刑事、行政、国际各法，其范围甚广，而常以关于刑事法为其最重要者。

案，检察官之职务，关于刑事甚多，以刑事非检察莫属也。其关于民事、国际、行政，视各国之法律如何，亦可不属检察官者。

关于刑事法之检察事务，以公诉事宜为其中心。公诉事宜之第一着手，在提起公诉之准备上实施其必要之行为。

案，证明犯罪适用刑罚之诉，谓之公诉。此非学问之定义，不过简便以解释之耳。公诉者，此诉权专属之于国家，其所以属于国家之理由，让第三节详之。

　　属于法国法系之诉讼法,准备公诉之行为可分为二:一为行于起诉前之搜查处分,一为行于起诉后、公判前之预审处分。前者属于检察官之权限,后者使属之于预审推事之权限(德意志、日本皆然,中国新定法律却不可盲从之)。然检察官提起公诉之后,于公判推事开始公判前,另由预审推事之特别常置之审判官实施预审处分,所得不偿所失。在外国,有识者早主张废止此制。中国修订法律馆有鉴于此,在外国名为预审之处分,中国则采用起诉前使检察官实施之方针。故本节合法国主义诉讼法之所谓搜查处分与预审处分说明之。

　　例如有人犯罪,经司法警察吏报告于司法警官,再经司法警察官搜查之而报告检察官,始由检察官报告预审推事,凡经三次搜查。盖预审之事即搜查之事,然预审可用强制行为,而搜查不可用强制行为。此制根于法兰西之历史,于法理上无何等理由。因法之检察官滥用强制行为,蹂躏人民权利,故使检察官无强制执行之权。此在法国固有此等弊端,是非法之咎而人之咎也,不可以混同视之。检察官与预审推事同一搜查行为,何以不任检察官而任预审推事? 此无理由之可言也。

　　预审推事之弊害者,检察官所搜查与预审推事所搜查大概同一,不过检察官无强制力,故有时检察官借用其权力,倘使此权力亦移之检察官,则预审推事可为之事检察官亦能为之;且被告有时愿受公判,而对于预审之供诉往往于公判时全反之。观此可见,搜查之事不免与检察官重复。因有此种弊害,故预审之事,不如付与检察官之为当也。

　　搜查处分归检察官,而预审之搜查则曰预审。此主义中国之刑事诉讼法不采用,故合搜查、预审而言之。

　　附记:《颁定法院编制法》及《各级审判厅试办章程》所规定,均以起诉前之搜查处分属于检察官之权限,起诉后公判前之预审处分属于预审推事之权限,仍采法国法系,即日德主义。而冈田谓中国法律馆采用起诉前使检察官实施预审之方针,殊与不符,盖以此编之出,系在《编制法》及《试办章程》颁订以前也。然冈田反对法国法系,历抉其弊,以下各节均本此反复声明,并有所谓中国新主义者,亦殊足以较利弊、证得失也,学者于此最宜注意。

第一款　搜查处分

其一、搜查处分之定义

据法国主义诉讼法下定义时,搜查处分者,断定起诉、不起诉之必要上获得其材料之办法也。然自中国刑事诉讼法所拟采用之主义观之,搜查处分不但断定起诉、不起诉,又不可不谓为断定应否开始预审办法之必要上,获得其材料之办法也。

或者曰:搜查处分与预审处分若俱属之于检察官,岂此两者竟无分别之必要乎? 不知开始预审办法时,对于人及物不可不许用各项强制处分。强制处分使他人受损害者不鲜,故值有罪之嫌疑,其根据未深之际,即许用外国法之所谓预审办法(强制办法),甚属危险。将来中国虽将搜查与预审俱属之检察官之权限,然其次序则拟待搜查处分既毕之后,始实行预审处分也。

案,立宪国家之大原则,不妄蹂躏人民之自由,亦不妄限制官吏之权利,于其中而定为法律,此搜查处分当于嫌疑似深非深间,定其办法也。

因搜查预审合一,则官之权力太大,不免蹂躏人民权利,立宪国家所不许之。盖宜用折衷办法,有罪之嫌疑未深,则不许用强制办法;若既深,则不妨用之。一方面恐蹂躏人民权利,一方面恐不得达也。

其二、搜查处分之范围

搜查处分以决应否开始预审办法及应否直提起公诉为宗旨(此中国所拟采用之主义),而实施左列各项事宜:

第一、辨识有无备犯罪性质之事实。例如遇有死者之际,辨识其系病死、抑系变死之类,可对照本项其他之说明。

第二、有犯罪行为时,辨识其犯人。

第三、辨识诉讼条件(即已经起诉而诉讼能否成立之条件)具备与否。诉讼条件开列于下。

　　1. 有审判权(如有领事裁判权之人民,中国之审判厅无审判权);

　　2. 有管辖权(既有审判权,尚须视其犯罪地与所在地之区域是否有管辖权);

　　3. 有当事者能力(为刑事原告之能力,惟检察官有之)(有无为原告或被告之资格);

　　4. 当事者或代理人有诉讼能力(可以有亲身实施诉讼行为之资格,如小儿、未成年应承继财产,是有当事者能力,然不能亲赴裁

判所诉讼,是无诉讼能力);

　　5. 尚未有权利拘束[已起诉而未决定之情形(既诉状态)及确定判决一事不再理,非不准提起上诉之谓也,于确定后不准再理之谓也]。

以上五种非辨识之,起诉不起诉不能决也。

　　案,前第四条件为积极的条件,第五条件为消极的条件。

第四、保全嫌疑人。

第五、保全证据。

　　实施以上各项事宜之限度,当以辨识足以决断应否开始预审办法,及应否即行提起公诉之事实为率。

　　其三、搜查处分实施之方法

　　搜查处分为辨识前段列记事宜起见,原则上不许用强制处分。盖值有罪嫌疑之根据未深之时,务以不损害他人为宗旨。因此原则,遂有左列之结果:

　　或者谓刑事案件之搜查不可不用强制手段,而实不然。但须司法警察之学日精、侦探之术日密,则不用强制手段亦可。

　　第一、经承诺时,得使嫌疑人或证人同行至厅,并讯问之;

　　第二、经承诺时,得实施搜取证据所必要之一切行为;

　　第三、得照会公务所而求必要事宜之报告(《日改刑诉案》第二二八条)。

　　于前段所述有一例外,如遇紧急时、当迅速处置之情节时,于搜查办法尚得加以强制方法,且其情节可豫以诉讼法规定之。现今之通例大略如左:

　　第一、于现行犯人,得即时勾引之;

　　第二、证据材料如有湮灭之虞时,得用强制方法以保全之(例如杀伤案件之血痕,如房之主人欲扫去之,可使警察官暂行封闭其屋是也)。

　　此等细末之办法均可规定于诉讼法。

　　其四、搜查机关

　　搜查为起诉之准备行为,故其机关当用担任公诉事宜之检察官。然以有限之检察官,必不能实施无限之搜查事务,不得不设代理及补佐人员,此所以设置第一章第四节所记各官也。

该节所述警视总监、东京府知事外之地方长官等代理官,于其管辖区域之内,得享有地方检察官同等之搜查权,故非立于检察官指挥命令之下,为其补佐也。

反之,司法警察官则当受检察官之指挥,司法警察吏亦当受检察官及司法警察官之命令,为从事搜查各务之补佐员。

案,职权与官品不宜混同。例如一二品之大员因事具讼于审判厅,则推事虽五、六品,亦当受其指挥。以日本论,检事有七品者,而司法警察有则四、五品者,亦当因职权而受检事之指挥。故检察官亦有命令权,此官品与职权分别之例也。更如贵胄有爵位者入伍充兵,亦当服其佐尉之指挥。此益足见职权与官品之不可合而不分也。

检察官与补佐员事务上所应遵行之办法,于各案件之情节不能豫定,但大略如左:

第一、由检察官认知犯罪及犯人时,得即实施紧急处分,而后指挥或命令补佐员实施他之必要处分。

第二、由补佐员先认知犯罪及犯人时,亦得实施紧急处分,而后报告检察官,受其指挥命令实施其他残余之处分。

其五、认知犯罪及犯人之径路

检察官及其补佐员认知犯罪及犯人之径路,有出于自动的与他动的之别,自动的认知之径路可分为二种如左:

第一、目睹现行犯;

第二、非现行犯之发见。

他动的认知之径路者,受自首告诉及告发是也。

关于此等犯罪之通告,可采用如左所列之规则。

第一、"人"。自首(由犯人所行)、告诉(由被害人及其他有权人所行)、告发(由第三者所行),检察官,司法警察官皆当受纳。

第二、"地"。当于被告人所在地或自首人、告诉人、告发人所在地行之。

第三、"方式"。或用书面或用口述,均可。但吏员所告发者,则当用书面。至他之用口述以自首、告诉、告发者,受理之吏员或其他之当该员当作调书(录供文书)。

第四、在亲告罪,于原则上当令被害人告诉之,但当以法律规定此为例外之情形。

案,亲告罪者,非由被害人或其他有权人行告诉,检察官不能提起之犯罪是也。如奸通罪,非本夫不能告诉;侮辱罪,非受侮辱者不能出为告诉是,皆检察官不能提起公诉者。

现在外国不因自首、自白而下判决,即系犯人自首,亦当调查证据而判之。如罚金轻微之罪,可因自白而判决;如拘留以上,则非自白可定其犯罪,盖真实情形非调查不可也。

其六、搜查处分终结之办法

终结搜查处分时,宜行之办法有四:一曰搜查中止之办法,二曰送致于该当检察厅及其他官厅之办法,三曰开始预审之办法,四曰提起公诉之办法是也。

承办之主任 { 受命者——办主任之一部分事宜
　　　　　 { 受托者——如天津检察官托北京检察官所办之事是

一、搜查处分之中止

搜查之结果有左列各项之事实时,即当中止其处分。

　　1. 被告之行为不作为犯罪者及全免刑罚者;

　　2. 既经确定判决者;

　　3. 犯罪后因改正法律为无罪者;

　　4. 经恩赦者;

　　5. 因时效公诉权消灭者(就刑事法而言,如公诉权、行刑权因经过一定之岁月而消灭,此但指起诉权言之);

案,刑事时效者,因为法定之期间既经过,起诉权及行刑权消灭之制度是也。

　　6. 被告人死亡者;

　　7. 亲告罪之未经告诉者及取消告诉者;

　　8. 被告人不服中国之审判权者。

以上八种之事实,有第一至第六者时,全无续行搜查处分之必要(事实不的确亦可搜查)。但关于第七及第八,因其情形,虽续行搜查处分亦可(事实虽的确亦可搜查)。既经提起公诉时,应由审判官命收取证据,然检察官之搜查权非因此消灭也,故检察官亦得行认为必要之搜查行为。

案,关于权利拘束、既诉状态可否消灭、检察官之搜查权之问题如下。

二、送致该当官厅之办法

搜查之结果有左列各项之事实时,其案件应送致各该当官厅。

1. 属于他检察厅之事物管辖或土地管辖时,当送致其事件于该当官厅。

关于此等情形有一应注意之点。检察厅之有事物管辖及土地管辖之规定,系为分业之必要起见,自其本来之性质言之,检察官乃合上下而为一体者。故送致案件时,不似审判厅之用管辖错误之办法,而用案件送致之办法,且行送致前一切紧急必要之处分,不可不将报告一并送交当该官厅。

2. 案件若属于军人审判所等特别审判厅之管辖、不属于通常审判厅之管辖者,则送交其官厅。于此情形,凡紧急必要之处分,仍不可不由检察官行之。

3. 案件系违警罪时,送交管辖警察厅。

4. 被告人若不服中国之审判权(或因条约、或因惯例、或因有领事裁判权国之人民),有送致其所属国之官厅之必要时,不可不实施其办法。

案,此等事本由警察官之送交,若事已至检察厅,则检察官亦当送致。

三、预审之开始

不用强制方法之检查处分而获得充分提起公诉之证据时,可不行预审直提起公诉,如后段所述者。然就实际考之,非用强制方法不能搜集充分证据之时为多,是以复有准用强制方法开始预审办法之必要。

在法国法系诉讼法之规则,预审由检察官于提起公诉之后,令预审推事行之。故于预审所有强制力之命令,原则上非预审推事不得发之(但例外检察官亦有发者)。中国舍此主义,拟采检察官管掌预审之主义,故其方针于预审开始之后,与检察官以得发有强制力命令之权力。

检察官于搜查处分移于预审处分之办法,现虽为起草委员研究之问题,尚无成案。但如左所记之方法似可采用。

案,搜查处分变为预审处分必有种种方法,如下列是也。

地方检察官于搜查处分终结之时，附自己之意见申报地方检察长，受其命令，而后开始准用强制方法之预审办法。

地方检察长下不可开始预审之命令时，而与主任检察官意见不合时，可申报高等检察长，受其命令。主任司法警察官、告诉人及告发人亦同。

初级检察厅及地方检察分厅，若有监督检察官，则以其指挥开始预审；不开始预审之指挥，则申报地方检察长，受其命令。若无监督检察官，则主任者专断之；其不开始预审之处分，司法警察官、告诉人及告发人申报于地方检察长，受其命令。

以上规则乃出于防滥用强制方法弊害与防抛弃预审处分之宗旨者也。

案，主任检察官得自由开始预审与否之害有二：

1. 得自由决定不开始预审时，或压制起诉者而民冤莫伸；

2. 得自由决定开始预审时，或滥用强制方法。

四、公诉之提起

检察官依搜查处分提起公诉并实行之，果搜得十分之证据时，则不开始预审而直向其审判厅提起公诉；若系属于他审判厅之管辖时，应送致于其厅配置之检察厅，如第二段所述。

案，此非预审后之提起，乃不经预审而提起之公诉。

司法警察官依搜查处分已达前段所述之情节时，应报告管辖检察厅，使得据此起诉。

第二款　预审

其一、预审之宗旨

预审者，为提起公诉并实行公诉起见，以搜取其必要之材料为宗旨之准备的调查也。在法国法系之诉讼法，于公诉提起后，为决案件应付公判与否行之（法国主义之预审者，其实质系搜查处分，其形式系审判事宜，因预审归判事行之）；在中国新主义，则于公诉提起前，搜取其提起及实行所必要之材料起见，此两者间所存之一大区别也。故由中国之主义言之，预审者不论于其实质、于其形式，全系搜查处分之继续，只因其在许用强制处分之时期，故有预审之名耳。

其二、预审中检察官之权限

搜查之结果,有罪之嫌疑根据既深、认为应提起公诉时,由检察官开始预审处分。既开始预审处分时,关于嫌疑人之呼出、勾引、勾留、讯问、检证、差押、搜索,证人、鉴定人、通辩人之讯问等,尔来检察官之权限与法国主义之预审判事相等,不可不带强固之强制力。

一、嫌疑人之呼出、勾引及勾留

保全嫌疑人(保全者,维持现状之谓,非保护也)之方法有三:呼出、勾引及勾留是也。其中之呼出无强制力,不过催其到场之命令而已,原则上用书面,名之曰"呼出状"。因此到场之嫌疑人,应即时或其日之间讯问之,以决其有监禁之必要否;对于受呼出而不到场之嫌疑人,或行再度之呼出,或发勾引状勾引之。

日本《改正刑诉草案》第四十三条,于左记各项之情形,不行呼出,直许勾引:

1. 嫌疑人系无一定之住居者时;

2. 嫌疑人有湮灭罪证之虞时;

3. 嫌疑人系逃亡者时及有逃亡之虞者时。

是固当然之规则,中国亦不可不采用之。

勾引状不仅有强制的引致嫌疑人之效力,且有于一定之时间监禁嫌疑人之效力,其时间通例甚短(日本现行法四十八时间)。此监禁不过于其间调查有否勾留之必要,故不必置长时间也。

嫌疑人任意赴厅或因呼出并勾引赴厅时,讯问之而发见有前段列记之情形时,得发勾留状勾留之。因勾留状之监禁,其日期无限制。

呼出状、勾引状、勾留状记载嫌疑事件、嫌疑人之氏名、住居其他必要事宜,主任检察官及检察厅书记署名、捺印。但呼出状之外,嫌疑人之住居不分明时,不记载之;氏名不分明时,记载容貌、体格及其他之征表。

呼出状送达之,因勾引状及勾留状之引致,司法警察吏执行之。执行之际,或被勾引、被勾留之人有请求时,以令状示之,引致于示定之检察厅或监禁于监狱。

案,送达乃诉讼法专门之学,送达有一定之规则。呼出状之送达,应照诉讼法一定之办法。

如不带令状而勾引、勾留人,及令状之形式不法,如不署名、不捺印之类,许人民拒绝之,所以保护其自由也。如司法警察不法而用腕力,人民亦可以腕力拒绝之。

不法之勾引、勾留,本人可不受司法警察之执行。盖官吏之处置未常不适法,而必令人民之自知其勾引、勾留之无不法、不当也。

嫌疑人之所在不分明时,由高等检察长命其管辖地内之检察官,使发勾引状搜查勾引之,而受此命令之检察官,得造成多数之勾引状,分给多数之司法警察吏。受勾留之嫌疑人按法律所定之情节,得准保释(由嫌疑人之亲族请求之)或责付(由裁判所许行)。

案,中国事实上有之,而日本则以法律规定。

勾引以发勾引状使司法警察吏执行之为原则。但关于备前述准勾引情形之现行犯,不可不设左记例外之规则:

1. 检察官得用口述,对于司法警察官或司法警察吏命勾引嫌疑人,或有其必要时,得亲身勾引之;

2. 司法警察官不带勾引状直勾引嫌疑人,或用口述而命司法警察吏勾引之;

3. 司法警察吏不待勾引状及口述之命令勾引现行犯;

4. 普通一般人亦得逮捕现行犯人,交付地方检察官、初级检察官、司法警察官或司法警察吏。

二、嫌疑人之讯问

关于讯问嫌疑人,不可不设大略左记各项之规则。

案,嫌疑人之答辩为一种证据,故讯问嫌疑人乃为调查证据之一部分。

以下非专论检察官预审时讯问嫌疑人之规则,即审判官亦用之。

1. 最初讯问,决其人有无错误所必要之事宜。

2. 次告以嫌疑之事由,问有无欲供述之处,并与以申告有利于自己事实之机会。

案,裁判以发见真实为宗旨,如裁判官对于嫌疑人预存一犯罪之成见,则为形式裁判,非足以发见真实也。例如形式的裁判,如司法警察吏谓其有罪,司法警察官亦以有罪目之,其调查亦偏于有罪一方面。此形式裁判之害也。

3. 值讯问之际,使检察厅书记会合,令录嫌疑人之口供,是曰"预审调书"(即预审调书之一部分,录毕应读予嫌疑人听,如有错误应即改正)。

4. 讯问之际禁用威吓、诈言,至于殴打拷责,固在所严禁之列。

5. 讯问及供述,原则上用口述之法,但对于聋哑及能笔谈之外国人,用书面。

三、检证、差押及搜索

检察官开始预审时,为发见事实,得临检犯所或其他场所;并认为有必要时,得发掘坟墓、解剖死体及实施其他之处分。

案,此口供以外之证据。

证据物及宜没收之物,得差押之。但由有权者任意提出之物,只领置之(领置无强制意)。

为发见证据有其必要时,于法律所准之范围内,得实施身体搜索及宅第搜索。

检察官发命令状,得使司法警察官执行检证、差押及搜索等,不问其亲身实施、使司法警察官实施,均不可不使检察厅书记会合之。但无暇使会合时,不在此限。

案,多人临场可以防弊,且其证据较确。

值检证、差押及搜索之际,若认为有其必要时,由检察官不可不通过牒审判厅,求推事之会同。是虽法国诉讼法所无之规则,然实际上固甚便也。

例如,被害人死因毒发所致,或他人所毒,或自己所毒。检察官之搜索而作调书,及推事调查证据又须检验,设其死体已腐或利于速焚毁者,不便实甚,故不如检察官之求推事会同之为得也。

此时中国法律教育尚未进步,其判案只凭推事之独往独来。若将来法律智识普及,而辩护人专与被告谋利益而主张法律,与裁判官立于对抗之地位,则知以上检查检证之必要也。

四、证人、鉴定人及通辩人之讯问等

证人者,依诉讼法所定之方式,将诉讼外过去之见闻,对于当该官之讯问而为其供述之诉外人是也。鉴定人者,依诉讼所定方式,将审理中之现在事实,对于当该官之讯问而为其供述之诉外人是也。通辩人者，翻译诉讼关系外之言语，或代之谈话之人是也。

案，供述关于过去之事实之见闻，为证人；关于现在之事实供述自己之意见，为鉴定人。此简单意义，如下定义乃法理之定义也。

证人、鉴定人及通辩人于搜查处分中、公判中，均有讯问并使用之必要。多数之立法例除预审推事、公判推事之外，对于此等人采用不许强制力及使行宣誓之规定，然中国拟采用新主义之诉讼法。既以预审事务属之检察官之权限，则对于此等人用强制力使行宣誓之权限，亦不可不与检察官也。

凡有权之人命证人、鉴定人到场者，有三种义务 ⎰ 一、到场
二、宣誓
三、供述 ⎰ 行供述
供述真实

有审判厅及检察厅之命令时，为证人、鉴定人、通辩人恰与兵役、纳税无异，属于立宪国民神圣之义务。故对于无相当之理由而不到场尽宣誓、供述真实之义务者，法律上科以一定之制裁。同时，又为不使蹂躏国民自由之必要上，依诉讼法设种种之限制，此现今立宪国之通例也。

案，不到场有不到场之罪，不宣誓有不宣誓之罪，不供述有不供述之罪，如伪证罪是供述不真实之罪，皆法律上之制裁也。

何以谓之义务？因司法事宜非独官可办了，必有专门智识，乃不至有冤；抑立宪国家尊重人民，人民之国家思想观念甚重，故于为证人、鉴定人，亦如纳税、充兵役之义务，以巩固司法权、以保护人民之自由也。

其三、预审终结之办法

检察官行预审，搜取嫌疑人有利、不利一切之证据有左列情形时，当为不起诉之决定：

1. 有罪之证据不十分时；
2. 嫌疑事件不为罪时；
3. 犯罪后因改正法律为无罪时；
4. 经恩赦时；
5. 因时效公诉权消灭之时；
6. 亲告罪未经告诉时并注销告诉时；

7. 嫌疑人不服中国审判权时。

案，上所列情节，即公诉提起后亦当停止。

前段为不起诉之决定，应由何人与之耶？若一任主任检察官之独断，他人全不干与时，有滥用其权限之虞。故由主任检察官申述意见，由监督检察官（初级检察厅及地方以上各级检察分厅，如置二人以上检察官，以资深者一人为监督检察或地方检察长与此决定。对于初级检察厅一人之检察官所独断之不起诉之决定，可由主任检察官、司法警察官、告诉人、告发人等，向上级检察厅为再议之请求。

案，此段规定防检察官独断专横。

在左列情形，不可不采办法中止之处置：

1. 嫌疑人死亡之时；
2. 关于同一案件既经公诉之提起时。

案，既提起公诉，推事有强制权，检察官复行搜查处分，必与推事大相冲突。

右第二之情形若有必要时，仍有实施搜查处分之事。但不可不设其强制权不得与推事强制权冲突之规定。

左记情形应将案件送付当该官厅：

1. 属于他检察厅之事务管辖或土地管辖时；
2. 属于特别审判厅之管辖时；
3. 因条文或惯例应送付外国官厅时。

案，在上各项情形之外，则检察厅对于配置审判厅当为公诉之提起。

第三节　公诉之提起

第一款　公诉提起之定义

公诉者，指具体的断定科刑权之有无及范围，向审判厅所为之请求而言。以此请求权属之于被害人或其亲族时，名之曰"私诉权"或"诉权"；然以之属于公共之时，则当有"公诉权"之称。在近年之法律思想，凡犯罪皆因害国家之公益成立（害国家之公益有同时又害私人之私益者，固不待言），故诉权专属于国家。此"公诉"之称所由来也。

案,抽象的断定科刑权之有无者,修订法律属之。不问何人有杀人、窃盗,即科以杀人、盗窃之罪也。

具体的断定科刑权之有无者,对于一定之人有一定行为,处以一定之刑罚,故裁判属之。求具体的断定科刑权之有无,即为公诉之提起。

公诉权属于国家,人民自有自由告诉。然人民告诉不过通知犯罪之事实,不认其有起诉权,有起诉权者独国家。此检察官制设立之精意也。

诉讼之提起者,使审判厅干与案件之行为是也。故公诉之提起者,系指使审判厅干与一定刑事案件之行为而言。

案,刑事案件者,应由检察官提起公诉而生既诉状态也。

第二款　起诉之办法

公诉果由何人提起耶? 如前所述,犯罪之被害者必为国家,故有公诉权者亦不得不为国家,因此设名为"检察官"之机关,使之行使公诉权。检察官非公诉权之本体,乃代使国家行使此权之机关也。

公诉应于如何时期提起之耶? 在法国主义之诉讼法,搜查之结果认为得搜取有罪证据之望时,关于较重之罪,依起诉而求预审;关于较轻之罪,可因起诉而直求行公判。然在中国拟采用之新主义,则置预审于检察官之权限内,故经搜查处分或预审处分之结果自信搜得足以维持公诉之材料时,始提起公诉,可以直求公判。但公判开始前或开始后,得由审判厅命特定之受命推事行证据之搜取,固不待言。

案,法国主义,检察官以为稍有有罪证据,即可提起公诉而求预审,由预审推事再行搜查证据;中国新主义则必经检察官详细搜查,确有证据,然后提起公诉。

行起诉用何方式耶? 原则上用书面行之,例外上应许用口述。于此后之情形,审判厅书记不可不作成其记录。

于书面或口述之起诉,须指如何事宜耶? 公诉乃具体的断定科刑权之有无及范围之请求,故不可不表示左列事宜:

第一、指定一定之被告人;

第二、指定一定之犯罪事实;

第三、指定为起诉根据之证据材料;

第四、指定刑法之适条；

案，《日本改正刑诉法》始加入适用此二条。

中国主义以预审归检察，拟规定此二条。

第五、原告、检察官及会同预审之检察厅书记，自署官职、姓名，盖印。

前述各项事宜中，第三、第四在德国诉讼法以指定为必要，日本现行诉讼法则否；至第五下半之规则，则中国拟新加入之规定也。

第三款　检察官有无起诉、不起诉之自由
（此为诉讼法上之一问题）

检察官经搜查处分或预审处分而对于一定之嫌疑人认为有有罪之根据时，必须提起公诉耶？抑犹得决定不起诉耶？有二反对说：一曰便宜主义，一曰励行主义。

便宜主义之说曰：检察官之提起公诉，固出于使审判厅处罚嫌疑人，以保护国家公益之宗旨，故虽认为有有罪之根据，而因起诉、审判、处罚等项转有害国家之公益时，有不起诉之自由。此非就私情言，实就公益上起见。此日本实际所行之说也，即由日本之法观之，已非正论之解释论。

案，便宜主义使检察官如有不行起诉之权，乃与有立法权限，则行政官之权力太大，于法理为不合。

励行主义（法定主义，又曰励行主义）之说曰：以某某行为为罪否，据刑法既有一定之规则，非检察官所能变更；有否为罪之行为，此乃嫌疑人既成之事，亦非检察官所能变更；不拘有有罪之根据，谓检察官仍可以不起诉，是无异于检察官有动既成之事实、变更既存之法律之权限，于法理为不合。既有有罪之根据，则检察官非起诉不可。专从法理上观之，便宜主义不如励行主义之正当，已不烦言，而解兹更进一步，从实地上考此两主义之利害得失，以决其取舍。

自实地上观之，便宜主义有一得一失。例如对于一定之人提起公诉，而于内治或外交之上反生重大不便之处，处罚之损不足以偿起诉之利（例如国家当战争时，方处危急，有一人与国家有安危关系，如因殴打人而犯小罪，在检事亦必提起公诉，则于国家战争上有莫大之影响）。于此情形，若采用便宜主义，得自由决其不起诉，实为实地之利益，此其

一得也。然此殊属少数例外之情形,若采用便宜主义,则于通常多数之情形上,长检察官或主任检察官时有滥用职权不起诉之弊害,是其一失也,前此日本亦尝受其弊害。盖无为少数之例外利益,不问通常多数弊害之理。此便宜主义虽为实地起见,亦不可采用者也。

案,检察官得自由不起诉者,不过于内治、外交上偶然之事,若滥用职权,亦为不法。盖便宜主义不过百年一遇,未可据此以妨害国家、人民之安全。若徒藉口证据不足而不起诉罪人,则于法理不合矣。

前所述便宜主义之说,不可与检察官所有之事实认定权(与便宜主义之曲解法理者不同)混视。便宜主义云者,盖虽有有罪之根据,亦有不起诉之权。故如曲解法理,虽实地上有不当之者,而检察官依搜查及预审,认其搜集之材料为尚不足以之提起并维持公诉而决不起诉,固属其权限之内,但藉口于材料未足故意决不起诉者为不法,更不待论(检察官有起诉之义务最正当)。

案,便宜主义所说,在于为有不起诉有罪人之权,故此说法理上、实地上俱不得当。若因搜查之证据材料不足而不起诉,则为事实认定权,于法理无不合也。

第四款　起诉之效力

提起公诉之后,则既诉状态(《日本民事诉讼法》用"拘束权利"字样)之效力发生。既诉状态之效力云者,指如左所列四种之法律关系而言。

因公诉审判厅与原告官及被告人(合此三者总称为诉讼主体)之间成立诉讼关系。

第一、审判厅对于公诉,当与以终局之裁判(即本案与裁判脱离关系之裁判)。

兹所谓终局之裁判者,如左所列五种之判决是也:

案,裁判分本案之裁判与本案前之裁判二种。本案之裁判,例如非管辖之裁判;本案前之裁判;虽有裁判而案未了结,例如属其管辖之裁判是也。

1. 管辖错误之判决;
2. 得证明后指定刑罚之判决;

3. 不得证明时无罪之判决；

4. 经确定裁判时、刑罚废止时、刑罚全免时、经大赦时及时效经过之时，免诉之判决；

5. 无亲告罪之告诉注销时、公诉之提起不适法时、在既诉状态时、其国无裁判权时、属于特别裁判所之裁判权时及被告人死亡之时，弃却公诉之判决。

第二、审判厅对于公诉所指定之"人"且限于所指定之"人"，当行审判（例如检察官提起公诉谓某甲杀人，审判官不能对于某乙而行审判）。但自原告官对于一定之人提起公诉，则审判厅当审判之同时，以适用不告不理之原则，对于不受起诉之人不得行其审判。

对此原则，通例认一例外，如经起诉案件在审理中发见不经起诉之共犯人，且不及待检察官之起诉时（例如在起诉后、公判前，受命推事当行其准备的调查之际发见共犯，须应急审理），得临时行应急之审理是也。

第三、审判厅关于公诉指定之"事实"且限于所指定"事实"，当行审判（例如对于被告某甲之杀人案件）。至公诉所指定以外之专件不得审判者，亦不外适用不告不理之原则。

审判厅惟于公诉所未指定事件不得审判，而关审理之方针、事实之认定、法律之适用等，不拘束于原告官之意见。

案，审理方针：

1. 调查证据物；

2. 调查证人；

3. 命令鉴定（必须事实认定然后拟律）。

对于本号所谓原则，通例亦认一例外，即在审理中发见被告人未经起诉之别罪时，不待检察官之起诉，得行应急之处置。

案，民事诉讼对于贷金之诉讼，裁判官只能下贷否之判决；刑事诉讼则不然，刑事诉讼则职权审理是也。

第四、检察官不得自由注销公诉。若发见可主张管辖错误、无罪免诉、弃却公诉之理由时，当于公判之时主张之，受审判厅之判决。

案，检察官因嫌疑人有罪而始提起公诉，若因调查证据而发见无罪,亦可主张无罪。非以检察官但必主张有罪,此不可不注意之点。

《日本改正刑事诉讼草案》第二百零三条新设第一审之辩论开始以前得注销公诉之规定,是或于他实地有便利之处。盖既经开始辩论而后注销,转许多周折不便甚矣。

第四节　公诉之实行

公诉之实行者,实施于使审判厅终结其公诉案件上所必要之诉讼行为之谓也。依第一审、控诉审、上告审等审级如何,其办法各不同。又有非常上告、抗告、再审、再诉及关于大理院专管案件等特种办法。

案,公诉之提起者,引起审判厅干与诉讼行为也。

实行者,则使审判厅完结行为也。

第一款　第一审公判

凡行公判,除定数之推事相继出庭(继续出庭,不换人审判)之外,检察官(不必一人自始至终出庭)及审判厅书记亦须出庭。背此原则之裁判,得依上诉求注销之。被告人不出庭时,于原则上不付行公判(有例外,法律上准用缺席裁判)。

被告人于公判庭不受身体之拘束,但得置看守人。

案,身体不受拘束,恐其意思不自由发表,此原则也。但为防逃走及暴动,当置看守人。

审理应处重刑之犯罪人(日《改刑诉》第二百五十九条以死刑或无期刑为限)时,必置辩护人。辩护之宗旨在计被告人之利益、防御不法或不当之攻击,无检举其不利益之义务,同时不准曲庇被告,自不待言。

案,中国用强制辩护,更宜推广于死刑、无期徒刑外,加入一等有期徒刑。

强制辩护者,非置辩护不行公判之谓也。

辩护人之设,因原告有检察官保护。检察官学问、阅历必非被告能与相抗,故设此制以补助被告,使两造立于对等地位也。盖辩护人专为防检察官及审判厅之不法、不当之行为为宗旨,非曲庇被告为宗旨。

在左列情形,无辩护人之选任或出庭时,除以审判厅之职权外,检察官亦得请求其选任:

1. 被告人系未成年时;

2. 被告人系妇女时；

3. 被告人系聋者或哑者时；

4. 被告人系有心疾之疑者时（真有心疾，则公判中止）；

5. 因被告案件之情节认为必要时；

公判庭之开闭及维持法庭之秩序，俱属审判长之权限。

公判庭于原则上不可不公开之。

案，公开主义规定于宪法，凡密行裁判，皆非公平裁判，以不经众人闻见也。

值开庭之初（公判之顺序第一审如是，上诉亦大略相同），

（1）先由审判长对被告人行足以知其人有无错误之讯问；

（2）次由检察官陈述被告案件之要旨（例如言某日某人有窃盗案件，请求裁判），是即为口述辩论开始之时期（凡刑事案件未有口述辩论时，得取消其案件）；

（3）继由审判长就被告案件讯问被告人（例如向被告讯问某日犯某罪否）；

（4）此讯问既毕后，行调查证据（勿论被告供认与否，皆要调查证据，与中国供认不同），调查证据一一分别行之，每一件之调查毕，问被告人之意见（诉讼法有例外，犯极短刑期与极少罚金之罪，供认后不行调查亦可，盖供认非有力之证据也）；

（5）被告人之讯问及证据之调查，由审判长之陪席推事及检察官白审判长后，得讯问被告人及证人；

（6）由检察官或被告人有新证据调查之请求时，审判官先决定其许否；

（7）调查证据之后，由检察官关于事实及法律陈述其意见，是曰检察官之论告；

（8）被告人对于检察官之论告得为答辩，论告与辩答得反复之，但最终必使被告陈述（各国大原则）；

（9）口述辩论依被告最终之陈述闭之，但有其必要时，得再开之。

第一审判决之种类如左：

案，单独制由推事一人下判决；合议制则由合庭议后，然后下判决。

1. 管辖错误之判决；

2. 科刑之判决；

3. 无罪之判决；

4. 免诉之判决；

5. 弃却公诉之判决。

第二款　上诉通则

不服第一审之判决者，得直赴近上级审判厅提起控诉；不服控诉之判决，得直赴上级审判厅提起上告。合控诉与上告而曰"通常上诉"。

案，控诉之"控"字含有上告意，在中国亦然，如"京控"是也。然日本之用控诉之"控"字，则但指不服第一审之判而上告者，其意义较狭。

"通常上诉"乃判决未确定以前之上诉，如确定判决以后之上诉，则曰"非常上诉"。盖"通常上诉"在裁判确定前，"非常上诉"在裁判确定后。

上诉由原告或被告均得提起，而检察官为被告人之利益起见，亦得提起上诉（如被告不应重罪而裁判官科以重罪，则检察官亦可提起上诉）。

上诉须于期限内提起。经过期限后所提起之上诉，不问其内容如何，却下之（《日本改刑诉法》第三一四条控诉期间七日，第三三一条上告期间三日）。但有特别之情节时，与以期间回复之权（如天灾、不可抗力之事实发生时也；如非常上诉，虽期限经过亦可提起）。

上诉不可不经由原审判厅而提出之。

案，因不服原审判厅之判决而上诉，其必经由原审判厅者，以有关系之文件可以提起，原审判厅不能妨害人之上诉。不特此也，当判词之尾必附以"如不服，几日可以提起上诉"，如经第二审之判决，亦必注明几日内可以上诉。此皆规定于诉讼法，为一定之方式。非然者，则判决可认为无效而破裂之，无不可。

上诉权不问在期间内、在上诉审理中，得由提起者抛弃之。抛弃上诉权，于其时原审之判决确定。

第三款　控诉

控诉云者，求注销或变更第一审终局判决之全部或一部之上诉也，经由原审判厅而提起于其直近上级审判厅者也。然由第一审之被告人提起之时，其被告人为控诉审之原告人，检察官立于被告之地位；又由第一审之原告官提起之时,第一审之被告人于控诉审亦为其被告人。

控诉得对于第一审判决之事实点或法律点,并其全部或一部提起之者,而有谓其性质为第一审之复审(就全部再审)或为第一审之续审(如补审未竟事宜)。

为实地利害起见,乃采用续审主义,而适宜略为参用复审主义之规定而后可(欧美采三审制度,事实之争至第二审而止)。

案,上告仅对于法律之点而上告,若控诉,则不论事实之点与法律之点。例如某甲于某日至某乙之家而窃取某物,适用刑法之某条,然某甲并无某日至某家之事是也。

审理之序次,于其大体与本第一项所述无异,但第一审之被告人如为控诉之原告人,须先由原告陈述控诉之意也(如由检察官为控诉之原告,则应由检察官陈述控诉之意趣)。

控诉审之判决有左列五种:

1. 弃却控诉之判决。提起控诉之办法违法之时,控诉理由不当之时,及被告人提起控诉而于公判日不出庭之时,与此次判决;

2. 注销原判决与以相当之判决。控诉有其理由时,与此判决;

3. 送还案件于原审判厅之判决。由原审判厅所与之判决,谓管辖错误或可以弃却公诉者而其判不当时,与此判决;

4. 由控诉审判厅行第一审之判决。本无管辖权而下第一审判决(即原裁判所无管辖权而下判决),控诉审判厅以为不当且自身有管辖权时,采此办法;

5. 转送案件于他管辖之第一审之审判厅。是为 2 号所述判决之一种(即原审判厅既无管辖权,控诉之审判厅亦无管辖权是也)。

由检察官提起控诉,公判之日被告人不出庭时,不听被告人之辩论而下判决。

案,此例外也,原则必经两造口述而下判决。若检察官之提起于被告人不利益而不出庭时,认为抛弃辩论之利益而下判决亦可。

第四款　上告

上告者,求注销或变更第二审判决违法之点之上诉也。事实点之不服,不得为上告之理由。

案,上告审为统一法律之解释而设之制度,恐各审判厅间之解释法律不同故也。各事实之点则不问之。

《日本改正刑诉草案》第三百三十三条在左列十种之情形者,当然属于违法,可准上告:

1. 判事、检事、裁判所书记未出庭而为审判时(但有一不出庭皆是);

2. 因法律被除职务之执行之判事干与审判时(如推事与原被告有亲族关系之类);

3. 判事有偏颇之虞被忌避,既认其忌避之申请有理由而犹干与审判时(例如被告请求传讯之证人于被告人有益者,判事不肯传讯,则是有偏颇之虞。);

4. 除土地管辖外,裁判所认其管辖或管辖错误而不当时;

5. 裁判所受理或弃却公诉而不当时;

6. 除有法律特别之规定外(如许用缺席裁判),被告人不出庭而行审判时(例如被告人咆哮有妨害辩论者,可使之退庭);

7. 照法律须置辩护人之事件(如死刑、无期徒刑),其未出庭而为审理时;

8. 除有法律特别之规定外,裁判所于受请求之事项不为判决或于未受请求之事项而为判决时;

9. 违背关于公开审判之规定时(如于风俗有妨害,应密行而不密行者,或应公开而不公开者。公开审判,大概东西各国皆规定宪法中);

10. 判决不附理由或其理由有龃龉时。

案,未列于此十种之外,凡法律之点有应争者,皆得上告。

提起上告当提出趣意书。若在期间内不提出趣意书,则上告当受弃却之决定(于趣意书之外,得提出上告趣意扩张书)。若被告人欲行辩论之时,原则上当以辩护人到场。上告审系辩论法律,非被告所能为者。

上告审之判决有四种,如左(与控诉审之判决大概不差,惟上告审之判决专以法律为基础):

1. 弃却上告之判决。提起上告之办法系违法者(例如上告书中不示上告理由)及上告无正当理由者(例如求事实点之注销时);

2. 破弃原判决之判决。上告有其理由时;

3. 用判决行相当拟律、行免诉及弃却公诉之言渡。依原判决一定事实点而原判决有拟律之错误时、不当受于案件时；

4. 返送案件于原审判厅，或回送与原审判厅同等之他审判厅，及返送于第一审判厅之判决。

第五款 非常上告

非常上告者，于判决确定之后发见其审判之违法时，由总检察长（此特权）赴大理院求其更正之特别办法也。（《日本改正刑诉草案》第三五五条以下。）

第六款 抗告

抗告者，为求注销或变更审判厅之决定，提起于近上级审判厅之上诉也。许为抗告之决定与不许之决定区别，诉讼法定之。

$$
裁判之方式\begin{cases}判决\\决定\\命令\end{cases}
$$

案，决定者，大都决定诉讼之办法。如被告请讯问证人或请援证人，审判厅却下而无理由，以决定之方式裁判之类。

第七款 再审

再审者，日本现行法于有罪判决确定之后，发见其认定事实有重大错误时，为计被告之利益，准其提起之特别上诉也。在《改正草案》中，于左之六种情形，准其再审：

案，现行法专为被告利益，改正案则不问被告之利益否，但有列举情形，亦准其再审。

1. 发见证据物系伪造时；
2. 发见证言、鉴定、翻译、辩虚伪时；
3. 告诉人受诬告之处分时；
4. 发见关于推事职务之犯罪时（曲庇、或陷害、或受贿等与职务上之犯罪）；
5. 用前之判决为基础之判决，因后之判决当受变更时（为刑事判决之基础之民事判决受变更时）；
6. 发见可为无罪、免诉、弃却公诉、较轻处分之明确证据时（如甲杀乙已判罪，后发见杀乙之日甲实出外）。

前述第一、第二、第四之情形及受无罪、免诉、弃却公诉并较轻处分者，自白其犯罪或较重之犯罪时，虽行再审于被告人有所不利，亦准之。

第八款　再诉

受免诉或弃却公诉决定后新发见反对之证据时，限于情形，准于原审判厅行再诉。

第九款　大理院专管案件

外国之立法例，于国事犯、宗室犯罪等一定刑事案件，为大理院自第一审及终审之专管案件。至其搜查为总检察长之特别权限者，亦多在此情形。高等以下各级检察厅检察官及司法警察官，当从总检察长之命令，各实施其权限内之职务。

第五节　裁判之执行

案，裁判之执行，即刑之执行。盖刑之执行乃裁判之执行中一种而已。若无罪判决，则当放免之。

裁判有判决、决定、命令之三种，又在判决有刑之言渡及无罪、免诉、弃却公诉等之言渡。此等各种裁判之执行中，与检察官关系最深者，刑之言渡判决，由该官执行是也。

案，刑之执行乃裁判之执行中一种而已。若无罪判决，则当放免之。

若有罪判决而不执行刑者，因犯罪人当裁判未判决之先，未受有罪之言渡而以嫌疑人之身分受拘留之日多，并入刑期算之则当出狱，故有罪之判决亦有不执行刑者。

刑之执行中最重要者，自由刑之执行是也。自由刑者，依检察官之指挥司狱官（有时警察官）执行之。

财产刑之执行，依检察官之指挥承发吏（日本曰"执达吏"）实施之。

案，"承发"二字，冈田不赞成之，谓"承发"二字但举关于文书而言，不能如执行送达之谛当也。

第三章　事务章程及监督

第一节　事务章程

《编制法修正草案》第九十八条曰："凡检察官，应从上官之命令。"

　　大理院审判第一审且终审诉讼案件，与该案有关系之检察官，应从总检察厅厅丞之命令。

　　同第九十九条曰："凡各检察官于实施检察事务上，有不受特别许可而代理所属检察厅长官或监督检察官之权。"

　　同第一百条曰："凡检察官于必应时，得代理所属检察厅检察官。"

　　同第一百零一条："凡地方检察长、高等检察长及总检察厅丞，有亲身处理各管辖区域内检察官事务及移各管辖区域内检察官之事务于别厅检察官之权。"

　　以上四条基于检察官为一体之原则，为得完全实施检察事务而设便宜的之规定也。

　　同第九十六条曰："凡通高等以下各级检察厅之事务章程，由法部会同总检察厅奏定颁行。"

　　各高等检察长据前次章程，统一管辖内施行之之要务及布发训令、定开厅时刻。

　　总检察厅本厅及分厅事务章程，由总检察厅自定，惟实施前应申报法部。

　　同第九十七条曰："凡各检察厅长官，遵前次所揭事务章程及其他训令，于各司法年度末，应预定次司法年度之左列事宜：

　　一、所属检察厅、检察官应行检查事务之分定；

　　二、所属检察厅、检察官之配置。

　　初级检察厅检察事务之分定及检察官配置，由所属地方检察长行之。

　　地方以上各级检察分厅事宜，由本厅长官行之。"

　　中国未设一般检察厅事务章程，可参酌日本明治二十四年九月司法省训令第四七号二十四条至第三十二条。

第二节　检察官之管〔监〕督

　　《编制法草案》规定，凡关于检察官监督者，如左所列：

　　第一百六十一条　凡司法、行政、监督权之施行，区别如左：

　　第一、法部堂官监督全国审判厅及检察厅；

　　第三、各直省提法使承法部堂官之命，监督本省审判厅及检察厅；

　　第七、总检察厅厅丞监督该厅及各级检察厅；

　　第八、高等检察长监督该厅及所属之下级检察厅；

第九、地方检察长监督该厅及所属之初级检察厅;

第十、初级检察厅监督检察官或检察官监督该厅之录事、书记生、承发吏及司法警察吏员。

审判分厅、分院及检察分厅如置监督推事及监督检察官,准于前数项之例,由该推事或检察官行监督权。

第一百六十二条　　凡实施监督之权如左:

第一、官吏于本职有怠弛者,应警告之使勤慎其职务;

第二、官吏于职外侵越者,应警告之循守其本分。

第一百六十三条　　凡审判厅及检察厅官吏如有怠弛及越职等事,屡戒不悛或情节较重者,当用惩戒法处分之。

第一百六十四条　　凡前数条所列举之司法行政职务及监督权,不得徇个人之请求而行。

第二编　　民事法与检察制度

总论

第一章　　检察制度之发达及意义

第一节　　发达

检事制度发其源于法国(大概法律制度不发源于罗马则发源于法国,故检事制度实发源于第二罗马法之法国),罗马及德意志之法源无之,此通说也。就法国言,检事初为国王之代理者参与诉讼,以图国王之利益为其职务(西历十四世纪);至于现今,为国家之机关参与民刑事件,以图公益为其职务。德意志及日本之检事制度以法国检事制度为据,英国之检事制度则显其固有之特色,与法国检事制度异。盖以国库之辩护士为检事,于刑事则使提起公诉,于民事则使参与离婚之裁判焉。

案,法国当十四世纪时,国王之代理者参与诉讼,以图国王之利益,要求罚金或要求增加,不过为国王之爪牙,无所谓公益之代表。至革命时代,王室之权失坠,故检事之职中辍。此时如有犯罪行为,由人民自行告诉,然加害于人者未必能自己提起,则新法律不能不生。法国革命时代一切事务纷乱,犯罪行为居多,故拿破仑乃复行检察制度。此时不但民事、刑事,即司法、行政亦干预之,因拿破仑欲使实行自己意思之机关。后因拿破仑放逐而检事之权缩小,如现今检事之职务是也。总之,世界日日进步,人民之事务日渐发达,则欲保护一切公益而委之人民断不能行,所以不能不以检事制度为重。此无论日本及其他各国皆宜以保护人民公益而特立国家机关,如检察制度是也。

罗马法之时期约分为三。第一时期公犯与私犯不分,仅国事犯之颠覆政府则由议会处分,如人民受损害,则无相当之罪处分之。第二时期则有杀人罪而犯罪之数少多,如用第一时期之议会处分则恐不及,因不如国事之简单,故又添出委员以报告于议会,此委员临时设立。第三时期如普通犯之对于名誉、身体、生命、财产有犯者,皆有罪,此不待委员之处分也,凡有人民告发则皆理之。此时期杀人罪比于普通犯,此委员常设。此即罗马裁判所之起原。因此时代由被害者起诉、由委员处理,尚不以检察制度为要紧。

德意志在酋族时代有两种法,一政府法,一人民法。如违反人民法,则由共同部落共同而加之以制裁,乃共同部落全体之制裁。如窃人之物、伤人之命,则逐捕而送之共同部落,加以相当之制裁,由部落议决而政府执行之。议罚为人民之事,行法为政府之事,执行之机关为裁判所。所以德意志最古之时代之裁判所为执行之裁判所,非司法之裁判所,以后犯罪复杂,始有裁判官府。观此则知,当日并无检察制度,而其裁判所之起原则包执行在内也。

英国以检事总长办理重大事务,此外有刑事诉追者。如有普通事件,则至裁判所要求普通之裁判。刑事诉追者并非专官,不过以国库之辩护士为之,至民事,则仅参与离婚之裁判。参与刑事者,译为刑事诉追者;参与民事之国库辩护士,译为女王之代理者。此皆就实质而言,如就形式而论,则英国不能如法国、日本之有专官,形式上有检事之名目也。

总之,世界制度可分为两种:一设立检察机关,使辩护士为检察官,法、日本是也;一不设立检察机关,使辩护士为检事,英、美是也。

罚犯罪行为有三主义:一被害者之告诉;二人民之告发;三检察官

之起诉。无检察制度之国只有前二主义。

第二节　意义

检事局因保护关于司法之国家利益而设（公益保护），且与裁判所在同等地位而独立之行政官厅也；检事则为组织检事局之行政官吏，分说于下：

第一、检事局乃与裁判所在同等地位而独立之行政官厅也。故检事无被裁判所拘束其自由者（《裁构》六），亦不得加于裁判之评议（此二项因为"独立"二字生出）；

第二、国家之利益当由国家自主张之。故国家因此特设机关使行主张公益之任务，即所谓检事局是也（《裁构》六）；

第三、关于司法之国家利益，涉于民事、刑事及司法行政事项（《裁构》二六）。故检事局于民事则立于当事者之地位，或仅陈述意见；于刑事则为公诉之提起、实行及刑之执行指挥；于司法行政事项，则为关于司法行政之指挥及监督机关。

案，凡司法事务不必事事皆与国家有益，惟检事专主张国家利益而设。此与裁判所之设立，因国家不能自行裁判乃设立之；国家不能自己主张利益，故设立检事局以主张国家利益，同也。

判事、检事，感情往往不洽。此不独日本然也，凡采用检察制度之国皆然。此全在为上官者之善于调和之。如判事下无罪之判决而检事不以为然，则性躁之判事必怒；或检事提起有罪之诉讼，判事则下无罪之判决，则检事必至于提起控诉，而判事与检事则益不相洽矣。

第二章　检事局之组织权限及纲目

第一节　组织

检事局之组织与裁判所之组织同，有内部组织及外部组织两点。

案，中国采用欧洲大陆主义，此编就大陆主义讲明之。

第一、今略说检事局之内部组织，则检事局者，乃于司法为适当之共力之官厅，非为司法权行使之官厅，此与裁判所相异之要点也。

（1）检事局乃由检事一人或数人而成之统一的单独制官厅也。故由检事数人而成之检事局，检事从上官之命令行其职权，非检事局之长官独行检事之职权，其他检事为长官之代理者而行其职务也。

（2）各检事局相合而成一体，其首长为司法大臣。故组织各检事局之检事，于其权限内代表成一体之国家的检事局或总检事局，其权限内之行为与司法大臣之行为同视。又各检事局乃国家的检事局之一部，因事务分配而设之官厅，即所谓检事同一体或检事局不可分是也（同一体不可分之原则，如检事长分配职务而使甲检事办天津事务，乙检事办北京事务，有时仍可自办其事务；或有使乙检事办理甲检事事务，而裁判所之长官则不能移甲判事之事务于乙判事。此在法理所以使人民不疑心于裁判，而保护裁判威信也，与检事局之性质大不同。因检察事务须敏活行动，不如裁判官之保其威信也）。是以（子）各检事局之长官，有自办理其部下检事事务之职权，又有以其部下甲检事所办事务移使乙检事办理之职权（此与裁判所之第一部判事所办之事不能移之于第二部判事办理，盖法理上然也），而检事又互有代理之职权（《裁构》八三）；（丑）检事从上官之命令（《裁构》八二），但违背上官之命令不过为内部关系，仅生惩戒处分问题，对于外部绝无影响，因之无使裁判之无效者；（寅）上官对于其部下之检事有为指挥（如微罪勿起诉，司法大臣恐因起诉而愈增烦难，故命令之，亦当遵守。就法理言，凡罪皆有起诉之权，如微罪不起诉，岂不于法理违背？ 然过于察察微罪，反至犯罪日多、亵渎法律，于国家之利益转有妨害，故不如微罪之勿起诉为得也）及监督之职权（《裁构》一三四至一四一）。

（3）检事之任用资格同于判事之任用资格。然检事非由刑法之宣告或惩戒处分，只不能反其意而免职，非如判事之有法律上担保也（《裁构》八○、七三）。又检事之惩戒不据《判事惩戒法》。

检事参与 ｛捕获审检／判事惩戒／辩护士惩戒｝ 裁判

案，《日本裁判所构成法》不知采何主义（观《裁构法》六条），其采用日本法而定编制法者，更不知采何主义。观《日本裁判构成法》，亦仿佛采法兰西主义；至第三十三条，若似采德意志主义。中国若定法院法，不可歧用此两义，如日本之构成法。松冈学士则主用德意志为当，谓如初级裁判之三人，其实仍单独制之，各办其事也。

法兰西主义　局 { 检事 / 检事正 / 检事 }　各以其职权内有代表检事局之资格

德意志主义　局 { 检事 / 检事正 / 检事 }　惟检事正有代表理局之资格，其余检事不过为检事正之补助

共同制度　国家的检事局 { 此由一检事局分为各检事局 / 非各成一检事局也 } { 地方检察厅 / 大理院检察厅 / 高等检察厅 / 初级检察厅 } 其所以分为如许之监察厅者，为分配事之便宜。

此无论采用法国、采用德国之主义，固有不同而统一的机关、单独制之机关。凡采用检察制度者无不同也。

检事局虽有上位之检事局可称统一的，而裁判所不能称为统一的。故即区裁判所之单独官厅而言，其职务分两面：一行政事务受上官之指挥命令；一本来职务之裁判事务不受上官之指挥命令；与检事局之单独制之统一的不同。

再就日本之制言之，其检事局有检事正及检事二人而成之官厅，则亦只称为单独制，不如裁判所之数判事组织而成合议制也。

第二、检事局之外部组织即管辖，分为事物管辖及土地管辖。

（1）今略述检事局之事物管辖，则附置于大审院之检事局，由大审院检事办理其职务；附置于控诉院之检事局，由控诉院检事办理其职务；附置于地方裁判所之检事局，由地方裁判所检事；及附置于区裁判所之检事局，由区裁判所检事办理（此上可称事务分配之规定）其职务（《裁构》二）。

（2）检事局之土地管辖区域同于被附置之裁判所之管辖区域（《裁构》六），而检事局各就其所管区域内应办之事务互为法律上之辅助，与裁判所无异。

第二节　权限

检事局乃于司法为适当之共力之官厅也。司法事项乃裁判事项及司法行政事项也，而裁判事项分为民事及刑事。故检事局之权限涉于民事、刑事及司法行政事项。

第一、民事乃裁判所因维持私法（私法指民法、商法）的秩序，适用

私法、据法定手续而处分之事项,不可与《民事诉讼法》及《非讼事件手续法》适用之范围同视(《民事诉讼法》及《非讼事件手续法》皆须通过议院乃能确保人民之权利)。国家有于便宜上使就民事以外之事项据《民事诉讼法》裁判之者,例如众议院议员当选诉讼是。就民事言,检事于裁判有关公益时参与裁判,提出裁判所所不知之诉讼材料或陈述意见,或立于当事者之地位而为诉讼(《裁构》六、《民诉》四二,并参照《人诉非讼事件手续法》)。

案,当事者之地位是否为《民事诉讼法》中之当事者,是否同一,此亦一问题。此研究检察制度者不可不知。就裁判所言,检事是否为原告;就刑事被告人言,检事是否为原告。研究此问题,谓检事果为原告,则应与原告同列而不应与裁判官同列。此坐位问题所以为辩护士所主张,谓检事既立于原告之地位,则当与被告同列。关于此,学说有二:

第一,检事非当事者,不过为国家之机关。如检事所提起之事项裁判官既判决之,检事如有不服,仍可提起不服之诉。当事者则不能既经申诉判决,不服裁判官之裁判而要求不服之诉。此第一说所谓非当事者也。

第二,检事是当事者。无论民事、刑事诉讼,凡诉讼成立,必有利害相反之两造。故民事则有原告与被告,刑事则有检事与被告。是检事明明为当事者。

两说比较,第二说为当,因第一说所主张容易破之。前说所谓检事可提起不服之诉与当事者不同,不知检事所主张者为公益。使前之提起有错而既经裁判判决,则正为保护公益起见,与私益不同,故亦不妨为当事者。

坐位问题往往为辩护士所主张。盖以检事与裁判官并坐,有独居上风之势,若认为即诉讼法之当事者,则自当与诉讼人立于堂下也。此种问题,要知检事为司法行政之机关,则坐位之问题无足争论。

第二、刑事乃裁判所因维持刑法的秩序,适用刑罚法、据法定之手续而处分之事项。就刑事言,检事为公诉提起及刑罚执行之机关而行其职务(《裁构》六、《刑诉》三二〇)。

第三、司法行政事项乃因使司法权行使容易而国家所为之行为,凡关于裁判所职员之设备、事务之分配、职务上之监督及裁判所(建筑物)

之设备之事项皆是。而司法行政之长官为司法大臣、大审院长、控诉院长、地方裁判所长及区裁判所监督判事,又检事总长、检事长及检事正等皆监督其下级官吏(《裁构》六,一三四以下)。

案,监督、统一司法,办法有二:

甲、每年司法大臣召集大审院长及控诉院长以及各地方裁判所长,商议改良司法之办法。商议已定,由地方裁判所长及检事正通知以下各级裁判所,以为商定所改良事项之预备。此种办法中国断不能行,因地方宽大而交通不便也。

乙、每年于控诉院长召集控诉院判事于控诉院中,由检事长报告一年中某案之判决不合。其报告之案已经大审院所破决者,经判事决议后,以检事之报告书与判事决议书合之,以分送于各级裁判所,使知其决议之事项,并由检事长随时报告于司法大臣。

第三节　纲目

民事分为诉讼事件及非讼事件。诉讼事件乃裁判所据私权之确定及强制执行而保护私权之事件也,而民事法者适用于诉讼事件及非讼事件之法规之全体也。故民事法与检察制度之关系,不外关于民事诉讼之检事权限及关于非讼事件之检事权限。此所以于第二章论民事诉讼与检察制度,第三章论非讼事件与检察制度也。

案,有判决之形式、有强制执行之形式而保护私权者,则为诉讼事件。反之,无判决保护之形式而为保护私权者,则曰非讼事件。此两者之区别也。

各论

第一章　检事与民事诉讼

第一节　共力

检事关于民事诉讼之共力,出于法国之检事制度。

第一、据法国之法律:

(1)检事于民事诉讼直接关于公益时(于公秩有利害关系时),立于主当事者之地位参与民事诉讼,例如婚姻事件及禁治产事件是。关于公益之时,由法律上定之欤? 抑认为包括关于公秩之一切之时欤(此两说与检事权限颇有关系。使主由法律定之之说，则检事之权限缩小；如以后说为主，则认为包括公益之范围特大。就立法之精神论，检事直可不必干预民事。盖自当日拿破仑采用检察制度，而检事参与民事之权颇大。日本亦采用法国之法，故检事之参与民事权利特大。依余论之，就各国之立法例论，则检事制度至今日殊可不必太广也)？法文之解释上虽有争议，然以后说为通(一八一年七月二十日法律)。又，此际国家实为主当事者，检事不过为其代表而已，其参与民事诉讼之形式，在立于诉讼当事者之地位。

(2)检事于民事诉讼间接关于公益时，以附带当事者而参与民事诉讼，例如民事诉讼关于未成年者或妻之时是也(参照《法民诉》八三)。此时由检事之认定，法律上并不一定。又，此附带当事者之际，检事代表国家为裁判之看守者或法律之番人(卫士，如守卫法律之人)而参与民事诉讼，其参与民事诉讼之形式，则意见之陈述(直接关公益)或附带之申述(间接关公益)也。

(3)检事为监督机关而监督裁判所，且报告其错失于司法大臣。

案，法兰西以检事为政府之耳目。以他国学说论，则检事为政府耳目颇不妥洽。使政府果有此权力，其间接必害司法之独立；使检事果可为司法大臣之耳目，则裁判官必仰其鼻息而不能独立。知此，可知法兰西检事之权力也。此法国检察制度之大病也。

第二、据《德意志民事诉讼法》，检事：

(1)于婚姻无效事件、禁治产事件及死亡宣告取消事件，因维持公益代表国家为主当事者而为诉讼。

(2)于其他之人事诉讼事件，即如亲子间之法律关系确定事件，因保护公益参与诉讼陈述意见(《德民诉》六〇七、六三四、六四六、六五二、六六四、六六六、六八四、九七四)。然检事并无监督为民事裁判之裁判官之职权(此改法国制度之监督裁判所者)。此因若使检事有如此之监督权，则将害裁判官之独立矣。

案，法国法律之长，在发见好制度之多，所以有第二罗马法之称；德国法律之长，在辨别制度之美恶，而发见不如法国之多。今日研究法律之进步者，乃复研究为德意志法律之美恶为最新发明之学。

第三、《日本民事诉讼法》斟酌实际上之便宜、旧来之惯习及法德诸国之法制，于民事诉讼采用检事之共力（《裁构》六、《民诉》四二），兹将重要之检事共力说明如左：

案，参与民事诉讼之权力最小者惟英国，不过离婚之诉讼而已。

第二节　人事诉讼

人事诉讼乃关于婚姻事件、养子缘组事件、亲子关系事件、相续人废除事件、隐居事件、禁治产事件、准禁治产事件及失踪事件之诉讼之总称。但相续人废除事件及隐居事件与中国制度全然不同，故略之。

第一款　婚姻事件

婚姻事件（婚姻事件之范围，各国不同）乃以婚姻无效（无效如议定其姊，而婚书书其妹）、取消（日本约定年龄之婚姻，过时者则取消）、离婚（日本法律规定妻受夫之侮辱，亦可提起离婚之诉讼），或夫妇同居为目的之诉讼事件（种种皆规定于《民法》中之亲族法）之总称（《人诉》一、《民》七七八以下、八一三以下、七八九）。婚姻为社会的生活上必要之制度，国家就关于婚姻之各诉讼有利害关系，故使检事为国家之代表者而参与婚姻事件。

案，婚姻制度善，则夫妇之道不苦而传种改良，影响及于国家。

1. 陈述意见。检事：

第一、得于一切之婚姻事件到场陈述意见（为主当事者曰“当事者”，为附带当事者曰“意见陈述”。检事之参与，民事法律上仅此两种而已），又得于受命（乃同一裁判所而命调查事件）判事或受托（非同一裁判所而命其调查事件）判事之审问时陈述意见（《人诉》五）。此等意见之陈述不过为检事之职权，故不得仅因检事不陈述之一事，即以裁判为违法。然不因使检事陈述其意见，通知辩论期日或审问期日于检事（此预备使检事陈述意见之手续，则通知辩论期日、审问期日是也）而遽为裁判，则于其裁判依检事之共助。至见他之结果时，即作为违法者（使不通知而未见他之结果，亦不为违法），例如因不为通知，不知检事所知之事实而为之裁判是也（《人诉》五、《德民诉》六〇七）。

第二、因维持婚姻事件，即使却下婚姻无效、取消及离婚之诉，或因使为夫妇同居之判决，得以职权提出其所调查之事实及证据方法（《人诉》六）。

案,既使检事参与民事诉讼,则当养成长于民事之检事。因此则关于检事之数目必增多,而为国家财政之所不许。

就今日财政论,不能养多数之检事,则检事以刑事为专务而民事亦可不参与。如必令参与民事,必养成熟于民事之检事而为今日财政上不许者。故一切婚姻事件苟不生他之结果,裁判仍属有效,不得仅因检事不陈述之一事即以裁判为违法也。

人事关系与刑事关系不同。欲调查事件之详实而复杂之关系,又必因其报告而再加调查。故检事参与民事事件尤为困难。

2. 当事者。检事:

第一、得为原告,以夫妇双方为被告,提起婚姻取消之诉(《民》七八〇、《人诉》二〇、《德民诉》六三二)。又于他人提起婚姻取消之诉时,亦得参与其事,而为婚姻取消或维持之申述,以追行诉讼手续或为上诉。但夫妇之一方死亡后,不在此限(缺婚姻取消之必要)。

第二、于婚姻无效或取消之诉,有于应为彼造者死亡后而为彼造者。夫婚姻无效或取消之诉,由夫妇之一方提起时,则其他一方为彼造;由第三者或检事提起时,则夫妇双方为彼造。于夫妇一方所提起之诉彼造死亡、于第三者所提起之诉彼造双方死亡时,则以检事为彼造(此检事无论于两方,应为相手方者而为相手方,因检事于公益上应维持婚姻故)。此因检事于公益上为婚姻之保护者故也(《人诉》二)。

案,因为有此可以取消之婚姻存在,则其中关系公益者颇多,故检事不能不参与之。例如,甲对于乙丙夫妇提起婚姻之诉讼,甲可以随意取下,然有检事为当事者,则不必另行起诉,可使诉讼之迅速进行。盖甲与检事平行,裁判官可据之以为判断故。或裁判官据检事之意见判断与不就检事之意见判断,或据甲之意见判断与不据甲之意见判断。但检事认为公益之必要时,仍可提起上诉。

婚姻无效就夫妇双方之合意言,不能就一面言之,断无夫妇两方面,夫之婚姻无效而妻之婚姻有效者。例如,原告之夫已起诉,而死者则辩护士代之;被告之妻已起诉,而死者则以检事为被告。如检事以夫妇双方为被告而夫妇死亡时,则以辩护士代之否乎?条文上颇有疑义,余则以为不如使诉讼消灭可矣。

《德国人事诉讼法》，夫妇一方死亡，则诉讼消灭，如因诉讼而负担费用者，对于死亡人之相续者而为诉讼，但限于费用。第三者对于夫妇而为诉讼，使夫妇双方死亡，则对于相续人而为诉讼并诉讼费用，此日本主义也。德国则人已死亡，则主张消灭；日本则主张确定人事关系，与德国不同。

第二款　养子缘组事件

养子缘组事件，乃以养子缘组之无效或取消或离缘为目的之诉讼（例如以甲为养子而误以乙为养子，则人违之事件，即养子无效诉讼成立之理由也；养亲必要成年者，如未成年者，则养子无效或取消之诉讼成立之理由也。养亲虐待养子，此离缘之理由也。检事于婚姻之诉，但取消可以为当事者；于养子之诉，虽取消亦不能为当事者）事件之总称（《民》八五一以下、八六二以下）。养子缘组为社会的生活上必要之制度，国家就关于养子缘组之各诉讼有利害关系，故使检事参与关于缘组之各诉讼，而其大要与婚姻事件无异。但检事不得提起养子缘组取消等之诉（《人诉》二六二、三五六）。

案，养子缘组之原因约有五端：一祖先祭祀；二家之继续；三财产之相续；四慈善；五慰藉。欧洲大陆诸国养子之原因在慰藉起见，日本养子原因为家统起见，此东西之异也。

养子养亲之制度乃出于法律上之拟制，然其感情往往恶薄，故现今国家有不采用养子制度者。多数国家既不采用此制度，则关于养子养亲之诉讼，为检事者必须详细审慎，以使其能达养子养亲之目的。否此，陈述意见在今日为必要也。

第三款　亲子关系事件

亲子关系事件，凡以子之否认（例如婚姻后二百日以前所生之子，可不认为己子）或认知（认知可以听父或母之自由，否认则必经裁判所），其认知无效（认知无效，如父母有精神病）或取消（取消，如迫胁认知者）为目的之诉讼事件；以定父为目的（如改嫁后二百日以前所生之子）之诉讼事件（《民》八二一）；及以亲权（管理其子财产并监督其子之权曰"亲权"）或财产管理权之丧失（假使父亲之不品行及其他之理由，则亲权之丧失问题以起。财产管理之丧失，乃指亲权一部分之丧失，如亲不善于理财是也，然监督权尚在也），或失权取消为目的之诉讼事件皆是(《民》八二二以下、八二七以下、八九六以下、《人诉》二七、三一)。亲子关系于社会的生活有密接之关系,因之,国家就关于亲子关系之各诉讼有利害关系,故使检事参与亲子关系之各诉讼(因法律上之亲子关系不能如社会上实行之亲子关系,故国家欲使社会上之亲子关系与法律所规定者合一,此检事参与亲子关系诉讼之理由也)。

案,法律规定离婚以后非六个月不能改嫁,所以恐与定父为目的者相反也。

认知以后,私生子可以为庶子;不认知,则只可为私生子。国家设立认知制度,所以使私生子不终于私生之名。

上古时代财产关系,夫可以妇及子为财产,虽处杀亦可。

中古时代身分关系、家族制度发达,有家长身分。至个人制度发达,则妻有妻之身分,子有子之身分。

日本用家族、个人两制度并行,故子有子之身分,一方面又有家族之身分。

1. 陈述意见。检事:

第一、得于亲子关系事件之辩论或审问期日到场陈述意愿(参照婚姻事件之说明)(《人诉》三九五);

第二、得提起其所调查之事实及证据方法(《人诉》三七)。

2. 当事者。检事:

第一、得以父或母为彼造,而提起以亲权或财产管理权丧失为目的之诉(《民》八九六、八九七,《人诉》三九、二一至二三);

第二、以定父为目的之诉之彼造死亡后,则为其诉之彼造(《人诉》三九)(参照婚姻事件之说明)。

第四款 禁治产事件

禁治产事件,乃关于禁治产宣告及其取消之诉讼事件之总称也(《民》七、《人诉》四〇以下)。禁治产事件,乃制限在心神丧失常况之各人之行为能力,而保护之之事件也,于国家之利害有重大之关系,故国家使检事参与禁治产事件焉。

案,禁治产事件与人之行为能力有关系,其影响于国家社会上甚大。

学者谓,非讼事件者以应否定后见人为目的,并无私权确定强制执行之办法,故曰"非讼事件"。此等学说不以德、日规定民诉中为然。

有一问题,禁治产事件为诉讼事件,为非讼事件乎？德意志采两种观念规定于民诉,日本采之甚妥。各国立法要以便宜起见,可也,不必拘于学说。因国家之立法不能照学者之议论,此辩论之所以日多也。

谓此为诉讼事件者,因禁治产事件在办理上之便宜亦当用诉讼事件之方式,故不妨规定于诉讼事件中。对于禁治产之决定以前,则用非讼事件;对于决定以后申述不服,其以诉之方法,则诉讼事件。此主张一半非讼,一半诉讼之说也。因禁治产事件争论,则以非讼办法费用少,若有申述再用诉讼办法,此主张一半非讼,一半诉讼之理由也。

余亦以与私权确定强制执行之无关,仍主张非讼事件。第二说主张诉讼形式者为诉讼事件者,甚浅而无理由,例如当选诉讼人无称其为诉讼者。

1. 意见陈述。检事:

第一、得于期日到场陈述意见(《人诉》四五五)(参照婚姻事件之说明);

第二、得提出其所调查之事实及证据方法(《人诉》六〇)。

2. 当事者。检事:

第一、得为禁治产之申述(《民》七)。又于他人为禁治产之申述时,得参与事件为申述,以助手续之进行(《人诉》四五、五四)。终结禁治产手续之决定,裁判所以职权送达于申述人或检事(非为申述人时)(《人诉》五一)。此因禁治产手续并不公行(《人诉》四四),故无宣告之必要。又检事不问其为禁治产宣告之申述人与否而皆送达之者,则因检事如后所述,得以申述不服也;

第二、对于禁治产宣告之裁判,自其决定生效力之日为始,得于一月之期间内,以禁治产者之法定代理人为彼造,而以诉为不服之申述(《人诉》五二、五五、五七)。此出于使为郑重之审理之法意也。又对于禁治产申述却下之裁判,自裁判送达之日为始,得于七日之不变期间内,以实时抗告申述不服(《人诉》五四)。此出于使终结迅速之法意也;

第三、禁治产之原因已终时，得申请禁治产宣告之取消（《人诉》六二）。检事对于取消禁治产宣告之决定，得以即时抗告申述不服（《人诉》六五）；又对于禁治产取消申述却下之决定，得以禁治产者之法定代理人为彼造，而以诉申述不服（《人诉》六五、六六）。但出于形式上之原因，如对于因裁判所管辖错误而却下禁治产取消申述之裁判，仅得以抗告申述不服而已（《民诉》四五五）。

案，其他诉讼事件之决定，以抗告申述不服；对于禁治产之决定，以诉申述不服。此两种之异，不可不注意也。

以抗告申述不服不必经口头辩论，以诉申述不服必经口头辩论；诉必用诉状，抗告不必用诉状。此又两种之异也。

寻常事件之手续，则控诉、上告、抗告。至人事诉讼事件，则因抗告而诉，由诉而生出判决，由判决乃生出控诉、上告之手续。

第五款　准禁治产事件

准禁治产事件，乃关于准禁治产宣告及其取消之诉讼事件之总称也（《民》一一至一三）。准禁治产事件乃制限心神耗弱者、聋者、哑者、盲者及浪费者之行为能力，而保护其利益之事件也，于公益上颇有重大之关系，故国家使检事参与准禁治产事件。其方法类于禁治产事件（《人诉》六七、六八）。

第六款　失踪事件

失踪事件，乃关于失踪宣告及其取消之诉讼事件之总称也（《民》三〇以下）。失踪乃于法定年间生死不分明之不在者，因裁判上之宣告视为死亡者之状态，故其宣告及取消与人之生死同为重大之事项，事关公益，国家因使检事参与失踪事件焉。

案，申述不服规定于《民事诉讼法》之中者最多，兹仅举关于失踪之申述不服最重要者言之。

不服之诉 ｛ 民诉（形式之规定）｛ (1)为判决之裁判官有应回避而不回避。 (2)不服之申诉必有利害关系人，彼造即申请之人。一月内从（审）〔裁〕判日起，可以申诉不服。

民法 ｛ 此规定则实体的。如失踪仍在社会上活动，出于实体理由，由此原因之申诉不服则无期限。其他则皆有一定之期间，不服者亦可控诉、上告。

$$
申请
\begin{cases}
却下\cdots\cdots以决定却下之不服时得抗告 \\
公示催告
\begin{cases}
(1)\ 表示申请人之姓名\cdots\cdots某人请求某人之宣告。 \\
(2)\ 戒示\cdots\cdots使本人得申告与以定期之犹豫。 \\
(3)\ 届出\cdots\cdots使他人知不在者可以来告。 \\
(4)\ 期日\cdots\cdots到一定截止之期日而无呈报者，由裁判所行失踪 \\
\qquad\quad 宣告之判决。如辩论又不适当，乃行辩论判决， \\
\qquad\quad 以诉申诉〔述〕不服。
\end{cases}
\end{cases}
$$

1. 意见陈述

检事得就失踪之宣告或其消取之申述述其意见，且得于期日到场。故应以事件及期日通知检事（《人诉》七四、五四）。

2. 当事者

检事无申请失踪宣告之职权。此因检事惟为保护不在者之利益计而参与失踪事件，不必使为失踪宣告之申述，以不利于不在者也（《民》三〇）。又，无提起失踪宣告取消之诉之职权。盖失踪宣告之取消，以关于失踪者及利害关系人之利害为主故也。然对于失踪宣告之判决，自利害关系人提起取消之诉时，若为彼造之失踪宣告申请人死亡，则此后以检事为彼造（《人诉》七、五二）（参照婚姻事件）。

案，失踪事件，若提起取消之原告死亡时，则由裁判所照婚姻之办法选辩护士为原告。《德民诉》九七四条于此场合以检事为彼造，与日本不同。日本须起诉以后申请者死亡，乃以检事为彼造；德国则勿论起诉前后，皆可以检事为彼造。然则日本关于此种起诉之申请人死亡时，则以申请者之相续人为彼造，不如德国办法之佳。

第三节　破产诉讼

破产诉讼，乃以债务者所有之一切财产使其各债权者得平等偿还之诉讼。受破产宣告之债务者即破产者，被停止行使以名誉与信用为基本之公权及私权，所谓对于破产者身上之效力是也。对于破产者身上之效力，若使终破产者之身而不消灭，则于社会政策上不得其当，故日本及法国系诸国之破产法，无不设消灭对于破产者身上之效力之方法，即所谓复权是也。复权之许否关于公益，故国家使检事参与申请复权之裁判手续，以陈述其意见（《商》一〇五六）。

案，对于破产者之身上效力，各国不同，大概不能为官吏、议员。总之，关于名誉、信用所受之制裁甚重。

德意志法律有行于德意志全国者，有行于各联邦者，故并无复权之规定。

第四节　诉讼上之救助

诉讼上之救助，乃因当事者如非灭杀自己及其家族生活所必要之费用，不得支出诉讼费用，则为保护其利益计，准此等当事者暂时缓缴诉讼费用之手续也（救助之办法有二，一免除，二暂缓。德、日采暂缓办法）。其事关于公益，故国家使检事参与诉讼上之救助手续。例如，检事于申请付于诉讼上救助之裁判前陈述其意见，或对于付与诉讼上救助之决定而为抗告是也（《民诉》一〇一、一〇二）。

例如，贫民不能缴诉讼费用，而实有权利之可主张者，故以救助之手续保护。

日本救助，检事参与；德意志则救助手续，检事不参与。

检事参与民法上之范围，究竟应广乎？狭乎？此近今之问题也。

第二章　检事与非讼事件

第一节　共力

检事就非讼事件而为共力（共力者，非使检事干与裁判，不过借检事之力，可以使裁判之办法好也），乃日本、法国及德意志之所一致者。然其范围各国不同，就德意志言，检事之共力范围最狭；就法国言，其范围最泛；日本介于德、法之间。虽关于非讼事件之法令颇多（《非讼事件手续法》《户籍法》《不动产登记法》《船舶登记规则》《竞卖法》等），而其根本皆在于民法或商法，故以非讼事件为民事非讼事件及商事非讼事件为通例。兹据日本之法律，略述非讼事件与检事之关系。

第二节　民事非讼事件

民事非讼事件，乃规定于民法之非讼事件。其裁判不仅系于一私人之利害，而关于国家之利益，故国家使检事参与之。

1. 意见陈述

检事得就民事非讼事件陈述意见，又得于审问时到场（《非讼》一五）。例如法人缺理事，且因迟滞而虑有损害时，利害关系人，即如债权者等申请假理事①之选任，则检事参与其事而陈述意见是也(《民》五六)。

2. 当事者

检事对于裁判所有求关于民事非讼事件之裁判者。例如法人与理事之利益相反时，理事无代表权，故检事对于裁判所申请特别代理人(专代理此一时)之选任(《民》五六、五七)。又，不在者不置财产管理人时，检事对于裁判所申请为关于其财产管理所必要之处分之裁判是也(《民》二五)。

第三节　商事非讼事件

商事非讼事件，乃规定于商法之非讼事件。其裁判关于公益，故国家使检事参与之。

1. 意见陈述

检事得就商事非讼事件陈述意见，又得于审问时到场。例如，裁判所对于非会社而于商号中用可示其为会社之文字之各商人，处五圆以上、五十圆以下之过料时，则检事参与之而陈述意见是也(《商》一八第二项、二〇七)。

2. 当事者

检事得对于裁判所求商事非讼事件之裁判。例如会社为反于公秩之行为时，检事对于裁判所求该会社之解散是也(《商》四八、《非》一三四)。

案，非讼事件之关系紧要，亦只于近十年为然，然各学校中，如非讼事件之讲座尚无之。今日学者方始注目，将来发达必过于民事诉讼，将来中国立法，亦应注重于此。

附言

自司法官厅所起之民事诉讼，及对于司法官厅所起之民事诉讼，由附置于其官厅之检事局代表该官厅，故检事立于当事者之地位行其职务。此因不过就国家立于一私人地位(例如审判厅与人买卖关系之诉讼，则审判厅立于私人之地位)所为之民事诉讼，代表国家于公益问题绝无关系(《裁构》一四二、明治二五司法省令五号)。又，非讼事件之过

---

① 假理事即暂时代行理事职责之人。——整理者注

料裁判,检事本于强制执行之规定而执行之(《非讼》二〇八)。此不过规定裁判之执行方法,于公益问题绝无关系。

案,过料之性质,就今日学者之议论有三:或曰秩序罚,或曰行政罚,或曰执行罚。虽有强制执行之性质,而过料不可以刑罚视之,且不规定于《刑诉》之中者。为此,秩序罚与刑罚混而为一,此旧派学者皆然,然务要知此非刑罚之性质。近来非讼事件日多,则秩序罚亦日广,此不可不辨明性质也。

登记法。如法人之理事十日内不登记,科料;又十日又不登记,又科料;至三至四,仍科料,非如刑罚再犯加重也。

第三编　行刑法与检察制度

案,行刑法在刑事诉讼法以为一种特别法,现今各国十分发达,因期间短促不能详言,此其大略而已。

通论

第一章　行刑之意义乃其在刑事制度上之地位

第一节　行刑之意义

行刑云者,乃指执行有一定职权官署所处断之刑之行为而言也。行刑分为二种:一曰形式的行刑,一曰实质的行刑。行刑之本义,原不独限于裁判所(通常裁判所及特别裁判所)之所处断者而已,如执行据行政官署之职权所决定之刑,亦当包含之。然本论之目的,所谓行刑,则专关于执行裁判所,或有裁判所性质之行政官署所处断之刑法罚耳。

案,以伤害加于犯罪人之身曰"行刑",有广狭二义。广义之行刑,凡行政官厅皆可行之,不独裁判所;狭义之行刑专属于裁判所。

$$\text{法制上之刑罚}\begin{cases}\text{刑法罚……本论属之}\\\text{秩序罚…… 如暴动扰乱秩序}\\\text{纪律罚}\\\text{违警罚}\end{cases}$$

第二节　行刑与裁判须区别其所属

有采用以行刑之一部分附属于裁判事务之制者(德意志),然理论上及实际上,皆莫如使全属于行政范围之适当而且便利。故行刑与裁判须区别其所属(《日本裁判所构成法》第六条、《刑事诉讼法》第三二〇条)。

案,以行刑归于裁判所,德意志行之。然就法理言,裁判本司法性质,既分三权,则司法中不应有行政事务,故法兰西划然分之。

《德国刑事诉讼法》四八三条"最下级裁判所",一部分行刑事务归裁判所管辖。

第三节　行刑法令之规定

刑事诉讼法中之行刑规定,多关于形式的行刑之事项,其关于实质的,则专归监狱法及其他特别法规定焉(《日本刑事诉讼法》第八编、《德国刑事诉讼法》第九篇)。行刑之形式的或实质的事项,规定于刑法中者亦非鲜少(《日本刑法》第十一条死刑,第十八条五、六、七各项金刑,第二一条未决拘留,第二二条至第二四条刑期,第二八条及第二九条假出狱等),且有采用特以关于行刑之重要事项规定于刑法上之方针者[《意国刑法》《瑞士刑法草案》(至近世,刑事立法之趋向则似承认关于行刑之事项省之于刑法,各自由刑之执行概让特别法令规定焉)《日本刑法》《荷兰刑法》]。

案,日本《旧刑法》规定行刑之事项颇多,《新刑法》则不规定,让之其他之特别法。

《荷兰行刑法》概让特别法之规定。

行刑法之发达,因监狱之圆满而然。如监狱尚未十分发达,又无一种特别之法规定之,而以命令行刑,往往易于变更,故不能不规定于刑法之中。如监狱诸法皆发达,则刑法中又可以不必规定也。

第四节　行刑占刑事制度一要素之地位

立法(刑法)、裁判、行刑,乃刑事制度之三大要素也,其权能虽各有所异,而其终局之目的则同。必使三者整一合步,而后始能全刑事制度之任务焉。昔者惟知重立法、裁判,而不知行刑有相鼎立之关系,其后采用自由刑为刑之一种时,始知有此关系。洎乎自由刑之适用范围渐次扩张,于是因之而愈知行刑任务之重大,终至于今日,行刑竟占刑事制度一要素之地位焉。

案,从前刑法多死刑或身体刑或徒流刑,甚属简单。其执行刑法,无论何人皆可行之。至采用自由刑,则行刑之人非有学问不可,非有经费不可,断非无学之人所能。故今日行刑之地位直与立法、裁判相独立,为一种之特别机关,如监狱是也。

第二章　行刑之要件

第一节　要件之种别

行刑之要件,分为实质的及形式的二种。判决及判决确定,则属于行刑之实质的要件(《日本诉讼法》三百一十七条,非判决确定后不能执行)。

案,德国火耳真特耳弗有言曰:"执行刑法为实质的,裁判不过形式的。倘仅有裁判之形式,而执行无实质适用之精神,则裁判官亦为虚设。"所以立法与裁判无行刑法,则皆归无用也。

荷兰刑法为当今世界刑法之冠,然自修订草案至发布日期中间,经五十年之久,何也? 自一千八百二十五年制定草案时,荷兰人德天叠克谓:"政府不须问刑法草案之是否,先问政府有此执行刑法之机关,如相当之监狱是也。"荷兰人因此语之感动,经营五十年之久,养成执行之官吏、改良监狱之构造,至一千八百八十一年乃发布此草案。故今日世界改良监狱,不得谓非此一语之嚆矢也。此外,法、德、意大利刑法皆为世界之先,而法兰西之刑法尤为最早。因拿破仑好大喜功,但以一完全之刑法宣示各国,使他人皆知法国有此法律,至其执行之机关能否实行其刑法之精神,则一概不问,德意志、意大利皆如此。即日本去年改正刑法,尤为美备,然其果否实行,则不敢预期必之。日本监狱非不改良,其弊尚且如此,其他不能设备执行之机关者可不问矣。

第二节　实质的要件

第一款　判决

有判决即宣告刑罚(《日本刑事诉讼法》第二〇三条及第二〇四条),

而后始有执行刑罚之目的物。故非证明具备此基础的要件,则无论对于何人亦不能行刑,固不待言而明矣。判决以限于帝国裁判所或与裁判所有同等职权之帝国行政官署所判决者为本,则在外国所判决,据刑法(《日本刑法》第五条)除减轻或免除以外,毫无为行刑要件之效力也。

案,判决指本国裁判所及本国行政官所判决者,如外国行政官,则无判决之要件。本国人民在外国犯罪已受外国之裁判执行,回至本国,裁判官仍可判决(《日本刑法》第五条)。凡在外国犯罪,裁判所可以减轻或免除,盖原则上不认外国裁判之裁决也。

第二款　确定判决

判决必系确定,而后始生执行之效果(《日本刑事诉讼法》第三一七条)。判决因(一)上诉期限经过;(二)上诉之取下(本人取消);(三)上诉弃却之决定或判决;(四)终审裁判所之判决而确定。此外,尚有以放弃上诉权认为确定之一条件者(《德国刑事诉讼法》第三四四条)。然《日本刑事诉讼法》则不采用以放弃上诉权为确定判决之主义也。

案,裁判所之裁决执行,必有不得已之事由,始俟上诉期间之经过。日本必经过上诉期限乃为确定之一条件。

然余以德意志之法为然。本人既经放弃上诉权,则不妨认为确定,于实质上亦甚合宜。如日本因未决拘留,必俟上诉期限已过,而后执行。则其人在监之日,转不如放弃上诉之日即为确定之日,少就经费日期。本人〈以为〉,各方面不如德意志法为善也。

再如日本采用主义,于犹豫行刑制度反生冲突,如必俟上诉期限经过,则欲行犹豫行刑,反使犯罪之人多拘留几日,不便执行。故余以德意志之主义为当。

第一项　上诉期间之经过

上诉分为控诉(《日本刑事诉讼法》第二章第二五〇条至第二六六条)及上告(《日本刑事诉讼法》第三章第二六七条至第二九一条),检事及被告人对于判决皆可以上诉,而检事亦不妨为被告之利益而上诉(《日本刑事诉讼法》第二四三条)。辩护人(《日本刑事诉讼法》第二四三条)、法律上代理人(第二四四条)及其他诉讼关系人(第二四二条),亦有以代理或独立之资格为上诉之权。有此上诉权者,若经过法定期限不上诉时,则判决遂生确定效力。法定期限控诉时,自判决宣告日始五日为限(《日本刑事诉讼法》第二五二条),上告时则以三日为限(第二七一条)。但缺席判决之际在有故期间内,即三日内(第二二九条),可以不称有故即得上诉(第二五二条第二项)。又因天灾及其他不可避之事变经过法定期间时,可以回复因经过期间所失之权利(第二四七条)。

案,德意志勿论上告、控诉,皆一周间。

第二项　上诉之取下

上诉在其判决以前,上诉者无论何时可以取下,而取下时即发生判决确定之效力（未取下时判决不能确定）。但检事不能取下上诉(《日本刑事诉讼法》第二四六条)。

案,《德国诉讼法》检事亦可取下,然德国主义检事为被告利益而上诉者,非经被告本人之承诺不能取下,此见于《德国刑诉》三四四条。

第三项　上诉弃却之决定或判决

在经过法定期间后之上诉,由原裁判所以决定弃部〔却〕之(《日本刑事诉讼法》第二五五条及二七六条)。弃却即有使判决确定之效力,但对于弃却之决定为抗告时,则不在此限。对于控诉裁判所之控诉弃却判决(第二六〇条及二六一条),尚可以更为上告,而上告裁判所之弃却(第二八五条),则即生判决确定之效力焉。

第四项　终审裁判所之判决确定

上告裁判所若认上告为有理由时,则宣告破毁其原判决之部分,以其事件移于他裁判所(《日本刑事诉讼法》第二八六条)。然若因拟律错误或违背法律受理公诉而破毁判决时,则不移其事件于他裁判所,上告裁判所自为判决(第二十七条)。其判决为终审裁判,故即生确定之效力。

第五项　确定后之回复权利手段

对于确定判决回复权利之法的手段,有非常上告及再审二种。非常上告云者,乃不问第一审、第二审对于法律所不法之行为而宣告以刑或宣告比相当之刑较重之刑时,在法定期限内无上诉者,于其判决确定之际,有受上告之权之检事,据司法大臣之命或以其职权,无论何时,对于其裁判所要求其更正裁判之谓也(《日本刑事诉讼法》第二九二条)。再审云者,乃指裁判确定后,检事受刑之宣告者或亲属为其人之利益所得用之救济法而言也(第三〇一条至第三〇九条)。

案,要求再审之人虽条件不备,监狱中不能不收。惟其如此,则执行之官吏,如监狱,皆不免繁难,究不如使监狱者有审查之权,免致求再审之人太多,裁判所多弃却之劳,监狱官多接收之累,此两便之道也。

在今日之法制,勿论何时,均可提起再审,倘此制度实行,则死刑断难实行。何也? 人当将就死刑,则必要求再审,裁判终必弃却,而监狱中不能不收,而死刑又不能执行。推此制度,人人明法律,人人皆不愿死,而要求再审者日多也。

第三节　形式的要件

实质的行刑之效果虽与判决确定同时发生,然非再加以具备一定之形式,仍不能开始实行行刑也。即在死刑时,宣告确定之后,检事当速呈诉讼记录于司法大臣,俟有其命令时始能执行(《日本刑事诉讼法》第二一八条);其他之刑皆必要有检事之指挥(第三一〇条),而自由刑则在指挥书以外尚要交付判决书(《日本监狱法》第十一条)。所谓形式的要件即此是也。

第三章　不能行刑之理由

第一节　概论

对于一定之人之刑之宣告确定时,国家即有对于其犯罪行为处以刑且执行其处刑之权能也。而实现此权能(形式的行刑)者,即检事之任务也。然此任务不能常期其必行,若有一定之原因,则此任务不得不归于不可能。所谓不能行刑之理由者,即此是也。

案,有下列理由,虽然判决确定、行刑要件具备,仍不能行刑者是也。

第二节　事实的理由及法为的理由

不能行刑之理由,自其性质上可分为事实的及法为的二种。死亡及不治之精神病,属于事实的不能之理由;恩赦及时效,属于法为的不能之理由。

案,时效,如某种刑经过多少年不能执行是也。

第一款　死亡

处刑之目的物为犯罪个人,若犯罪个人在判决确定后死亡时,则失处刑之目的物,故自然使行刑之权能不能实现。但权能本体尚依然存在,则不待言矣。此理由在执行金刑时,亦以适用之为本。则其以金刑视为一种债务,判决确定后对于受刑者之遗产执行之规定(《德国刑法》第三十条),终不得谓为合乎法理者也。

案,今日刑事制度之观念,专以犯罪之本人为处刑之目的物,如本人死亡,则行刑之目的即不能达。曩日行刑之目的不专在本人,但有犯罪即须行刑,而本人之死亡与否不论焉。此戮尸枭首之所由来也。今日虽有解剖尸身之事,然无有刑法上之性质,此不过为研究学问起见,不独受死刑者有之,即非死刑与自由刑及不犯刑法之人亦有之,然非可与戮尸枭首等视也。

第二款　不治之精神病

受刑之宣告者在判决确定后罹不治之精神病时,亦可为使刑之执行不可能之理由也。何则? 不治之精神病者,永久不能自知处刑之意义,终不能达处刑之目的故也。

案,刑法之目的在感化改良其人,而精神病之人并无知觉,其犯罪亦出于不知,感化改良亦无所施其技,故刑法亦可不执行。

就理论言之,不执行精神病之理由不能作为绝对的,只可作为停止的。因其人之病有时而疗,若以绝对的不能行刑,法权多不能达其目的。故现今各国均认为停止的,俟其人之病愈而仍可执行最为当也。

第三款　恩赦

恩赦者,本于大权之放弃刑罚权之行为也(《日本宪法》第十六条)。恩赦(恩赦大都规定于宪法之中)分为大赦、特赦及减刑三种。大赦者,在特别之际对于某种类之犯罪之赦免也,不问在判决确定前后,有消灭一切刑罚权之效果。特赦者,乃对于特定之受刑者(特赦必待裁判判决后)放弃其确定刑之一部或全部之执行权也(如监禁十年、罚金千元,有时免其罚金千元者,谓之一部分;有时并监禁罚金而全免者,谓之全部分);减刑者亦系对于特定受刑者因大权而减轻其确定刑之方法也(此与规定于刑法中之减轻不同,此种减轻,由裁判官以君主之大权执行之)。二者效力所及,不过仅属于行刑之范围,故对于大赦名,特赦及减刑为狭义之恩赦。恩赦权得委任于行政官署,德国本于恩赦权之委任,以付条件恩赦之名采用犹豫行刑之制焉。

　　案,大赦可以使刑法之效力全然消灭,如再犯则不加重;至特赦减等,则刑法之效力当然存在,以后再犯,则必加重。此两者之区别也。

　　大赦非一国之主权者特别原因不能有之,而特赦之原因则或因刑法之错误,或因判决之过重,或因不必要之事由种种有之者。恩赦虽根于君主大权,然亦有可委任于司法大臣者。

　　日本用特赦之处甚多,一年多至数十起,何也? 因刑法不完全之故。如杀婴儿罪系谋杀罪,而其情形甚可怜者,因贫而欲养父母,不能不杀其难养之婴孩,故就法理论为犯罪而又不能曲宥者,此其一也。又如伪造官文书之罪,有因谋公益而伪造者,依法理则为重罪,而事实则又有可原者,刑法既不能完全,则不能不时用恩赦之法也。假出狱与特赦减等不同,虽不在狱内执行刑罚,而其罪尚在,不如特赦减等之变其犯罪之性质或竟取消其刑法权之效力。此其异点,不可不注意也。

　　恩赦于法理不合,使人生侥幸之心,将来刑法进步,此种可不用之。

　　特赦之用太多,于司法权之威信有害,如德意志之特赦所用甚多。如决斗为德意志之习惯,甚有以军人之资格而从事决斗者,在裁判所则判其犯罪,在德皇,时以大权特赦之。因此,决斗之风日炽,而不决斗者几无以保其军人之资格,而刑法权之信用几为所掩。此特赦之弊也。

第四款　时效

　　时效者,因时之经过有消灭刑罚权效果之公法的规定也。故行刑官署当一切行刑之际,有调查时效有无之责任。虽该受刑者放弃因时效所得免刑之权时,亦不得执行刑罚。时效中虽有公诉时效与行刑时效之区别,然其所异不过在确定判决之前后而已,至其消灭刑罚权之效果则一也(《日本刑事诉讼法》第八条、《刑法》第三一条至三四条)。行刑时效因在左列期间内未受执行而完成焉:

　　一、死刑判决确定之后经过三十年;

　　二、无期惩役或禁锢经过二十年;(德国制度无期惩役亦三十年,与死刑同)

　　三、有期惩役或禁锢之时效十年以上者为十五年,三年以上者为十年,未满三年者为五年;

　　四、罚金三年;

　　五、拘留、科料及没收一年。

案,日本时效制度较德意志稍宽。

行刑时效之期间,以自裁判确定之日起算为原则。若据法令,犹豫刑之执行(《日本刑法》第二五条至第二七条)或停止(患病、怀胎)执行(《日本刑事诉讼法》第三一八条之三及第三一九条第二项)时,则自犹豫(犹豫期间不能进行时效)或停止终了之翌日起算(《日本刑法》第三三条)。又在时效进行以后,死刑、自由刑因为执行逮捕其人时而中断,金刑因执行征收行为时而中断(《日本刑法》第三十四条)。行刑时效唯免除刑之执行而已,非有消灭刑之宣告之效果者也。

案,消灭刑之宣告,二次犯罪不以再犯科之;免除执行,则二次犯罪当科以加重;至犹豫行刑,则唯初犯者行之,此其不同之点也。时效制度,英国行之最多。

时效制度之理由有二:

甲、犯罪者逃避既历三十年之久,其所受之苦亦多,刑法之作用亦不过如是,故既经三十年而可不执行者,此其第一理由也。

乙、又犯罪至三十年、二十年之久,其事实亦已久忘或至证据全失,若欲科罪,则调查既难而社会且淡忘之,故可以不必科罪之,第二理由也。

然余不主此两说,何也? 刑法之政策原以保护社会之安宁秩序为目的,犯人既经三十年、二十年之久不害于社会,则刑法之目的已达,不似古时之报复主义。此时效制度之理由不必主张前之二说也。

各论

第一章　死刑

第一节　死刑存废问题

死刑存废之问题自别加利亚(意大利人,一八六四年著《废死刑论》)以来,学说上议论纷纷、莫衷一是,然立法上既断行废止者,亦不少[荷兰、意大利、北美合众国(十三州)数邦及瑞士(尚未实行)刑法草案],如瑞士、芬兰、丹麦、比利时等,亦仅存其名而已,数年间未尝实行一次。其他虽称为刑制上保存死刑名实之国(如英、德、法、奥),而今日对于适用死刑之犯罪种类亦严加制限,且实行之际亦甚少。故实行有反成变例之势焉(参照拙著《死刑废止论》)。

案,废死刑之最早者,为意大利古时之一小国特斯卡纳(卜スカナ)。彼时各国皆用死刑,惟此小国行之,其效果至犯罪人愈少,于此可见其有利也。

日本适用死刑较西洋稍多,每年有三四十人,以较英国每年只有十五六人,则日本当在多数。他国适用死刑多限于谋杀,而日本则于谋杀外,如放火、决水、加害于火车轮船,皆科死刑。名目既多,则犯罪必众,此死刑多于他国之原因也。一般舆论皆主张限制死刑,而废止死刑者虽未能实行,而亦渐成一般之舆论。如本年俄国之新闻纸,有欲废止死刑而提出议院者;法国则于去年,将死刑之费用预算案削除,亦为将来废止死刑之先声。旷观世界各国,将有不二三年全行废止之势,盖不仅成为舆论已也。日本去年新刑法之发布,其草案之编纂经数十专门家之手,而死刑废止之研究至数十日不决,卒以赞成者少,故日本新刑法尚未废止死刑。然知宜废者日多,数年后亦必全废无疑也。

德国当日刑法主张废死刑者为一般舆论,其提出议院两次,皆多数赞成,卒至第三次议会而反对者乃成多数。此盖因德之联邦新归统一,而俾斯麦欲以法律统一联邦,故出奋其长舌以运动之,然实非舆论之效力也。

自由刑自近代始发达,而身体刑则古时有之,近今文明国皆无也。惟英国对于十六岁之男子犯罪则用笞刑,丁抹则十六岁以下之男女亦用笞刑,此外各国大势谓全然废绝亦可,此刑法罚之说。至秩序罚,则英、德、奥三国尚行于监狱之中,日本监狱法则无此规定,余所著《笞刑废止论》宜参考之。

第二节　执行与不得执行

死刑虽亦在宣告确定时即有可以执行之效力(《日本刑事诉讼法》第三一七条),然必俟有司法大臣之命令而后始能执行也(第三一八条)。受宣告死刑者若心神丧失时,则未痊愈以前,不得执行死刑;怀胎者未分娩后,亦不得执行死刑(第三一八条之三)。

案,日本则自裁判所送达其确定书于司法大臣,由司法大臣视其可特赦否。如可特赦,则请于君主而特赦之;非然,则以命令命其执行,似特赦之权在司法大臣。然各国则应否特赦,皆由君主酌定,其制较日本为优。

第三节　拘禁

受宣告死刑者,在执行以前,拘禁于监狱(《日本刑法》第十一条、《监狱法》第一条)。拘禁之目的不过为确保执行而已,毫无行刑之性质,固不待言。是以监狱当准刑事被告人待遇之也(《监狱法》第九条)。

案,如无法律规定不能拘于监狱,盖未受执行以前与常人同。以监狱虽为执行地,而人非为执行来,故法律规定拘禁者,但恐其逃走而已。监狱中不能以自由刑加之也。

死刑者,在监狱中非自由刑人、非刑事被告人,当准刑事被告人,因其人不过在彼待死刑之人耳。故置之刑事被告人一类较隔别安置为优,而危险转少也。

欧罗巴则于监狱中置官吏两人看守之,则费繁事冗,其结果尚不如置之刑事被告人一处之为得也。

第四节　执行之任务及拒绝

关于实质的执行死刑之任务,则属监狱之主管,由典狱统理之(检察官但能于形式上指挥命令)。若虽具备行刑之要件,而该受宣告死刑者怀胎或在心神丧失之健康状态时,则当以其事由申请于司法大臣,拒绝其执行。又大祭祝日一月一日、二日及十二月三十一日,亦绝对不能执行也(《日本监狱法》第七一条)。

第五节　执行之实质的事项

执行死刑之实质的事项有九:一、指定执行日时;二、执行之告示;三、诊断健康;四、教诲;五、刑场之警戒;六、相当官吏之临场;七、绞首;八、作始末书;九、遗骸及遗留物之处分等是也。

一、指定执行日时

有司法大臣所发之执行死刑命令时,则当在三日内执行之(《日本刑事诉讼法》第三一八条)。三日之期间,盖所以使其便于犹豫关于执行之各事,故务宜使实质的行刑官署之监狱迅速接受其命令。接受此命令时,典狱一面定执行之日时,一面为执行之准备,时间上虽无法定之制限(《监狱法》《刑事诉讼法》均无),然务宜在午前中执行之。

案,德国《监狱法》虽无时间之限制,然有早晓二字;法国法律则有规定,谓死刑当未天明,其原因后再言之。各国执行死刑当以愈早为妙,德国法律则死刑经皇帝命令执行以后,则由地方裁判所之检事与高等审判厅之裁判长及行刑之非官非吏而专事行刑者,商酌而定期日。

二、执行之告示

告示有预告及正告之别。预告者,决定执行时日后在便宜之时机及地方告知执行,以使其便于准备诸事(如作家书、见亲人、处分身后事宜)为目的者也。正告者,乃临刑场后,在执行前正式之告知方法也。

案,日本因监狱中经验上则预告必于本日,因日久则人情上必不能忍。故三日以前预告之说,在理论上则然,而人情上则检察官亲临预告。见其日久太苦,故避理论而就事实,此为当也。

三、诊断健康

既接受执行死刑之命令时,典狱在定执行日时以前,当先使医生诊查本人之健康状态,要证明其怀胎或心神丧失之异状。而在临执行之际又使医生诊查之,若在此瞬间有怀胎或心神丧失之异状时,则不得不以之为中止执行之理由也。

四、教诲

预告执行死刑之后,须对于本人施慰安其精神所必要之教诲。教诲师在对于本人施教诲以外,尚有与之同赴刑场之职任。

五、刑场之警戒

死刑在监狱内之刑场执行之(《日本监狱法》第七一条),除有关系于执行死刑者以外,不许入刑场(《日本刑事诉讼法》第三一八条之二)。执行死刑之方法有公行主义、密行主义及限制的公行主义之别,日本则采用密行主义,故要有一定区划之刑场,且须严禁无关系者之出入。此所以必要刑场之警戒也。

案,公行主义甚少,惟法国则然。纯粹密行主义惟日本,其余各国皆限制的公行主义。日本于狱内置刑场,行刑在监狱内。

法国行刑在监狱之大门外,其他各国狱内无刑场,如英则在廊下或路旁,法国亦不择地,不过限于狱内耳,非有特别之刑场也。就理论言,既在狱内行刑,则不拘何地之监狱皆可行之。日本惟有控诉院之地之监狱始有刑场,全国共六控诉院,即只有六刑场。盖因死刑宣告人无不上诉者,故执行死刑大率皆在有控诉院地方也。

六、相当官吏之临场

执行死刑之际,要有检事及裁判所书记临场(《日本刑事诉讼法》第三一八条之二)。典狱为统理执行者,其自己固不待言,且须使行执行职务所必要之监狱官吏,如医生、教诲师、看守长等参列焉。又有时在可以确保密行主义之范围内,有许可第三者(裁判所之判事或研究行刑学与医生之研究医学者)陪观之权(第三一八条之二)。在采用制限公行主义之国,临场人定为三种:

甲、必要(判事、检事、书记。日本不用判事临场,其他各国则判事亦临场)临场者;

乙、不能拒绝(本人自由)其临场者;

丙、得许可(典狱酌定)其临场者。

案,日本去岁改正刑诉,将典狱两字去了,非削去典狱也,因典狱有自然应去之理,勿庸在规定中。

欧洲各国如宣教师、辩护士、地方公吏之若干名(德十二名),皆所谓不能拒绝者,此制限公行主义是也。

纯粹密行主义一则必有一定之刑场,二则除相当之官吏外不得临场,此日本之采用密行主义也。其他各国既无一定之刑场,又无一定之相当官吏之规定,故非纯粹之密行主义也。

七、绞首

死刑用绞首法执行之(《日本刑法》第十一条)。绞首乃英吉利、挪威等所采用者,德、奥、法等诸国则用斩首法,北美合众国内有用电气杀之新法者。斩首有用刀、用斧与用断头器之区别,法国及德意志联邦中二三国用断头器。要之,当务宜使受刑者少受痛苦,确实神速执行之。用绞首法时,难保必无复苏之虞,此所以必要有绞首之后检其死相,非经五分间不得解绞绳(《日本监狱法》第七二条)之规定也(于此观之,足见绞首方法之不完全)。至于用监狱下级吏员为执行死刑者之例,则外国(他国则以专门执行死刑之人为之)所未有者也。日本看守及监狱佣人分掌(例第六四条)。

案,日本从来无绞首方法,至明治维新之初,始废斩而用绞。电气虽然最新，然一般学者尚多疑问，即美国亦只三国中用之，因究竟苦痛之多少，尚未研究有得也。死刑原非好刑，既不能废，则勿庸研究其方法，总之等死耳，苦痛多少，无研究之价值也。盖死刑本野蛮之刑，与其用绞，勿宁用斩，绞之繁难不如斩之便利，两者不过各国之历史相沿。既不能废野蛮之死刑，则又何分乎斩首、绞首之轻重？至其研究痛苦之多少尤无味也。

　　监狱以内执行死刑既于感化改良有所妨碍，至监狱官吏惟职司感化改良之人乃竟使之行刑，其于感化改良之旨不大相违背乎？余则以日本所用下级吏员执行死刑者为大误也。虽断头机之费用重，专门执行者之经费多，然皆为社会一般所不齿，是下级官吏焉可以行之哉？而况在监狱中司感化改良者耶！

断头机

　　盖卢定（J. Guillotin）医生发明此机器（法兰西革命时代之人）后，亦卒死于此器。法兰西全国只此一器，而各地行刑皆搬用之，费用虽多，而政府决不添造，此用意甚深，而欲死刑减少之微意也。

　　八、作始末书

　　执行死刑终后，裁判所书记须作其始末书，与临场官吏同署名盖印（《日本刑事诉讼法》第三二一条）。往时执行死刑之后，必要榜示公告其事项，而今日则废止焉（改正刑法以后废止榜示）。

　　九、遗骸及遗留物之处分

　　刑死者之遗骸及遗留物，概依一般在监者病死之例，适用《监狱法》中关于领置（第十章）及死亡（第十三章）之规定。受刑者之遗骸，据《监狱法》第七十五条，得付解剖。

案,《日本监狱法》受刑者之遗骸如因亲族请求,得交付之;《独逸法》受刑者之遗骸亦准令亲族具领,但须附条件——不得盛用丧仪;日本则不问之。

付解剖无行刑之性质,为研究全体学起见,前已言之。

第二章 自由刑

第一节 执行之机关

执行自由刑之处名曰"监狱"。监狱乃实质的行刑之机关,属于行政权之主管,与立法及司法相鼎立,而所以使国家刑罚权活动实现之施设也。监狱有实质的及法制的二意义。实质的监狱,乃专指执行自由刑之机关而言;其包含拘禁行刑以外各种人(被告人、死刑者、民事囚、惩治人、被罚者、劳役场等)之处所者,名曰"法制的监狱"。法制的监狱,现今各国方针,早晚终不得不变为实质的监狱也。

案,西洋各国本有"监狱"两字意义,自改正监狱以后,因其名义不佳,改名为宾天歇耳、宾宜坦斯,此英德两国皆以拉丁文名之,其意义自"忏悔"两字生出。

德儒火耳丁所谓刑法之实体在行刑,行刑无规定,则刑法之目的不能达。刑法以法律规定之,执行刑法之方法转不以法律规定,则执行者有时变更刑法,而刑法之目的转为执行者所专制,而立法目的亦不得达也。德之联邦中之执行刑法曾有此弊,盖刑法虽统一而监狱之执行并无规定,但以命令行之。至一千八百七十六年,因各联邦之执行情形互异,议会遂提出行刑法之草案。当时赞成者甚少,因行刑法之通过,则必改良监狱而后可。至一千八百九十九年乃有行刑准则规定行刑之制度,亦不能详密统一。

第二节 行刑之大纲事项

刑之实体厥在行刑,有行刑而后始能全刑之实现的活动效果,故关于行刑之大纲事项,要以法律明确且正确规定之。若不据法律之规定,则不独紊乱刑制之统一,使行刑流于专恣而已,即立法所预期之目的亦终不能达其万一也。所谓关于行刑之大纲(细目亦可以命令行之)事项者,即一、监狱之种类;二、监狱之监督及组织;三、收监之要件;四、拘禁之方式;五、检束之方法;六、教养之事项;七、卫生之保障;八、请愿及其他私权之保护等是也。

第一款　行刑之要旨

行刑之要,在适切完全待遇个人之活动,因待遇个人,而后始能期刑之公平、挚实及教养之活动(有此三要素而刑法之目的始达)。此监狱行刑所以必要专门的理论与实际之修养也。

案,现在刑法之目的在个人主义,如男女、老幼、善恶、强弱,千差万别,要适其性质而待遇之。此监狱之目的也,与前之专主犯罪而一例视之者不同。盖人格主义在今已全变其事实主义之真相,此监狱之目的所以不能不改良也。

使自由刑不必要个人待遇,则执行甚易;而欲公平、挚实及教养之目的皆能达之,则非就个人研究而如其分量予之不可。此自由刑之执行所以难也。

第二款　监狱之种类

自由刑分为惩役、禁锢及拘留三种(《日本刑法》第一二条、第一三条及第一六条)。因行刑实质之异,故别其刑名以全立法之精神,此所以有区别行刑处所之必要。不独监狱之名称相异而已,且须各有保全其实质独立之设备也(《日本监狱法》第一条)。以刑名区别监狱之外,尚须因全行刑要义之必要,以犯数、刑期、年龄、男女、健康等关系区别监狱。以惩治场、民事监、劳役场等认为监狱之一种之法制,乃戾于法理、不得其宜之政策,此近世一般之定说也。

案,日本旧刑法及法兰西刑法,三种之外尚多,德国尚有城寨禁锢一种。要之,今日法律进步,自由刑种亦不必太多。

荷兰刑法最新,但分禁锢、拘留二种,就理论上言,直谓其但有一种亦可。

监狱亦小社会耳,各种人类皆在,故或学者谓监狱为世界缩写图。故研究监狱学者德儒火耳朵得而谓之"凑合的科学",如法律、经济、教养、卫生,皆必学之,此赘论也。

因监狱中有六百人,即有六百种待遇之方法,事实点往往不能,故必犯罪之种类,又分偶发与习惯、职业各种类。

如惩役有惩役监,禁锢有禁锢监,拘留有拘留监。依余之见,不如三种中使惩役、禁锢再合为一。

日本惩役与禁锢之区别,以劳动之有无判之,此大谬也。古时以劳动为强制的,而禁锢者则身分少有不同,至今日以劳动为神圣义务,甚有禁锢者之烦闷而亦请求劳动者。中国新刑律但存徒罪名目,而不分惩役、禁锢,较日本新刑法尤为进步也。

第三款 监狱之监督及组织
第一项 管辖之所属

监狱宜属于内务行政所管,抑宜属于司法行政所管乎? 不独议论纷纷不一,即各国之法制亦互异。要之,当谋监狱所管之统一,且须使监狱关系与行政事务圆活连络耳(如普鲁士分为两部分,则大非也)。

案,英、法、俄、意四国以监狱属于内务省所辖,荷、比、奥及德联邦中之数小邦有属于司法行政管者,惟普鲁士分监狱为两种:一部分属内务,一部分属司法。

由是观之,大国皆以监狱属内务,小国皆以监狱属司法。日本古时原归内务行政,今则改为司法行政。

第二项 监督之方法

监督监狱之方法,宜最注重巡阅监狱(此于监狱中最有效力)。巡阅属于监督权之发动,故非主务行政长官及受其委任者,不得为之也。

案,日本巡阅两年,官吏必须有专门智识者。

第三项 掌管之官吏

监狱乃代表国家刑罚权之机关,故非国家之官吏不能有掌管监狱事务之职权。此所以有划定监狱官吏之种类、名目、职制之必要也。

案,现在密行主义裁判公开,则监狱当与社会绝隔,不能令人无故参观,此原则也。

使监狱中不用官吏,则不成为国家机关,其结果则监狱中作工有官司业、受负业、依托业之现形,驯至作工之事受监狱以外之人之监督。此必不可不用官吏之理由也。

第四款 收监之要件
第一项 证明入狱之文书

监狱中非具备证明入监狱者资格之文书,不得收容之(《日本监狱法》第一一条）。盖所以使监狱保其独立机关之体面，且防其陷于专恣变通之弊也。监狱因其种类之不同，又各有互异之一定收容规则，若反乎此规则者，则虽具备证明入监资格之文书，亦不得收容之也。

案，监狱之种类不同，则收容之规则亦异。如男送女监、女送男监以及刑事被告人送之非刑事被告人之监之类，皆为违背规则，不能收之。

此外，惩役监、禁锢监亦有区别，即惩役监亦有成年、未成年、再犯、偶发之区别，如违背规则，亦不能收容之。凡此无证明资格之文书不能收容为原则，若未满一岁之小儿，其母因犯罪而携之入监，则为法律上所容许。因小儿亦一人格，特无证明之资格而已。

凡召唤、勾引、拘留、逮捕诸令状，此用之刑事被告人者；宣告书（判事所作）、执行指挥书（检事所作），此用之受刑人者。

第二项　停止执行之种〔要〕件

自由刑以刑之宣告确定时即执行为通则（《日本刑事诉讼法》第三一九条），然若有使受刑者自觉预期以外之苛酷或宽大之虞时，或有不能自觉处刑意义之虞时，则当一时停止其执行焉。

一、本于必要的理由之停止

如罹精神病及因刑之执行有危险于生命之重病者（指先有重病而言），皆必要上不得不停止行刑者也。

二、本于便宜的理由之停止

监狱之设备认为不能对于受刑者之健康状态为适当之待遇时，则为谋监狱及受刑者之利益，便宜上得一时停止其行刑（妊妇、产妇、传染病者、在回复期之重病者等之类是也）。

案，传染病直接为监狱之害，间接为社会之害，故不收容之。如在监狱内而患传染病，则只有隔别分房之法，无可如何也。

因监狱内设备不能完全，故必停止行刑。然监狱内亦不必如是完全，倘一一设备，则贫民因此目的而犯罪，以求设备之安舒，则监狱专成为贫民、妊妇之病院，而执行刑法之性质反失之，则不如就便宜上仍停止其行刑可也。

三、本于酌量（情义）的理由之停止

有使受刑者或其家族受刑罚目的以外之损害之虞时，则酌量其事情,得一时停止其行刑。

例如,受刑者之父母、妻子全以受刑者一人供养,若竟执行刑法,则父母、妻子无以为养,则反出刑罚目的以外,故亦可以停止行刑。若贫民救护之方法完备,则又可不必也。又如银行之取缔役因届算账之日而犯罪,使竟执行,则银行之帐不结算,损害甚大,亦非刑罚目的之中,故亦可酌量停止。

古时法律不甚完全,事实上如上种停止往往有行之者。今则法制国之观念发达,事事遵守法律,则此三种理由非由法律规定竟无人行之者。日本维新以来,尚无行此三理由者。

第一、第二理由,日本新刑事诉讼法始增入之;第三理由,草案有之而未实行。

第三项　停止与中止

停止行刑之理由又兼为中止行刑之理由。行刑之停止及中止属于实质的行刑之要件,故可以监狱法规定之。

案,停止者尚未入监,中止者已入监而中止,中止行刑之权限属于监狱官。

指挥行刑之权限属于检察官,如见有应行停止,则当指挥其停止。停止行刑普通规定于《刑事诉讼法》,中止行刑普通规定于《监狱法》。日本行刑法停止中包容中止,似皆属于检察官权限,非是。

第四项　拒绝收监

虽具备证明入监资格之文书,而监狱尚有可以拒绝收监之时,如各种传染病者、不洁者、醉酗者(此皆为检察官所不知者)等是也。

案,《日本监狱法》但规定各种传染病者不收之条,若外国,则不洁者、醉酗者皆规定于《监狱法》之中。

第五款　拘禁之方式

监狱拘禁之方式大别为杂居制、分房制、阶级制三种。杂居制之最进步者为夜间别房制。不分昼夜,一房拘禁一人者,为分房制。分房制有严正的分房及宽和的分房之区别,然在今日,则一般以宽和的分房制为是也。罪恶传播之弊,非用分房制终不能防止之。阶级制者,乃以阶级法适用分房制与杂居制(分一级、二级、三级),而以假出狱联接之之方法也,或名之曰"采点制"。阶级的待遇虽行刑教养上必要之手段,然不得谓非用阶级制即不能实行也。假出狱初不过属于阶级制之一行刑手段,自法国刑法采用之以来,各国相继仿之,遂至成为不问狱制上用阶级制与否,概以之为独立的行刑法,规定于刑法法典之惯例。假出狱(《日本刑法》第二八条)乃对于长期囚之一种宽大形式之行刑法,故虽受此处分者,仍不能脱实质上受刑者之资格也。

案,杂居制最古最不完全,而其害甚大、发达甚早,其制分三种,列表如左:

杂居制
　　非分类的…… 此种最古最有害;
　　分类的……
　　　　大……三四十人一房;
　　　　小……如五六人一方或七八人一房……日本大概用杂居制中之小分类,
　　夜间分房…… 即分房制之起源。日间杂居工作,夜间分房而息,是又小分类之进步,即改良监狱之嚆矢。在西历一七六〇年,罗马法王苦列曼于罗马之三米歇尔地方设一幼年监狱,则用夜间分房制。

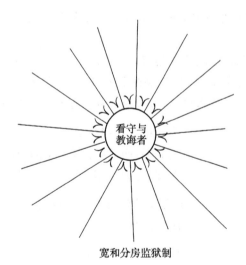

宽和分房监狱制

分房制即一人一房,其制起于美国。一七〇九年始作一模范小监狱,用此制于费府,至一七九〇年乃大起规模而成一大监狱。初用严正分房制,即一人一房,不拘昼夜,与人隔绝,即运动亦一人一处,如有出房之时,亦以一布包其头面,不令他人得见。严正分房制无工作之事。至宽和分房制则一人一处,用木板前隔,或作工或运动,如花瓣式,而中则看守与教诲者得见之,囚人与囚人不见面也。今日之所谓严正分房式者又谓此也,比利时用之。

今日之所谓宽和分房制,在运动与教诲时亦不必隔别,此监狱专家万国协会之结束所发明者,德意志用此制也。一般学说谓监狱为养成犯罪学校,因多数囚人聚处,则其传染恶念日深,此事实经验之结果亦然。然惟用分房制庶可隔除此弊,如杂居制,即公平、严正、挚实刑法之要义,不能达其目的也。

杂居制往往因严正过甚,聚众而抵抗官吏,即教养之因人而施之法亦不能达。欲达刑法之三大要义,亦非分房制不能也。

犯人之来先分房,数月后乃令杂居,最后则使之假出狱,谓之阶级制,英国行之。此制起于爱尔兰之クロフトン,谓之"库楼封特式",亦名曰"采点式"。盖以分数多寡而定杂居制之点,如点少而至第三级则仍降为分房制,点多至第一级或点再多则可以假出狱。

阶级制之分房与分房制之分房不同,其主意在使人受苦,虽劳工不与分房制同,谓之空役。假出役者狱外行刑,法兰西采用之,为一种独立制度。

第六款　检束之方法

纪律者,行刑之生命也,非善于励行之,则不能全刑之伤害的意义之活动(纪律之结果使本人知有伤害而已,如使行刑伤害则为野蛮行刑,非文明之刑罚也)。专关于纪律之事项,名曰"检束"。检束之要,在使受刑者因被强制绝对服从于法的秩序之下,自知个人之意思势力终不能与至大之国家威权相对抗,此戒惧及惩罚之所以必要也。而其种类、方法及适用之际,亦当规定之(《日本监狱法》第一九条、第二〇条、第五九条、第六〇条)。但违犯纪律之行为若构成犯罪时,则当付刑法上之处分,固不待言矣。

案,在一般贫民之生活,亦不可不守纪律。在监狱中教成人人有纪律之性质,在社会上乃不至生危害。养成纪律而使之绝对服从者,曰"检束"。检束而使知个人之不敌国家之势力,则纪律之目的乃达。

如但有违犯纪律,则监狱中处罚之;如构成犯罪,则必送之裁判所。

于此有一问题,如一行为既犯纪律又构成犯罪,将如何?《日本监狱法》用并科主义,余以为认为一种行为可也。

第七款 教养之事项
第一项 作业

检束与教养，在监狱行刑上当互相表里活动，检束虽亦广义教养之一种，然专有教养意义之行刑手段，则唯作业、教诲、教育之三种而已。以作业之有无（如惩役、禁锢）为区别刑名之标准，不独与认劳动为神圣之近世时代思想不能相容，且可谓不通监狱行刑之实际（监狱经验上）者也。作业要赋课具备生产的（空役、非生产的作业中不宜用之）及卫生的要件，且与个人关系相适当之种类（《日本监狱法》第二四条）。作业施行之方法分为受负业、委托业、官司业三种，虽不免各有利害，然受负业多有不能全行刑要义之欠点（使普通个人干与监狱之事宜限制之，然其利则于监狱之经费有益），故务宜制限其施行之范围。作业之种类大别为内役及外役二种。外役不能全剥夺自由之要义，当制限其适用，固不待言，即选择就业者时亦当附以严紧之条件。内役中务宜采用手工业，勿用机关业。就业者中若有行状方正、作业精励者（两条件），当交付以赏与金。赏与金之性质与赁钱、工钱异。赏与金必俟交付与本人以后，始发生本人之所有权也。作业之收入以概归属于国库为原则（《日本监狱法》第二七条），然以其一部（赏与金计算额之利息）充行刑上之利益，如保护免囚，扶助遗族之费用之例亦非鲜少也。

案，作业之目的在教养不在利益，因教养之结果而利益自生，当教养之始，其目的初不存在也。

内役在狱内，外役在狱外。外役有种种弊害，如逃走，如与人私通音问，且于自由剥夺之旨不合，宜制限之。

监狱内用机关业者，宜禁止之。因利益太大，将来出狱不易谋生，且机关制造之物其价必廉于监狱外者，亦夺良民之生活，不宜用之。

所得金额交付有二主义：

一曰权利主义。如普通赁金之类，狱中囚人出狱时或已经十年、二十年，所积之赏与金多有至百余元者。如用权利主义，则不能不交付之，而得以巨数转致再犯者甚多，不如恩惠主义必合两条件而后予之，且监狱中有自由与否也。

一曰恩惠主义。囚人作工本无得赁金之权利，而国家赏与之。日本先用权利主义，去年改正监狱法则用恩惠主义。现今法兰西、荷兰用权利主义,其他各国则用恩惠主义。赏与金必要有行状方正、作业精勤两条件乃交付之;若权利主义,则不必有此两条件,而不能课其方正精勤与否。况恩惠主义必交付后乃为本人所有;若权利主义,则未交付而权利已发生矣。

赏与金必待出狱乃交付之,平时不过记一账目而已,尚可以生息供狱中之用;如权利主义,则本利应为囚人所得,且无供狱中之烦费。

第二项　教诲

教诲者,教养精神之意义也,指专以宗教或伦理开发保护其德性之手段而言。教诲须继续为之,不可有间歇性,故有定时说教或讲话之必要,固不待言。此外,尚当常就各个人,不绝加以开发保护其德性之适当教养也。

第三项　教育

教育者,教养理性之意义也,指开发助成一般国民所必要之知识之手段而言。对于一定之人如年少者等,则当强制教育之,其他则唯使得浴此惠而已。如阅读书籍亦属于教育之范围也。

案,监狱中必设极大之图书室。为教育囚人起见,凡有益之书皆可收入。各国甚注重此点。

第八款　卫生之保障

拘禁者,本于国权之强制,专以剥夺自由为目的(如生命、健康、财产则非目的)者也。关于拘禁之一切费用,国家当然有负担之责任;拘禁之结果,不得使本人健康上、生命上受不利之影响。对于衣、食、住之保障,卫生规定之所以必要者,即为此也(《日本监狱法》第七章、第八章)。

案,拘禁费使囚人负担,在沿革上有之,如德意志之一国有每日令囚人负四十ペンヒ①者。在今日狱制观念之发达,此则颇戾于法理,不可用也。

第九款　请愿及其他私权之保护

受刑者对于行刑之权能有绝对的服从之义务,而一面又有法令及

---

① 　ペンヒ,便士。——整理者注

人道所与之一定权利,故国家宜保护此权利,且不可不谋救济其侵害之道。关于请愿(《日本监狱法》第七条)、领置所有物件及交付之规定所以必要者(如监狱官吏有待遇不合,亦准请愿),即为此也。

受刑者非因恩赦、刑期终了及有职权者之命令(命令属于检察官之命令,中止及停止行刑或要求再审而得检察官许可而命令之者)不得使之出狱。因刑期终了时,于终了之翌日(事实上则以翌日之晨释放之最妥)释放之(《日本监狱法》第六八条)。当释放者若罹重疾时,因其请求,可以许其一时在监(第六九条)。

案,各国制度以刑期终了之钟点计算,此原则也。如日暮后、日出前刑期终了则提前放出之,此例外也。

《日本监狱法》恩赦十点钟以内,命令十二点钟以内。如法律无特别规定,则恐临时无所遵守,此最重要也。

第三章　自由刑之利害

第一节　概论

凡刑罚必须具备警戒(即畏吓)、屈服、矫正、公平、反偿(受刑者如因受刑而有损害时,国家须认赔偿之责或使其家族满足是也)、伸缩(因犯罪程度之不同,而刑罚之程度亦因之而各别,此所谓伸缩是也)、回复(即裁判官有判决之错误,而行刑之时能使回复其未错之程度)、限局(不及其他家族父子)等可能性,若缺其一,已不足为完全之刑罚,况缺其数者乎? 死刑、肉刑、体刑、追放刑等之所以认为不适当之刑罚者,职是故也。而刑罚中具备必要之可能性比较稍多者,唯财产刑及自由刑两种,而尤以自由刑为最。于是可知,近世文明各国刑典上,所以采用自由刑为主要刑罚之非偶然矣。

案,自由刑为各国一般所通用而利害参半,今分言之。
以死刑论警戒、屈服已为满足,而其他之可能性皆不能有。
自由刑唯杂居制无公平性质,此外则皆有之。

第二节　防止滥用个人自由权利之利

侵害法的秩序者(即犯罪行为),究不外乎滥用个人的自由权利之结果,此所以对于犯罪行为者有当剥夺其自由之必要。故自由刑亦自适于最高尚且最广意义之反坐主义（如古时以肢报肢之反坐主义则最狭）所要求之手段也，而剥夺其自由之程度，则宜斟酌犯罪行为（事实）之轻重及犯罪人格危险之大小而决定之。

案，古时用事实主义，犯罪轻者则刑轻；今用人格主义，则以危险性之大小以决定刑之轻重。

第三节　使人服从国家公共秩序之利

自由刑之制限犯罪个人之自由，当最紧肃、真挚、严正，以使受其制限者对于至大之国家威权知自己势力之极微弱，且使其衷心自觉服从国家秩序之必要为要旨。改良狱制之目的（惟分房制乃能达自由刑完全之目的）即欲达此要旨耳。

案，服从不但使表面上服从，且以各种之可能性而使之感化、改良，则其衷心不知不觉而以服从国家之秩序为必要。

使监狱之制度并不完全，而于紧肃、真挚、严正诸性质皆无之，则自由刑之能感化、改良者，其目的必不能达，此一般学者所以时时研究也。

第四节　过于偏信自由刑之害

凡利之所在，弊亦随之（以下各弊害，皆各国监狱家所经验而出者）。过于偏信自由刑之价值，苟有犯罪，以为适用自由刑即足以了刑制之能事，不顾罪质之轻重及犯罪人格之如何，千篇一律，徒以自由刑处分之。而在他方面，又动辄以察察为明（此警察完全之后，警察官每坐此病），偶有微罪小过，亦必检举之，遂至屡有滥用短期刑之弊，徒见犯人之增加，而未见狱制设备有相当之改良。一面使偶发的犯罪者变而为习惯的犯罪者，驱质朴无智之良民以入犯罪种族之群；一面又使顽冥不灵之习惯的犯罪者反生愈加侮蔑国权、轻视法规之恶结果，于是世人动必以此为反对自由刑之口实是。盖可以断言，为过信自由刑之价值而误于利用方法之结果也。盖自由刑犹如外科医术，以之为不得已之最后疗法固属必要，然当在此以外，务使其不留疮痍而能达治愈目的之手段也。昔者治士大夫以上之人，务养其廉耻心，虽有罪亦不轻易加之以刑，专以礼仪戒饬之。古制之中，亦自有所以妙用刑罚之真理存也。故画地为狱，民尚畏之。于是可知，近世刑事政策上要求务使犯罪者远乎狱门（不轻令其入监，则不知监狱之行刑如何，尚有畏惧心存在）之非偶然矣。

案,现在国家多于刑法法典中采用自由刑,而视察其监狱则无完全之制度,以致自由刑之目的全不能达而弊害日多,转为訾嗷者之所借口。

或以自由刑为万能主义者,亦非也。何种犯罪宜用自由刑,何种犯罪不宜用自由刑,不可不加审择。非然,则其弊也。亦如古时有病,则服万应丹而往往致死,不知医学进步,各种之病必服何种之药,甚有不必服药而即愈者。故自由刑亦不可视为万能也。

第五节　防止滥用自由刑之弊

防止滥用自由刑之弊,且使一般刑事政策之要求实现之方法,其既为各国立法上所采用,或将来可以预期其普及者,即便宜起诉主义。刑罚责任年龄之延长(罗马法以来有之)、幼年裁判所感化处分之改良、未成年犯罪者之特别处分(不与成年者同处,如普通应加自由刑者则加以谴责,普通惩役者则加以禁锢)、短期刑之制限(为防自由刑弊害)、赎金扩张、金刑及假出狱制之适用(各国刑法适用金刑、假出狱制度者甚少)、保证制度、犹豫行刑、不定期刑(以感化为期,由监狱中自定,起于美之纽约之依尔马以那)、家宅拘禁(日本古时谓之闭门,意大利刑法采用之)、地域制限(如人众之地则不准到,意大利刑法有明文)、劳役处分(强制劳役而每日必归)、设置特别监、累犯者特别处分法等是也。

案,便宜起诉主义由检察官审察,罚之可否与加刑否之利益由检察官便宜行之,与法律规定必起诉者异,此一种之新制度也。

十二三岁知识未完,尚在教育范围之内,近时主张十八岁以上与前之十六岁为另种学说,然前十二岁以上为责任年龄者,非也。

幼年裁判所,其制起于美国,英、德渐仿效之,将来各国必采用之。其裁判结果不加刑罚而加以相当教育,亦如小儿患病,不服医院之药而令保姆疗治是也。其设立之原因,欲避普通裁判之但知刑罚,而令深知教育家为裁判官,仿佛父母师弟之间,而令无教者有教,以补教育不足而已,无刑罚之性质也。

感化院有家庭式、学校式、军队式,而最便宜最有效果者,莫如家庭式。

保证制度古时即有之,如应加以刑罚,或交出保证金,或有相当之保人保其不再犯罪,此制度英国盛行之。

犹豫行刑起原于亚美利加马塞基色斯,初不过行于幼年犯罪,渐渐欧洲各国之成年犯罪亦采用之。

特别监,如浮浪者不令入普通监狱,如教养局、习艺所之类。

累犯者特别处分,如三犯者可以终身禁锢。

以上各种制度,皆为防止自由刑之各弊害,现今各国有采用者,有未采用者,不可不知。

第四章　　附随于刑罚权之国家的保护任务

第一节　　保护任务之必要规定

国家当行使刑罚权时,对于在其预期之目的以外所生之各种损害,有回避、宽和及救济之责任,此未决拘留(未判决前之拘留,非有逃走、湮灭证据,可制限之)之制限(《日本刑事诉讼法》第七二条、第七三条)、保释(《刑事诉讼法》第一五〇条)、责任(第一五九条)、恩赦(《宪法》第一六条、《刑事诉讼法》第三三一条)、复权(《刑事诉讼法》第三二四条)、未决拘留日数之算入刑期(《刑法》第二一条)、停止行刑(《刑事诉讼法》第三一八条之三、第三一九条二项)等规定之所以必要也。然国家的保护之任务犹以为未足,立法上及行政上,一般渐次有扩张其范围之势焉。

　　案,保释责付是已经拘留之人因有保人而放出之,或使人负其逃走之责任而交付之。

第二节　　保护任务之扩张规定

国家的保护任务之扩张,不独为法理上自然之结果,亦实际上不得不副贤明刑事政策之要求也。而其可以认为扩张保护任务之新规定者,即对于无罪者赔偿其未决拘留(以期日算,一日应赔偿若干,如裁判错误即已决拘留,亦应赔偿,现在尚无明文,将来必为各国所采)(《德奥法》);救助其因监狱就业之灾害(如因劳役受伤或机器压损)(德国一千九百年六月发布之法律、《日本监狱法》第二八条);在监者之移送病院(因监狱内之病监总不完全),患重病者必移之出外之病院,俟愈,再令其入监受自由刑(《日本监狱法》第四三条);对于出监者交付衣类及旅费(监狱内虽有制服而不能令其穿出),彼夏来冬去者,必量时予以衣类,至旅费,则因其回家之道路远近。靳而不予,必仍堕入游荡,而犯罪者必多(《日本监狱法第七十条》);救济在监者之家族(如子在监而父母无以为生活)及其他一般对于保护免囚事业之助力等(此不过个人事业)。如介绍作业,国家亦当间接保护之,使监狱之目的完全能达也。

案,就法理上言,在刑罚目的以外,犯罪人有不应受损害者。

就实际言,刑罚在目的范围以外,转失其维持社会安宁秩序之宗旨,倘反动力之来,反足以害社会之安宁秩序,而刑罚之目的转不能达。

第三节　英国利用监视制度之成效

监视制度,虽有主张实验上有害无效之说者,然如英国,则垂于利用之成功之效甚著,故利用若得其宜,亦可以为国家的保护制度之一种也。

第四编　检察制度与对外关系

本论以前,有两事应注意之点:

一、研究法律者,则法律之外无论何学皆不问之,此一病也;

二、研究本国法律,则他国法律可不问之,此二病也。

一国之法律非一时代所能成,或由历史相演而至有今日。本国今日之法律根源于古时,或本国古时之法律根源于外国。盖积渐而成,其沿革有由来矣。欲研究本国法律,在知本国法律之所自来;欲研究本国今日之法律,在知本国古时法律之所自来。此历史沿革之重要者,盖研究法律者不可不知也。今检察讲习会之讲习,前一主义因时间短促断不能及,后一主义则本之,以饷遗诸君。本讲义之多引沿革比较者,盖在此乎。

法律不过世界规则之一部分,外如自然界之风雨寒暑,则自然界之规则,道德宗教亦有道德宗教之规则。盖法律不过规则之一部分,若但研究法律而不研究其他,则如东洋上古、中国古时专研究刑名法术之学而为世界学者所不称许,何也?盖未统世界各种规则而研究之,而但研究国家制定法律之一部分,未观其通者也。

总论

第一章　检察制度之沿革

检察官在今日文明各国固无不有之,然比较对照诸国之法制,则分为二派:一为英美法派,一为欧洲大陆法(南亚美利加与中国将来归入此派)及日本法派。两者之根本精神全然不同,故其结果、检察官之观念,亦自不得不有一大差异也。

案,检察官名目,各国皆同,而性质则异,因各国法律制度不同故也。

第一节　英美法派

英美法以关于社会之事物,务避国家之干涉为法之精神,民事固不待言,即关于刑事,有侵害权利、违反义务时,亦由被害者自诉于法庭以求救济,国家毫不干涉之。故考诸英国古法,惟有总检察官,其职务则在有侵害国王权利时,求其救济于法庭而已(恐人民有侵害国王权利,盖专为保护国王利益而设),至于关于其他刑事,有提起公诉职务之检察官,则当时亦未有也。降及后世,立法者因维持公安上知其有缺点,乃于西历一千八百二十七年(道光七年),创设以关于刑事(稍有制度)提起公诉为职务之检察官。其后至一千八百七十九年(光绪五年),遂制定提起公诉法焉。在以英国法为骨髓之北美合众国,亦因同一之理由,于总检察官之外创设检察官。各州创设之时代虽不同,然似皆先于英国也(民事中关于公益之事项,如离婚等类,亦非无代表国家而参与者)。

案,英国未设检事之初,往往有犯罪而不知被害者为谁。如伪造货币不知落于何人之手,其妨害公安甚甚。渐渐始议检察官之设立,然其始不过干预民事中之离婚一小部分耳,其他刑事则未有也。此英之沿革如此。

英美法保守英美之沿革,大半不成文法居多,根本于惯习而以成文法补助之。虽外国法律,不采用之。

欧洲大陆法以成文法为根本,而时操用他国之美法改正自己之法律,不以保守惯习为原则。此两派之异点也。

英美派以避国家干涉为原则,欧洲大陆派则以干涉为本务。根本精神既异,则检察制度自不能不异也。

第二节　欧洲大陆法派

欧洲大陆法及日本法则本于以维持公益之目的,关于社会之事物必要国家干涉之精神,不独刑事,即关于民事,国家亦常设置代表公益机关之检察官。而创设此检察官之沿革,则出于法国法,即欧洲中世第十四世纪(元成宗大德四年至明惠帝建文元年间)以后,法国在王领审判厅为国王所提起之租税诉讼创设代表国王之机关,名曰"代理官"(不过如辩护士)。其后,此代理官之权限年年逐渐扩张,不独租税诉讼上代表国王而已,且监督社会之公益,而因法院编制法之整顿愈益发达。自一千七百九十三年(乾隆五十八年)至一千八百十年(嘉庆元年),遂至组织附设于各审判厅之检察厅焉。德意志之诸联邦亦皆仿法国,设检察制度。至德意志帝国成立时,遂附设帝国检察厅于帝国审判厅,而附设各检察厅于各联邦审判厅焉(《德国法院编制法》一四二条至一五三条、《普国施行法》五八条至六七条)。日本亦仿法国,于大审院、控诉院、地方裁判所、区裁判所附设各检事局,是诸君之所知者也(《日本裁判所构成法》六条、七条、一八条、三三条、四二条、五六条、七九条至八四条)。

案,大陆法发源于法国,其初亦不过与英国同,亦不过为国王利益起见。因此,国家之范围扩张,则检察官之权限亦宽展,后遂于国家代表之外,更代表一般人民之公益。此民事、刑事检察官因之有提起公诉之责任。

英美法但设检察官,无独立之检察厅,阶级组织亦不完全。至大陆派,则各级之审判厅附设各级之检察厅,而其制完美。以下所讲则以大陆派为主,而英美派之不完全者,则皆从略焉。

第二章　各国检察厅之组织及权限

在法国及仿法国之日、德其他诸国,其检察厅之组织及职权之范围亦互有相异之处,未能概谓为同一也。

第一节　组织

组织上之差异。以全国检察厅为单独官僚的阶段(谓有层层节制之阶段），且合通国各法院之检察厅为唯一不可分之原则（实质上全国检察厅只一个，则检察之精神始能达之），固法国及仿法国之其他诸国所同适用者也［在德国，此原则唯适用于联邦国各本国之诸法院间，帝国审判厅与各联邦审判厅（德国各联邦与帝国不同）之间，则不适用之］。然法、日之检察官，服从其所属之检察厅长官之命令以外，同时又各得代表检察厅以行使其职权；而德国之检察官，则唯得代表其所属检察厅长官以行使职权，不能直接代表唯一不可分之检察厅。故可谓德国各检察厅唯有长官一人而已，其下之检察官皆不过补助者或代理者。

案，裁判有合议制，检察官无之而仅有单独，唯须服上官之命令。

德国检察厅如军队组织，一军队则一长官，以下不过补助代理。此与法、日异者。

第二节　职权

职权范围上之差异。检事厅关于刑事为提起公诉机关之点，则法国及其他仿法国之诸国检察制度所同也。至于关于民事所有之职权，则诸国不能无异（民事则法国之职权大，德之职权小，而日本则关于民事尤为小焉）。即法国称检察官曰"法之监视者"（换言之即政府耳目），为监督一般判决且保护法律得为抗告，主张判决之无效（法国检察官根本上之权限甚大）。而参与民事之法定范围则分为二：其一为以主当事者之资格参与之际，后见婚姻及其他身分关系是也（《法国民法》八三、三七一、三八五、三九四、八五六至八六〇、八六二、八六三、九一一、九一四、九三〇等）。其二为以附带当事者之资格参与之际，斯有四种，即：

甲、关于受通知之事件，认为必要干涉时，陈诉意见之际（《法国民事诉讼法》八三）；

乙、裁判官自其职权上通知检察官，使陈述意见之际（《法民诉》八三）；

丙、在大理院之判决前，必使检察官陈述意见之际［《法国千八百二十六（道光六年）一月十五日法律》第四四号］；

丁、其他法律上定为要听检察官意见之际（《法民诉》八三条等）是也。

　　然德国关于民事,规定检察官所当干涉之际则极少,仅一、婚姻事件(《德民诉》六〇七、六一九);二、亲子关系事件(《德民诉》六四〇);三、禁治产事件(《德民诉》六四六、六五二、六六六、六七五、六七九);四、宣告失踪事件(《德民诉》九七四、九七五)之四者而已。

　　而意、比、荷等国则仿法国之例。奥国尝设与德国同一之规定,其后废之,检察官之职权唯限于刑事〔奥一千八百五十一年(咸丰元年)十二月三十一日敕令、千八百七十六年(光绪二年)《民诉改正案》、千八百九十五年(光绪二十一年)《新民诉法》〕。日本则大体以法国为模范,然不以监督一般民事判决之权限赋与检察官,则其一大差异也。其他日本检察官关于民事之职权范围上之义异耳,在民事及刑事之外,行政上亦有之。即在如欧洲大陆、日本之严分立法、司法、行政三大作用之国法上,司法权依独立之裁判所行之,其不许行政权之干涉亦明矣。然补助司法权作用之各种行政事务(此名曰“司法行政”),则又行使司法权所不可缺者,故国务大臣中有名曰“司法大臣”者有此职权,而检察厅所行之事务乃司法大臣职权之一部分。由是观之,检察官之职权,可谓皆行政上之职权也。然所谓狭义之检察官行政上职权,则止关于民事及刑事以外事项之行政上职权而言。即在法国,司法大臣为司法行政上监督裁判所,使检察官当其任,换言之,检察官在司法行政上有监督裁判所之职权也,故注意法律之施行,报告裁判官之行动,谋裁判所与裁判所间之交涉事件(例如共助)。然德国则谓检察官既为行政官而非裁判官,若使其监督裁判所,是反乎使司法作用独立于行政作用以外之旨,故设《法院编制法》第百五十二条之明文禁止之。日本法亦与德国同出一义(《日本裁判所构成法》八一),但裁判官据惩戒法受惩戒之际,检察官得请求开裁判,裁判开始之后,又得为原告参与诉讼。是则日、德、法及其他诸国法制所同者也。

　　案,各国以法国之权限最大,奥国之权限最小,日本、德国则居其中。此大陆派权限大小之异也。

　　以广义言,检察官亦行政官。然普通学说则以民事、刑事之外乃谓之行政官,故检察官不过司法行政中之一部分,盖狭义之行政也。

　　裁判官惩戒裁判,检察官可以参与要求惩戒;对于平人犯罪,则可提起公诉,此各国制度所同。然余以为,裁判官之惩戒裁判检察官既可干预,则亦以行政监督司法对于平人可以提起公诉,对于裁判官之惩戒,亦不妨提起公诉之为得也。

志田之意,谓检察之组织有二原则:一为单独官僚阶段,唯一不可分;一为赞成代表,理论上以德国为然。代表长官其权限以刑事为根本,民事除不得已外可不必干预,至行政事务如互相监督可干预之。至冈田博士所主张不良少年、精神病者皆干涉之,余极不赞成。盖检察官之才力有限,非万能。至法国当日权限所以大者,因设立此官之始,一切事务皆委之一人。此不过沿革有之,而实际上则但以刑事为主,民事除不得已外皆可不干涉为最当也。

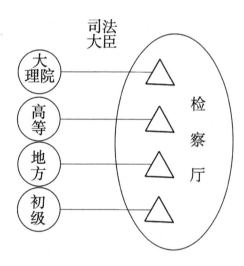

世界学者同实际家不同,学者主张真理自有价值,而实际上往往用学者之真理而反生恶果。如小河博士之"死刑废止"为世界学者中最有思想之议论,然果见之实际,则国家之危险实甚。而欲保其安全,恐程度不足之人民转有妨害治安之虑。于此可见,学者之主张真理,实际家亦当参酌事实,未可遽本之以为推行之本矣。

观于以上所述,可知在英美以外文明国之检察官,职权可分为民事、刑事及行政之三者。而自其对外关系观察之,则除行政上职权以外,其为行民事上及刑事上之职权,检察官有不可不知者五事,兹于次编分述之:

第一,治外法权;

第二,领事裁判权;

第三,混含裁判;

第四,在内国适用外国法及在外国适用内国法;

第五,国际的共助及犯罪人引渡。

各论

第一章　绪言

据现代国际法上及国内法上之法理言之,谓一国家之领土乃其国家之统治权所得完全发动之区域也。而所谓统治权完全发动者,乃指不许他国家统治权之行于领土内(国际法上),及其领土内所存在之一切团体、个人尽须服从其国家之统治(国内法上)而言也。

案,古时交通不便,瓯脱甚多,五洲之间往往发见空地。至近今,生齿日繁,土地日辟,各国占有之地即为各国所领,而领土之观念以起。

主权与统治权不同,如保护国无完全之主权,而统治权则完全。一国对于领土,则统治权而非主权,未可混为一。

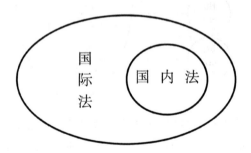

虽然,一国之领土内亦有似行使他国统治权者,如战时占领地、如附国际地役之领土、如租借地、如联邦国家之领土、如二国以上之共同领土(奥、匈两国有此实例)是也。然是尚非真例外,仍可以解为一国之统治权在其领土内完全发动者也。

案,占领地虽行使权利,而所有权仍为本来国家所有。

国际地役有二:一、许甲、乙两国军队通过;二、本国与他国立约不修炮台,以便他国通道。此皆以条约限制自己之意思,而于统治权并无损失,因缔约权仍在本国也。

租借地者,德国学者谓租借地为附期限之领土割让也,一般学者皆不赞成,谓如普通借贷,均非国际法上之定论。

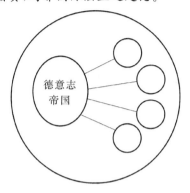

各联邦之统治权所以组织其本国,德意志之统治权所以组织各联邦,因此特别组织不能不有两个统治权,与他国统治权行于本国领土者不同。

统治权共同行使,例如民法中之共有,故只谓有一个统治权。

然则对于一国领土内之事实,一切皆适用其本国法而全然不适用他国法乎? 曰是又不然。或本于国际法,或本于国际交通之大义,以其本国法承认他国家之法得适用于自己之领土内者,固不少;更为保他国法适用之效果,在自国之领土内为相当之助力者,亦有之,而其主要之种类,即总论之末所列举之五者。故为检察官者,既当习其本国法,且当明此五者,而后始能完全执行其职务也。

案,他国法律虽行于本国以内,而统治权仍未行于本国。凡此皆以条约承认,则不必侵害本国利益。如未经承认者,反此。

第二章　治外法权

第一节　名称

"治外法权"一语,由拉丁语之领外(Extta territroru)转化而成,英曰"Exlerritoriality",法曰"Exlerritorialite",德曰"Exlerritoriolitat"。

第二节　沿革

无论何国,自古代以来,对于外国或敌国之使节特为优遇保护之例,实非鲜少(春秋会盟、聘享,已开中国特别保护优遇之先声)。治外法权即出乎此精神者,故以国际的礼让与国际的便宜为其素因。而其在国际法上至认为不可争之制度者,则属于克罗秋斯[其本名为 de Rcoot,西历千五百八十三年(明神宗万历十一年)生于荷兰]以后也。其初唯专指在他国领土内特定之人(例如君主、外交官)或物(例如君主或外交官之所持品),不要服从其国领土权之例外的关系而言。其人或物事实上虽在他国之领土内,而国际法仍以在其所属国领土内之拟制说明之。然因在此例外关系之人及物其数渐增,且在土耳其所发生之领事裁判权制度(参照次章)渐行于非耶稣教国与耶稣教国之间,于是治外法权之意义遂为之扩张。凡为属地主义领土权作用之例外者,除国际私法之适用以外,一切概包括于治外法权观念中说明之。然领事裁判权乃国际法上之异例,将来非耶稣教国之法制整顿以后,当然须消灭者,不过条约上一时的保留而已。反之,君主、外交官等之治外法权则不俟条约,乃国际法上当然存在之制度,因国际法之发达与各国之进步而愈加巩固。故学者中谓以此二者在同一观念之下说明之不当者甚多也。

第三节　意义

"治外法权"一语,以广义言之,则限制一国领土权行使之状态也;以狭义言之,则一国本于国际的礼让与国际的便宜,对于他国之元首、外交官、军队、船舶等不行使领土权之状态也。兹以狭义之治外法权再分析说明之于左(广义之治外法权,乃在狭义治外法权外加以领事裁判权者,故参照次章自明):

第一、治外法权者,一国对于他国元首、外交官、军队、船舶之状态也。

案,此对于特定之人而有治外法权者,如对于某国人民,乃领事裁判权,不可不注意。如以条约定明予领事以治外法权,亦可。

第二、治外法权者,不行使领土权之状态也。

案,治外法权乃状态,非权利,故拉丁语谓之"领外"。

第三、治外法权者,本于国际的礼让与国际的便宜,而发生之一国状态也。

案,因国际法之原则并非条约之关系有权利义务者,无权利主体,故直可名之曰状态。

三要素缺一,则不予以治外法权。

第四节　有治外法权之人及物
第一款　人

有治外法权之人,乃元首、公使、领事及军人是也。

第一、元首(包含共和国大统领与否则有异议)

限于加入国际团体而认其为团体之一主体之国家之元首。若有数元首时,则各自有此权。又因元首有此治外法权,故其家族、从者等亦有治外法权(不随从元首之家族有此权否则有争议)。

案,摄政至外国有主张有治外法权者,学者议论不一,而事实上则有之。

共和国之大统领,学者亦有主张无治外法权者,而事实上则以元首之礼待之,亦有治外法权。

罗马法王并非一国主权,而以争敬宗教之故,亦予以治外法权,此事实非法理也。

前元首、大统领而现未充元首、大统领者,无治外法权。

第二、公使(包含大使。又,公使中亦不区别特派使节与特命全权公使)。

公使之代理固不待言,即公使之家族、附于使馆之武官及技术员,并此等人之家族、馆员及其家族等,皆有治外法权者也。

公使所有之治外法权,以自到其驻扎国之日始,至去其国土为限期。

案,公使之治外法权因代表国家而生,与元首不同,故必自到其驻在国始发生,出其驻在国乃消灭也。

第三、领事

领事以无治外法权为原则，唯执行公使之职务者或特以条约与以治外法权者，则为例外（英美虽有条约，亦不认在自国之外国领事有治外法权）。

案，欧洲耶稣教国与非耶稣教国以条约定之。或谓条约所定者非治外法权，亦未免太苛。总之，既以条约定明，亦可包扩于治外法权之中。

第四、军队

一国之军队非依国际地役或特别之许可，不能驻在、通过他国之领土，固不待言也。然若据上述之原因，在他国领土内时，则不独军队全部，即其各员，亦皆有治外法权。

第五、军舰乘组员

军舰（又公船）之乘组员，不独在舰船上，虽上陆时，亦有治外法权。

第二款　物

第一、元首之所属物

不独元首所携带之物而已，虽供使用之物，亦有治外法权。

案，使人有治外法权而物无之，则不能完全达其有治外法权之目的。

第二、公使之所属物

公使馆附属物及公使之私有财产，亦有治外法权。

案，普通公使〈文〉书始有治外法权，然因条约之结果，故其私有财产亦有治外法权，此以便宜上优待领事起见。

第三、领事之所属物

领事若认为有治外法权时，则领事馆其附属物及领事之私有物，亦有治外法权。

第四、军队之所属物

军队有治外法权时，其营舍、携带之武器、粮食及其他等物，亦有治外法权。

第五、军舰及其所属物

不独军舰而已，凡所谓御用船、义勇舰体等，亦同有治外法权。又不独船体而已，凡舰船上之物，皆有治外法权。

第五节　内容

前节所述各种之人及物，所有治外法权之内容非必同一。即元首、公使、军队、军舰所有者，乃有最广博内容之治外法权，而其共通者则为左之五种：

一、身之不可侵；

二、不服从所在国之裁判权；

三、住居之不可侵；

四、免除所在国之纳税及负担；

五、与本国交通之自由。

其他，元首有行使本国统治权之不可侵；公使有关于公使馆内事件裁判权之不可侵。又条约上，有认公使有对于在留之本国民公开公使馆内礼拜堂之权利者。

领事所有之治外法权乃以条约规定者，斯时亦唯限于执行其职务所必要之范围内而已。

第三章　领事裁判权

第一节　名称

"领事裁判权"一语，乃合并"领事"（英德法皆名 Consul，由拉丁语之理事官转化而成者）及"裁判权"（英名 Junsdretun、法名 Junretictron、德名 Ferohtobasheit）二语而成者也（英名曰 Arrsulur Jurisdiction，法名曰 Juridictine d consul，或曰 Jusedictun censulure，德名曰 Kononlar-gerrehto burket）。

第二节　沿革

确立国际团体者，乃欧美诸国，即奉耶稣教之诸国也。然当奉摩登教之土耳其（土耳其东欧国）加入时，不独其风俗习惯不同，即法律亦根本上与耶教国异。于是耶稣教国以为派遣领事，使掌对于自国人民适用自国法之事，则两者皆有便宜（因不服土耳其之裁判）。法国首先与土耳其政府缔结条约之名称〔西历千五百三十五年（明嘉靖十四年）之条约为始，其后有十数回条约，至今日有效力者，则千七百四十年（乾隆五年）之条约也〕，欧美诸国皆继之〔英为千五百八十年（明万历八年），德为千七百六十一年（乾隆二十六年）〕。其后与土耳其以外之非耶稣教国，亦缔结同种之条约。至于今日，现行此种条约之国，则中国、朝鲜、土耳其、波斯、暹罗等是也。又尝有此种条约而今日已废止之国,则日本[千八百九十九年(光绪四年)废]之外,有罗马尼亚[千八百七十八年(光绪四年)废]、塞尔维亚[千八百八十三年(光绪九年)废]、摩洛哥[千八百七十八年(光绪四年)]等。埃及在千八百七十六年(光绪二年)以后,以混合裁判制度(以本国人、外国人并为裁判官之制度)管理国籍相异之外国人间之诉讼及内外人间之诉讼,以与领事裁判权并行焉。

案,领事裁判权,其初不过因宗教习惯之异而创设之,无所谓不名誉者,及后有此权之国人民滥用此权,因之有强权欺凌之说。此在法理上,则本国土地上而行使他国裁判,于本国统治权不免相庆,故日本亦早议收回矣。

第三节　意义

领事裁判权者,乃依本于法制根本的差异所缔结之特别条约之效力,及于在对手国领土内自国臣民之裁判权也,兹分析说明于左:

第一、领事裁判权者,一国之裁判权也。此与治外法权之状态不同,实为一国之权利;

第二、领事裁判权者,对于在他国领土内之自国臣民者也;

第三、领事裁判权者,本于法制之根本的差异,依特别条约而生者也。

治外法权与领事　　治外法权……状态……以国际便宜礼让为根本
裁判权之区别　　　领事裁判权……权利……以法制根本差异为根本

案,治外法权以国际便宜礼让为根本,在国际法上当然有着不同,可见领事裁判不可包括于治外法权之中。

至领事之治外法权,或者谓因领事裁判权而生,不知裁判权根本于法律差异,领事之治外法权仍不过根本于便宜及国家礼让而生,不可与领事裁判权混同而一。

冈田博士《法学通论》中,区别治外法权为绝对的,领事裁判权为相对的。余以为法律尚未进步,绝对、相对不可以区别。试问元首、公使外之领事,其治外法权亦可谓为绝对乎?然亦不过因条约结果而始有之,其他仍无有也。

第四节　内容

领事裁判权乃由条约上所生之权利,故欲详知其内容,不可不引照各条约说明之。然恐烦杂过甚,故兹唯就中国与日本、欧美诸国间之条约述之。

中法条约 { 千八百四十五年(道光二十五年) / 千八百五十八年(咸丰八年)

中美条约 { 千八百四十四年(道光二十四年) / 千八百五十八年(咸丰八年)

中英条约 { 千八百四十二年(道光二十二年) / 千八百五十八年(咸丰八年)

中德条约……千八百六十一年(咸丰十一年)

中日条约 { 明治二十九年(光绪二十二年) / 明治三十七年(光绪三十年)

中俄条约……千八百五十八年(咸丰八年)

中西条约……千八百六十一年(咸丰十一年)

中白①条约……同上

中葡条约……同上

中丁②条约……千八百六十二年(同治元年)

中国与日本、欧美诸国之条约,关于领事裁判权者皆大同小异,故便宜上以中日条约说明之。

《中日条约》(明治二十九年、光绪二十二年)第三条,规定领事之驻在资格、职权、裁判管辖特权及免除。

同上第二十条,规定在清国之日本臣民之身体裁判管辖(归当该官吏管辖,中国官吏不能干预)。

同上第二十一条,规定民事诉讼。

案,中国臣民对于日本臣民提起民事诉讼,归日本官吏裁判,谓日本人作被告是也。日本臣民对于中国臣民提起民事诉讼,归中国官吏裁判。

同上第二十二条至第二十四条,规定刑事诉讼。

同上第二十五条,规定最惠国条款(即利益均沾主义,如与第三国

① 白,即白耳义,比利时的旧称。——整理者注

② 丁,即丁抹,丹麦的旧称。——整理者注

利益,则缔约亦当照其利益而享有之)。

《中日条款》(明治三十七年、光绪三十年)第十一条约定,将来在一定条件之下,撤去领事裁判权。

案,《中日通商航海条约》两国各设领事,惟日本领事在中国有管辖裁判权,而中国在日本之领事则无之。凡各国有领事裁判权者类此。此种不公平之条约,希望早日作废。

二十二条　日本臣民犯罪被告时,由日本官吏以日本法律裁判;中国臣民对于日本臣民犯罪被告,由中国官吏以中国法律裁判治罪。

二十三条　中国人民对于日本人民负债逃亡,归中国官吏逮捕而令其偿还;日本人民对于中国人民负债逃亡,归日本官吏逮捕而为相当之处分。

二十四条　日本人在中国境内犯罪,或逃匿于中国人民之房屋及船舶内者,由中国官吏交付于日本官吏治罪;中国臣民在中国境内犯罪或逃至中国领海内之日本臣民房屋及船舶上者,由中国官吏请求日本官吏逮捕,以交付于中国治罪。

第四章　混合裁判所

第一节　名称

混合裁判所,如其字义,与英之 Mixed court、法之 Tribunal mixte、德之 Gemicehte soibunal 相当。学者中有名曰"国际裁判所"者(德 Internationabes crebicht),然是属误用,且忘其有易与相混同之裁判所(Tribunal intrenational)者也。

案,荷兰海牙万国国际会议中设有国际裁判所,与此相混,故不能名为"国际裁判所",而曰"混合裁判所"。

第二节　沿革

混合裁判所者,为欲减少领事裁判制度所生之弊害而创设之裁判所也(表面上为本国裁判,而事实上则为外国与本国人组织之,故为混合裁判)。其最初在西历千八百四十七年(道光二十七年)以后设置于土耳其,裁判关于民事、刑事之内外人关系事项,其第一审及第二审皆在君士坦丁堡。

其后,经千八百六十七年(同治六年)、千八百六十九年(同治八年)、千八百七十年(同治九年)、千八百七十二年(同治十一年)前后四回条约之结果,在埃及亦设置混合裁判所,以法、英、德、奥、匈、意等诸国之合议规定其编制法,而在千八百七十六年(光绪二年)二月十五日开庭。当初本预定五年间之期限,其后又延期,遂以千八百九十年(光绪十六年)之条约决定永久设置之。其第一审在亚历山大、加依、罗满斯拉之三市,其第二审则在亚历山大也。

案,中国上海会审公堂仿佛似之,然一般国际法家皆谓中国无此制度。将来中国若撤去领事裁判权,断无用此制度,特为诸君正告之。

第三节 意义

混合裁判所者,乃出于矫领事裁判弊害之目的,为裁判内外人关系,该国家与诸外国之间以特别条约定其组织而设置之裁判所也。

第一、混合裁判所者,该本国之裁判所也。

案,领事裁判乃领事本国之裁判,而混合裁判乃埃及本国之裁判,表面虽有外国人为裁判官,而其实则仍为本国之裁判所。此外,埃及之国内裁判所尚在,不过范围狭,而混合裁判之范围广耳,司法制度之歧杂,实为罕见。

第二、混合裁判所者,裁判内外人关系事项者也。

案,内外人关系除去有领事裁判权国而言,或无外国人而但有内国人之关系,如埃及不动产诉讼皆归混合裁判所。

第三、混合裁判所者,该本国与诸外国之间,以特别条约规定其组织者也。

第四、混合裁判所者,有矫领事裁判权弊害之目的者也。

第四节 编制及权限

第一款 土耳其

土耳其之混合裁判所,有民事与刑事二种。民事混合裁判所初设于君士坦丁堡,其他之二三土地亦设置之,不管辖民事全般事件,唯限于商事及动产事件,管辖内国人与外国人间之诉讼。裁判官以内国人三名及与当事者外国人同国籍之外国人二名编成之。

案,土耳其外国人少,故混合裁判不甚发达。

刑事混合裁判所亦设置于君士坦丁堡及多数之大都会,审理外国人为被告之轻罪事件。裁判官以内外人各半数编成之（此裁判所事实上尚未为裁判）。

第二款　埃及

混合裁判所第一审以内国人三名、外国人四名编成之；第二审以内国人四名、外国人七名编成之，而管辖民事及刑事。

关于民事则管辖：

一、关于在埃及不动产之诉讼；

二、内国人与外国之间或外国人间之诉讼。

关于刑事则管辖：

一、外国人所犯之违警罪；

二、对于混合裁判所或其编成员所为之犯罪；

三、以妨碍混合裁判所判决执行之目的所为之犯罪；

四、混合裁判所之编成员其职务上所为之犯罪。

又，自千九百年（光绪二十六年）以来，破产及有关系于破产之犯罪，亦归混合裁判所管辖焉。

案，埃及混合裁判，外国人多，故甚发达。盖埃及虽为土耳其之属地，而其实为英国势力范围。外国之势力愈大，则其混合裁判亦甚发达，其结果则本国受其利，此断然者。

混合裁判所适用之法律，非土国固有之法律，从缔结条约国所编纂之《埃及法典》裁判之。

第五章　在内国适用外国法与在外国适用内国法

有治外法权及领事裁判权之际，皆一国之法行于他国领土内者也，然在此以外，尚有一国之法行于他国领土内者（非若治外法权、领事裁判权之团结制度而散漫于他国者，如在外国适用内国法及在内国适用外国法是也）。说明此问题之学科之俗名曰"法学冲突论"，分法之种类有国际私法学、国际刑法学、国际破产法学、国际诉讼法学等名目焉。

案，国际法者，行于国际团体之间之法律也。如此等私法、刑法诸国际名义，并无国际性质，不过于国与国之间调和而行之，不能通行于国际团体中，故不可谓之国际法也。

或曰法律如空气，能行于世界。然遇他国法律则冲突。

又或曰法律只行于本国。二说一宽一狭,均非一国法律以行于本国臣民为目的。或云本国臣民应服从所在国法律者,此学问研究之所以有分门也。

在此"法律冲突论"中,说明外国法所以能行于内国领土内之问题,学者之间议论虽不一,然当解释为内国法上规定有适用外国法之结果也。此规定名"调和法律冲突之规定",又名"适用外国法之规定",日本则名之曰"法例"。

案,此种调和法律冲突论之法律由一国意思规定,非由国际团体共同之意思,故不能望各国之遵守。将来法律进步,调和此种冲突由国际团体规定之,乃可以国际名之,然今日尚非其时也。

法学上之议论,以适用于事实之际为其主眼,而法律冲突论之主要的题目之事实,学者名曰"涉外的事实"。"涉外的事实"云者,包含外国的元素之事实也。而"外国的元素"云者,乃指(一)主体(个人或团体)有外国国籍之际;(二)客体(物)在外国之际;(三)事实(行为及其他)发生于外国之际而言也。此中(二)及(三)虽无必须说明之前提,而(一)则非说明(甲)何人及何团体有内国国籍、(乙)在内国有无住所之二前提(如住所在外国,则含有外国元素之半),终难理解者也。

得丧回复国籍(限于人之国际团体之国籍,尚未有设概括的规定之国)之原因及其手续,在大多数之国,常以成文法规定之〔日、德以特别法〔日《国籍法》、德千八百七十年(同治九年)《国籍得丧法》〕规定之,法国则规定于民法中〕;及住所之得丧回复之原因、手续,则全委诸罗马法以来之法理之国诸多。兹以国籍及住所之意义说明之于左:

国籍……对于一国家有永续的从属关系之人或团体之资格之谓也。

案,团体国籍如法人会社,尚无明确之规定,便宜上以住所为准。

住所……在一国家之领土内,人或团体所定之活动本据之谓也。

案,各国于住所无特别法规定,而以民法规定之。

住所无永远不动的,然必有三五年之根据为生活本据者乃称为住所,而不可以一时的遂称为住所也。

据以上所述,是在内国适用外国法,则由内国之国内法规定之;反之,在外国适用内国法,则由其外国之国内法规定之。而文明诸国关于此法律冲突论之法规大同小异,故以下唯以诸君最易解之日本法为例述之。

注意:

一国之领土中,陆地以外尚有水面,而水面有国内水面与国外水面之别。国外水面中,虽非无为他国领土者,然其大部分概不属于何国之领土,如外洋、海湾、大洋是也。外洋无论何国之统治权,皆不服从(外洋不可与无主物可以先占者比),而无论何国之船舰又皆得自由航行。其航行中之船舶内,则行使自国之统治权焉。

案,法律冲突论以领土为根本,因自己法律行于他国领土而冲突论生焉。此外,如水面则非本国领土又非外国领土,则问题生焉。

若船舶至他国领海以内,则法律之冲突论又生焉。

第一节　国际私法

在国际私法上,外国法适用于自国领土内之际凡有四。

案,民法上之冲突,以国际私法调和之。

第一、适用外国人之本国法之际[普通以身分、年龄(法律上年龄为能力)(印度人八岁结婚,十二岁为成年)之类](《日本法例》三、四、五、一四、一五、一六、一七、一八、一九、二〇、二一、二二、二五、二七);

第二、对于在外国有住所之人,适用其住所地法之际(《日法例》一二、二八);

例如,甲乙两人,乙向甲借用百元,而甲至外国,乙在北京。因甲欲用钱,而在外国将证书让渡于丙。此证书让渡有效无效,各国民法规定不同。于此场合,以借钱之乙之住所地法为准。因乙之利益不利益,乙知之最深也。

第三、对于在外国为行为之人,适用其行为地法之际(《日法例》七、八、九、一一、一三);

例如,中国人在日本订契约,其方法形式应从日本。将来中国人与日本人均来中国,其契约效力仍从日本法。

第四、对于在外国之目的物,适用其所在地法之际(指不动产而言,因有固定性质,故以从所在地之法为当)(《日法例》一〇)。

第二节　国际刑法

在国际刑法上，内国法与外国法并立，亦能支配（不曰"适用"者，因一国裁判所关于适用外国法之事不裁判故也）。外国领土内犯罪之际，凡有六（《日刑》三四）：

案，刑法为一国公法，以一国领土为界限，此原则也。若本国人在外国犯罪，而如适用外国法律，则外国法律与本国往往不同，而与本国治安颇多不便。此国际刑法之所由适用也。

适用刑法与私法不同，国际私法既适用外国法，则不适用本国法；而国际刑法则既适用外国法，亦可适用本国法，所谓"并科主义"，裁判官不过酌量情势，或减轻或免除而已。此其两种之异也。

第一、对于皇室之罪（《日本刑法》七三至七六）；

第二、对于国家之罪（《日刑》七七至七九、八一至八九）；

第三、对于货币之犯罪（《日刑》一四八）；

第四、对于公文书、公印、有价证券之犯罪（《日刑》一六乃至一六二、一六八）；

第五、关于生命、身体、自由、财产或信用内国人所犯之犯罪，及外国人犯以上之犯罪而内国人为被害者时，亦同（《日刑》一七乃至一八〇、百八二、百八五、二百、二〇一、二〇五、二〇六、二一五乃至二一七、二一九、二二一、二二二、二二五乃至二二九、二三一、二三六、二三七、二三九乃至二四二、二四四、二四七乃至二五一、二五四、二五七）；

第六、公务员职务上所犯之罪。

第三节　国际民事诉讼法

民事诉讼法自其形式上言之，乃规定保护私权之手续法也，故其所保护之私权不独限于一国私法上之权利。自公平纯理上观之，一国之民事诉讼法支配（不曰"适用"者，其理由与国际刑法同）他国内所存之事实，而使发生民事诉讼法上之法律关系，亦无绝对的不可。然现今国际团体之程度，尚未能使各国家互为便宜，以领土之行使让步至此范围也。民事诉讼法上确定判决之效力不能及于外国之论，尚有为一般通说（亦有反对说）之势焉（《日民诉》五一四、五一五、五五七）。

案，判决效力能否及于外国，此法律冲突论所由起。在今日尚不能及于外国，将来法律进步或可及之。

第四节　国际刑事诉讼法

刑事诉讼法自其形式上言之,乃规定实行国家刑罚权之手续法也,而其所实行国家刑罚权之目的,则在预防犯罪而谋国家自存之道。故一行为支配于二国以上刑法之际所起之刑事诉讼,即以一国支配他国内之事实,而使其发生刑事诉讼法上之法律关系,亦无绝对的不可之理。然在今日之国际关系(与民事诉讼法所述同),刑事诉讼法之效力毫不能及于外国,乃学者间之定说而无人有异议者,故亦莫如之何也(《日本刑法》五条)。

案,民法、刑法虽效力可及于外国,而民、刑手续之效力不能及之,则民、刑法之实体欲行于外国者甚少。现今世界各国法律尚未画一,故此种手续不能及效力于他国。必法律改良进步以后,或有此种手续亦可行其效力于他国时者,今不过为法理上一种研究之资料而已。

第五节　国际破产法

破产法,乃规定债务者在以其财产不能完济债务之财产状态之际,以使一切债权者得其公平满足为目的之手续法也。故债务者之财产若散在二国以上之际,而欲使总债权者得公平之满足,则当一国起破产事件时,即以其国之破产法支配他国内之事实,而使发生破产法上之法律关系。斯不独无绝对的不可之理,且可谓有实际上之必要者也。然在今日之国际关系(与国际民事诉讼法所述同),尚未能达此域。破产法上之宣告破产效力不能及于外国之论,尚有为一般通说(亦有反对说)之势焉。

案,中国人破产,中国财产仅二十万,外国财产有八十万。现今国际破产法尚未十分发达,则只可以中国之二十万入破产财团,其外国之财产八十万则为破产宣告之效力所不及,亦今日无可如何之势也。

第六章　国际的诉讼共助及犯罪人引渡

关于民事,一国之私法虽有适用于他领土内之际,而民事诉讼法则反是,确定判决在他国领土内有效力与否,尚属疑问。故欲达民事诉讼之目的,保护涉于二国以上领土之私权,使无遗憾,则一国对于他国有求诉讼手续上助力之必要(国际的民事诉讼共助)。又关于刑事,一国之刑法虽有支配他国领土内犯罪之际,而刑事诉讼法之效力则皆以为绝对不能及于他国领土内,故亦与民事诉讼同有对于他国求诉讼手续上助力之必要也(国际的刑事诉讼共助)。又在刑事诉讼,当执行确定判决效力之刑时,若犯罪在外国,则非请求外国交付其犯人后不能执行刑罚(犯罪人引渡)。故本章说明此三者,以见国际关系之缺点现今如何补充之也。

第一节　国际的诉讼共助

国际间诉讼上之共助,一面以国际法上条约规定之,一面以缔盟两国之国内法规定之,而其意义与国内诉讼上之共助同,故可以下左之定义[明治二十九年(光绪二十二年)《日德议定书》二条、明治三十一年(光绪二十四年)《日西议定书》六条其他,《法瑞条约》《奥塞条约》《法巴条约》及《海牙国际法会议决议》。明治三十八年(光绪三十一年)因外国裁判所嘱托之《共助法》和《法院编制法》一七五、《意民诉讼》九四五、《奥法院编制法》三八至四〇、《德民诉法》一一〇、英千八百五十六年(咸丰六年)法一一三章、美千八百六十三年(同治二年)法四〇七一至四〇七四章]。

国际间诉讼上之共助者,因外国裁判所之嘱托,就关于民事或刑事之诉讼事件送达书类及调查证据,所为之法律上辅助之谓也(《日共助法》一一、《日裁判所构成法》一三一)。

国际间之诉讼共助,原则上以管辖当处理其所托事务之地之裁判所为之。若受托事项属于他裁判所管辖时,则受托裁判所以其嘱托移送于管辖裁判所(《日共助法》一二二)。受外国裁判所共助之嘱托时,其当执行与否,必须先察其具备左之条件与否,而后决定之(《日共助法》四):

第一、其受托事项据内国法许其施行者;

第二、受托事项属于受托裁判所之管辖者。但若不属其管辖时,可以移送其嘱托于管辖裁判所;

第三、相互条件之存在者。

国际的诉讼共助之际,一国之裁判所处理他国裁判所所嘱托之事项时,须从自国之诉讼手续(《日共助法》三)。

第二节　国际间之犯罪人引渡

国际间之犯罪人引渡云者,乃一国本于条约,交付犯罪之他国臣民于其本国,或交付在他国领土内犯罪之人于其国之谓也。

兹以此定义分析之,则犯罪人引渡有左之二种,其要素略异:

第一、本于条约,一国交付犯罪之他国臣民于其本国之际;

第二、本于条约,一国交付在他国领土内犯罪之人于其本国之际。

今以此二种犯罪人引渡之要素分为(一)条约;(二)犯罪人;(三)犯罪;(四)引渡之四者说明之于左:

第一款　条约

一国所罚之犯罪有在他国领土内犯者,一国所罚之犯罪有在其本国犯后而逃走至他国领土内者,因此文明各国遂以条约互规定犯罪人之引渡,以期达各自刑法之目的(国际法上)。而缔结此条约之国,又以国内法制定其引渡之手续,以为制限宪法所保障各人身体自由之理由(国内法)。故谓犯罪人引渡为对于领土权或司法权之例外之见解,乃不通之谬论也。[参照明治十九年(光绪十二年)《日美犯罪人引渡条约》、明治二十九年(光绪二十二年)《日德议定书》、明治三十年(光绪二十三年)《日西议定书》、明治二十年(光绪十三年)《逃亡犯罪人引渡条例》其他欧美诸国间之条约及法律]。

第二款　犯罪人

一国依条约所当引渡于他国之犯罪人,要非自国臣民(认自国臣民亦可引渡者,英美所采用之主义也),若为请求引渡国以外之国(第三国)之臣民时,则条约上多附以特别约款,即或有(一)受请求国任意对于第三国发通知之约款;或有(二)对于第三国之通知亦为任意,而得以犯罪人为第三国臣民之故,拒绝其引渡之约款;或有(三)必须通知第三国,且必须得第三国之同意,而始能引渡之约款。此三者中,以第三种为最普通者也。

数国同以此一人为犯罪人而请求引渡时(例如甲国臣民在乙国领土内犯罪后逃至丙国时),则以当应犯罪于其领土内之国之请求说为正当之见解[千八百八十年(光绪六年)英国阿克斯风儿特所开国际法会议之决议](反对说则谓当引渡于犯罪人所属国。

然同一人在数国之领土内各为犯罪,而受其数国之请求引渡时,则学者之见解纷纷不一也(或先要求者,或犯罪重者)。

第三款　犯罪

发生犯罪人引渡问题之犯罪种类虽常规定于条约中,然在所指定以外之犯罪(准其所指定之犯罪者),虽引渡亦无妨(国际法上)。唯以国内法限定犯罪种类者，则不在此限（国内法上）。在犯罪人引渡问题以外之犯罪，即不能引渡之犯罪（普通轻罪不引渡），则如左：

第一、政治上之犯罪（此因各国政体不同）；

第二、陆军军人逃亡罪；

第三、违反税法；

第四、违反行政上之特别法。

第四款　手续

请求犯罪人引渡及受此请求，皆行政之一部分，故须依外交手续（有谓当依司法上手续之说者，误也），当由请求国之外务大臣经公使之手，对于被请求国之外务大臣请求引渡。而被请求国判定其所受请求当否之方法则有数派，兹举其重要者二派。其一为英派，专委诸裁判所，其裁判为公开。然其判决虽认引渡为正当时，而仍不能拘束外务大臣，使其必引渡也。其二为法派，专委诸行政处秘密行之。于检察官之前讯问犯罪人后，检察官以其所调查之文书提出于司法大臣，然后大统领据此以决定焉。

陆上 { 领土外　刑事逮捕
　　　领土内　民事判决

水上 { 国内水上
　　　外海　本国船可以适用本国法，外国船则不必过问

请求犯罪人引渡时须送何种文书，则诸国条约殊不一致，即第一，唯以有委嘱逮捕犯罪之文书即足者（法白条约）；第二，必要证明送还犯罪人于请求国所以正当之理由之文书者（大多数条约）；第三，必要其他之一切人证、书证者（英美条约）。受犯罪人引渡国之裁判所，原则上不能在请求引渡理由之犯罪以外，以他种犯罪处罚之。若新发现有犯罪时，则当以其犯罪为理由，再送请求书于引渡国也。

案，所罚之罪，非请求引渡之罪，是谓欺诈行为。

附件

冈田毕业演说

乘新年之假研究有益之学，是余所最欢欣者。中国将来司法制度、审判制度究应如何，观欧美大势及中国利害关系，必成为三面关系，即原、被告，审判厅是也。即民事、刑事，皆应如此。就刑事一方面言，检察官、审判官、辩护士三方面均有关系。即审判时，必应许旁人观听，若审判官不能明习法理、主张事实，必为检察官之所指摘。再言民事，将来民法、商法编定，人民不尽解法律，而必以辩护人代为答辩，使审判官不明法律，又必为律师所窘。以将来大势推之，此检察、审判、辩护人三种所不可不再加研究者。愿以后以官事之暇再求学问，以此次之讲习会为嚆矢。倘有质问，鄙人当竭力奉答。如有不知，再求之先达而报命。当今世界，竞争大势皆注目东洋，而东洋之所以使列强起野心者，此中国之弱耳。愿诸君各奋其事，以强中国、强东亚，以保和平，则予之希望也。

小河演说

今日得暇与诸君一谈，快甚，以极短五分钟时间为诸君演说。学问，活物也，刑事学问尤甚。因刑事者是对于活人予以适当之处分，故必先有活之人而研究此种活学。刑事学问以较化学、物理二者，谓其较化学、物理易，此不过浏览条文之人所言，乌知此刑事学问之难，盖有甚于化学、物理者。如今日冈田所讲之识别法，如能练习透熟，则应用甚宽，盖即一种之活学问也。诸君中大都身充法官，则时时以犯罪人为研究资料，如耳、如指纹，不过形式上区别，如要称司法官之职务，则必以犯人之精神为研究资料，以为改良犯罪之助，以犯人为目的物。望诸君勿专以法文条目为依傍，则余今日演说之宗旨也。

识别法

识别法之用处为何？为刑法上之关系，以识别二人之是否同是一人或另为一人，并识别其曾犯刑法与否；即民法、商法上，或辨别同是一人或另是一人之用处甚多，此法律上之用处。即陆军军队逃亡或战争时，欲分别逃亡者为何人及战死者为何人，识别法亦大有效用。就军队论，原有特别标识，然各国不论如某某号如日本（一二人）是也，然战争时往往遗失各别，于识别法非尽采用，惟于刑事上之关系多用之。余以为刑事外，如军队亦可用。现在日本于军队欲用之，然未见之实行。此种识别法，无论何国，古时皆有之，然未考究完全。例如人之容貌、丰采、高矮、肥瘦，当逮捕时必特别注明，此亦识别法之一种。此不过粗涉之识别而已，而如不易辨别、不可移易之标识则阙如。岂如容貌白者可黑、肥者可瘦，并无一定标准，此其缺点也。西洋各国后复注重户籍及犯罪人年龄、籍贯、名簿，以定犯罪人之异同，此最幼稚。盖犯人名姓同者甚多，即使不同，而随时更改者亦众，故以此识别最不足取。以后遂以写真为识别之法，固最有效力，然但用写真亦不足凭信。

以上三段识别均不完全，于是学者考究数十年，粗有端绪。如欧美各国及日本之识别犯罪人有两种：（一）人身识别法；（二）指纹识别法。身体分二：（甲）测定识别法，以尺量之；（乙）认定识别法，以眼光鉴别。此二者互有短长。测定之法，经费多购买测量器具，如量头者有量头之尺，不可通融而况废时甚多，然长处则较以目认定之法更为确实。测〔认〕定法则反是，但凭目力则错误必多。用此二法，要知其长短而随时酌量用之。身体识别法为法人ベルチヨン①经多年考究发明，各国皆采用之。此人现在巴黎警察厅之识别科充科长，冈田曾在法国学习四月，每日随白耳体翁识别实验。指纹法惟英国考究最灵，然现在适用指纹识别法则非英国之法，乃德之ハンブルゲ②市之ロエシエル③研究所

---

① 即白耳体。——整理者注
② 即汉堡。——整理注
③ 即罗艾西艾鲁。——整理注

研究发明,其法最简单可用。总之,法之身体识别法,英、德之指纹法,非但该三国适用,然各有长短,采用之者甚多。

今姑以指纹法言之。指纹法虽甚可凭,然最细腻,至其搜查时最无用处,以不能执途人而对勘指纹之同异也。然至确定犯罪人之是否,则指纹法亦甚有用。故确定之宗旨则指纹法为当,而搜查之宗旨则身体识别法为要也。然测定人之身体之认定法,则其缺失亦如指纹法之不可执途人而认定,然欲认定身体,亦舍此身体识别法更无可用之法。当白耳体翁发明此法,就人身各部分皆有之,而冈田则主张不必各部分,但以占身体一部分而变化最多之耳而识别为已足矣。世界各国之人,断无耳之全体相同,即使有同者,而微细之间则决不同,盖变化最多而一生之变动则少。如少年耳润、老年耳枯,而其耳之轮廓微细则毫不变,惟受伤与角力提挈并寒带皴冻可以少变动,或患病血管破者。凡此皆意外,若顺其自然,则毫不异也。若指纹,则自少至老,随时有变。如婴儿之指纹,以显微镜测之而不见者甚多,则操持作业容易坏损,则不如耳之可以终身不变。且耳甚可以侧面视之,亦甚便于搜查,能使犯人毫不惊觉而搜查之,于观察上甚便利。识别耳之法,要知部分名称,如下图:

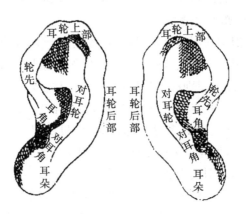

白耳体翁所研究者,据各种部分以为识别,试将耳之名称说明之。耳之外边为耳轮,内之对于耳轮者为对耳轮,耳轮之尖曰轮先,耳之垂珠为耳朵,附近之面之小角为耳角,耳角相对者为对耳角。白耳体翁识别之顺序先轮后朵(皆以右耳定之)。第一,轮尖有长、有中长、有短者。轮尖看毕,第二则看耳轮上部,上部亦有三种,分别有宽者,有窄者,有得中者。第三再看耳轮后部,亦有三种,或大而厚,或中,或小而薄。第四再看耳与面之距离,亦有三种,如去面远而开者,去面近而并者,去面不远不近而耳之后部反上面闭者。第五再看耳朵,亦分三种,有垂垂若珠者,有方而平者,有圆而厚者。第六再看着脸连属与否,亦看耳朵,与前观察法不同,亦有三种,一朵与面分而不连属者,一朵与面连属而无线者,一连属而有线者。第七再看耳朵之厚薄,一耳朵厚而向外凸者,一耳朵厚而并者如大豆然,一耳朵厚而凹者。第八,看耳朵之长,有三,一大而凹垂甚长,一垂中,一垂小。第九,看耳角附颊部如山形者,其对面之角为对耳角,亦分三种:(一)有时斜者;(二)并者;(三)如水平者。第十,对耳角再分三种:(一)凸者;(二)并者;(三)直侧者。十一,对耳角方向有三:(一)向外;(二)向内;(三)并者。十二,对耳角面积全体有三:(一)大;(二)中;(三)小。十三,再看对耳轮下部与耳轮之关系,亦有三:(一)较耳轮为上凸者;(二)平者;(三)较下凹者。十四,对耳轮上部亦有三:(一)大;(二)中;(三)小,有有如两叶分别极清楚者,亦有分别不清楚者。十五,再看耳之全形,亦有三:(一)斜方形;(二)椭圆形;(三)圆形。十六,再从正面看两耳之正形(即对人面部观其耳),亦分三种:(一)对面看去两耳张而上部开者;(二)对面看去,两耳张而上部小而中部开者;(三)对面看去,而下部开者。以上皆白耳体翁所研究识别之法也。此外,尚有特别识别耳之方法如左。

耳之截痕亦分三种:(一)上部;(二)前上部后上部;(三)前前上部后上部。又或有对耳轮上枝与耳轮后部连续者,或对耳轮上部分为四枝者,或对耳轮上部分为三枝。又耳上之瘤,有圆与方之区别者。动物学者达耳文氏所言,人之耳初与动物无异,故其耳后部不同:(一)后部有膨胀者;(二)有如瘤者;(三)耳之全部如耳轮、耳角视之不分明者。又其耳角中有屈曲者,此皆其特征也。白耳体翁认耳之法,冈田在德国经六阅月之实验,以为其法尚有应增应减之处。对耳轮分别之法太详,不必如此其细,此其法之宜减者。又人之耳角有直者、有弯者、有上小而下大者、有上大而下小者,此又于其法之外之应增者。以此法适诸实用,于搜查嫌疑人最为简便,但识别大中小,恐各人之眼光不能全同,或吾认为大而他人或认为中,此亦容有之事。是故记载之法,吾认为大,则书为"大否则中";或吾认为中而恐他人之认为大者,则谓为"中否则大"。盖大与小容易辨别,而大与中则易于混同,故须有如此活动之写法也。

指纹识别法

中国及日本皆以看指纹为看相之法,以断定其人之吉凶、祸福、富贵、贫贱(日本相法自中国传来)。自看相术言之,以涡状纹愈多愈佳;以指之法律关系言之,有以拇指代捺印者(拇印),有时恐拇印之证据力犹未足,更以全手印于证书者。此日本手形名目之所由起也。以指纹识别犯人之法始起于英国,其后更经德国人之研究,于是欧洲各国皆以此为识别犯人之法。指纹可分为三种:(一)弓状纹;(二)蹄状纹;(三)涡状纹(此名皆司法省所定,冈田则主水流,不主司法省之名称)。弓状纹者,其纹如弯弓之状。蹄状纹分甲乙二种,其中之纹形如马蹄。凡蹄状纹,其对面必有三角形,其纹自右面起线者,则仍回环于右面,或自左面起线者,亦同。涡状纹,纹至中间为止,不到两旁,其中形状如漩涡。

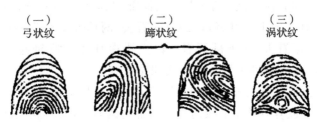

（一） 弓状纹	（二） 蹄状纹	（三） 涡状纹
特色左起右迄	特色三角形由左起者必由左迄	左右成两三角形

然三种指纹以弓状纹最少,蹄状纹最多,于千百雷同之指纹中须另想方法,以分别之方便于实用也。

弓状纹与涡状纹之区别甚易,甲种蹄状纹与乙种蹄状纹之区别颇难。往外向者为甲种蹄状纹,往内向者为乙种蹄状纹,然视左手与视右手不同,而目视与刷视又不同。目视者,自手之正面观之;刷视者,印于纸上,不啻自手之背掌观之,故方向因之斗换。自正面观之,向内者为乙种;自背面观之,则向外者为乙种也。今将指纹分类之法列表于左并说明之。

弓状纹·············· 一

甲种蹄状纹······ 二

乙种蹄状纹······ {三
四
五
六

涡状纹·············· {七
八
九

　　弓状纹稀少,故仅分为一类。甲种蹄状纹分为二类,乙种蹄状纹分为四类。涡状纹分为三类。因乙种蹄状纹与涡状最多,故分类亦甚细。假有百指于此,弓状占十、甲蹄占二十、乙蹄占四十、涡状占三十,太不平均。故分乙蹄为四类,涡状为三类,恰符一类十人之数。此种分类法之当否,因人种不同而稍生差别。德国此种分类法系以欧罗巴人种为据,日本用之稍加变通,中国人种与欧罗巴人种相近,尚未据统计以考校,惟以予意揣之,中国若用此法,想亦无大差异也。

乙种蹄状隆线计算法

甲乙丙······最小蹄状线

乙······蹄线内端

丁······外错交叉点

乙丁······朱点(导眼线)

　　今言乙蹄状纹之分类法,法自最小蹄状线之尖(乙,内端)为起点(乙之内端,最小蹄状线是也。有最小蹄状线只一单线者,即以单线起算;或最小蹄线有数线者,即以最长者起算),由朱点算至对面三角形之尖(丁,外端)为终点(外端有交叉点者,则以交叉点之丁为外端;如无三角形而又无交叉点者,则以理想而定一交叉点计算之),共算其经过若干隆线。自一至七符号为三,自八至十一符号为四,自十二至十四符号

为五,十五以上符号为六,此乙种蹄状〈纹〉之分为四类者如此(是德国ロエシエル①所创之法)。

以隆线经过之多少分四种符号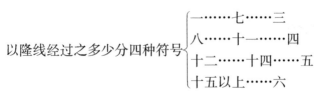

再言涡状纹之分类法,涡状纹之特色有两三角形,即以三角形为分类之法。从左之三角形尖起而向右之线为追迹线,从追迹线中朱点看至右三角为交叉点。自追迹线至交叉点,视其经过之线若干而有上流、中流、下流之别。追迹线往上而交叉点五以上曰"涡状上流"(符号为七);追迹线往中而交叉点二以下曰"涡状中流"(符号为八);追迹线往下而交叉点四以上为"涡状下流"(符号为九)。实用此方法时,所需之物品为纸、墨、桌子。

纸张须用坚厚者,以便保存。墨则当用印刷书籍所用者,中国平常写字之墨不能用。印刷书籍之墨系圆形,须以印刷机器揉平之,且须使之匀净。当印指之时,立于人之右旁,先将手指濡墨印于纸上,须滚一转。其印之顺序先左手而后右手,先食指、次中指、次环指、次小指、次拇指。如将一人指纹印出后,则标明其番号如下图:

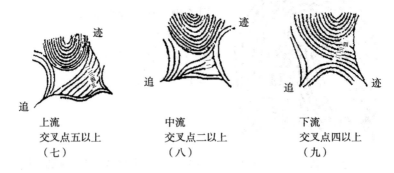

上流　　　　　　　中流　　　　　　　下流
交叉点五以上　　　交叉点二以上　　　交叉点四以上
(七)　　　　　　　(八)　　　　　　　(九)

---

① 即罗艾斯艾鲁。——整理者注

（番号）

三万　拇指　4　（乙蹄八至十一）

八千　小指　2　（甲蹄交叉点八以上）

一百　环指　1　（弓状）

二十　中指　8　（涡纹中流）

四　　食指　3　（乙种蹄状交叉点七以下）

后来按数查对，即使左手之数相同，犹恐其有错误，再对验其右手。断未有二人以上左右手指之纹数全相同者，此殆绝无仅有之事。即或两手相同，则再看两手有特征否。特征有二：一为孤立线，即不相连续而中断之线，如甲图是也；一为抱合线，即单线之中所生之复线，如环形，即乙图是也；抱合线中亦有多少不等、大小不同，以显微镜测之，则断无与人同者。以指纹法为主，辅之以身体识别法，则于搜查必多确实，将来如于此两法外有发明，未可知也。

甲图　　　　　　　　乙图